全国法律硕士专业学位教育综合改革试点规划教材

法学专题研究

（Ⅰ）

RESEARCH ON THE SPECIAL TOPIC OF LAW SCIENCE Ⅰ

主编 康均心

总　序

我国专业学位制度始于1991年的学位制度改革，最先设置的专业学位是工商管理硕士。离我国1980年开始实施学术性学位制度（学士、硕士、博士）仅有10年之隔。换言之，中国的学位制度，不论是学术性学位，还是专业学位，都历时不长，可以说正处于改革和探索之中。

法律硕士专业学位于1995年由国务院学位委员会批准设立，并于1996年起批准了首批8所高校开始试办法律硕士专业学位教育。在15年的发展过程中，法律硕士教育进行了多次调整和改革，主要包括：1998年组建了第一届全国法律硕士专业学位教育指导委员会；1998年启动了在职攻读法律硕士专业学位工作，其性质属于学位教育而不是学历教育，俗称单证法律硕士；1999年全国法律硕士专业学位教育指导委员会组织制定了《法律硕士专业学位研究生指导性培养方案》；从2000年开始，法律硕士招生考试实行全国联考，统一命题，统一阅卷；自2000年起，法律硕士教育只招收本科非法律专业的毕业生，不再招收法律专业的本科毕业生；2006年，第二届全国法律硕士专业学位教育指导委员会再次修订了《法律硕士专业学位研究生指导性培养方案》并专门制定了《法律硕士专业学位论文规范》；2009年，在国家大力调整硕士研究生教育结构、扩大专业学位种类和规模的背景下，法律硕士招生解除了对法律专业本科毕业生的限制，法律硕士专业学位一分为二，即法律硕士（非法学）和法律硕士（法学），招生规模也随之扩大；2010年，教育部批准64所院校开展专业学位研究生教育综合改革试点工作，其中，参与法律硕士专业学位教育综合改革试点的有17所，法律硕士教育进入了一个新的历史阶段。截至2011年，先后有8批高校经国务院学位委员会批准开展法律硕士专业学位教育，高校总数已达116所；全国法律硕士招生规模也由1996年的425人扩展至2011年的10600多人。

武汉大学作为首批试办法律硕士专业学位教育的8所试点单位之一，在过去的十几年里与其他兄弟高校一起，共同经历了我国法律硕士教育探索、改革和发展的历程，并于2010年再次获批成为全国法律硕士专业学位教育综合改革试点工作的单位之一，开始对这一专业学位教育的未来发展之路进行了新的探索。

回顾过去，我们欣慰地看到，法律硕士教育从无到有，从诞生到成长，不仅为我国民主法制建设培养了大批高层次法律专业人才，同时对法学教育自身的改革和发展做出了积极贡献，其所取得的成绩是有目共睹的。随着依法治国、建设社会主义法治国家作为宪法确认的基本治国方略，法学教育，尤其是法律硕士教育，在国家法治进程及法律职业的专业化建设方面将发挥更加重要的作用。但我们必须清醒地看到，当下的法律硕士教育离其设立时的初衷还有相当的差距，离经济、社会、法治的发展对高层次法律职业人才的实际需求还有不小的距离。找出这些差距的症结，探索消除差距的思路和措施，正是实施综合改革试点工作要着重解决的问题。

近年来，武汉大学法律硕士教育立足职业教育定位，以强化法律硕士教育与法律职业的有效对接为基本改革理念，突出革新办学体制和优化培养模式两个重点，对外致力于强化与法律实务部门、法学教育及科研部门的合作，整合校内外多种资源，加大协同办学力度，探索办学体制创新；对内努力增加教育基础设施建设和教学资源的投入，切实按照培养高层次、复合型、应用型法律专门人才的要求，大力加强法律硕士课程建设，着力打造一支跨学科、跨校园、跨行业的法律硕士导师队伍，注重加强制度化建设，强调规范管理和科学管理，着力提高管理队伍整体素质。实施综合改革试点工作一年多来，在观念认识、改革思路、创新举措和执行落实等方面已经取得了可喜的进展。

借全国范围内积极推进专业学位研究生教育综合改革试点工作之机，我们组织了武汉大学法学院长期站在法律硕士教学第一线的教师撰写本系列教材，在武汉大学出版社公开出版，其目的主要有三：一是希望认真反思十几年来我们在法律硕士教育教学中的经验和不足，着力提高今后法律硕士教育教学的职业针对性，提高人才培养的社会适应性；二是希望将限于武汉大学法学课堂上的学生才能接触到的专业知识和理论方法，向更广范围的学习者公开，接受更多学习者的评价和检验；三是希望以本系列教材的出版为契机，就法律硕士课程教学问题，加强武汉大学与法律实务界的专家学者、法律教育界的同仁专家之间的交流切磋，以期相互砥砺、共同促进。

是为序。

武汉大学法学院院长
肖永平

目　录

法理学专题

社会矛盾化解的法律机制创新

主讲人：汪习根教授

世界各发达国家发展轨迹中呈现的经济水平与社会矛盾的关联性已经成为一个必然规律①，中国也不例外②，在经济高速发展与社会急剧转型的双重作用下正面临着日益凸显的社会矛盾与危机。在诸多矛盾中，公权力与私权利、利益关系的顶端与末端、管理者与被管理者被认为是中国社会最容易发生冲突的领域，而官民矛盾被认为是当前中国最突出的社会矛盾。③ 法律作为社会关系的调节器，在适时地回应与解决社会矛盾中理应发挥关键作用。但是，各种突发性群体性事件和错综复杂的社会矛盾对现有的危机管理制度和法治机制提出了严峻的挑战。探讨社会矛盾化解的法律机制成为法治秩序构建的当务之急。据此，本专题立基于法哲学的辩证视角，通过审视现有法律制度，以期探寻社会管理法制机制之创新之路。

---

① 根据世界银行公布的最新数据，2009 年中国人均 GDP 为 4909 美元。而在人均 GDP 超过 3000 美元以后，社会将处于重要的发展机遇期与矛盾凸显期。See World Development Indicators Database，World Bank，1 July 2010。

② 从地域看，上海和北京突破 10000 美元，7 个省份在 5000～10000 美元，已进入经济社会能在短期快速发展的阶段；10 个省份在 3000～5000 美元，处于城市化进程的突破阶段；12 个省份在 1000～3000 美元，仍处于现代化和工业化的起飞阶段。参见汪孝宗等：《哪个省的 GDP“含金量”最高?》，载《中国经济周刊》2010 年第 9 期，第 12 页。

③ 参见郑杭生：《中国社会发展报告 2007》，中国人民大学出版社 2007 年版，第 103 页；李培林等：《中国社会和谐稳定报告》，社会科学文献出版社 2008 年版，第 325 页。

一、在情理法动态平衡中优化释法说理机制

如何达致情理法三者的沟通与链接一直是困扰法律界的一大难题。西方分析法学与自然法学之争延绵千余年，主要是因为在这一关节点上纠缠不休所致。中国法学界和实务界对情理法的关系早有精辟论述，但对其沟通机理的研究却不甚了了。社会矛盾的化解必须依靠法律权威，而单纯的法律规则主义因规则与社会沟通的法理缺失导致公民社会与公共权力之间的关系断裂甚至异化、酿成社会不合作以致民众暴力抗法。而单纯的法律理想主义过于倾情于法律价值的抽象命题而缺乏形式理性的现实根基，使情理因其非文本化、非逻辑化而难以步入法律的现实王国。其实，“天理、国法、人情三概念，本质上是互相沟通而又相互矛盾的。三者互相沟通或同一之处，便是发现正确妥当的法律之标准”。① 要沟通三者，首先必须科学地界定情理的法律意义、理性地确立其运行边界。与日常生活不同，法律视野下的“情”指的是反映社会大众意志而非个人利益的“情意”和表达主流法律理念的“情感”；“理”指的是被社会公认的原理、公理、定理和道理。应当摒弃的是法不容情语境下的情理，而不是作为法律意志构成的情理。而就情理与法律的关系模式而论，情理需要借助于法律的规范性与准确性加以彰显，法律则以情理为渊源与依托。对情理的外化、固化、强化是法律的合法性前提。可见，情理是法律的实质内容，法律是情理的外在形式；情理是法律的优化基础，法律是情理的实现之道。民风、民俗、民情、民意与法律判断之间的兼容性与叠合度成为矛盾化解的一个逻辑始点。从实践理性上看，情理与法律的沟通机理依存于对情理的表达、发现与转化这三个环环相扣的链条。如果立法是法律对情理的第一次官方表达，司法是在立法不能时对情理的第二次发现，那么，法律大系统对“社会人”而非“法律人”公意的还原则是情理向规则的根本转化。

情理法相互融合的内在机理预示着此三者之间进行外在沟通的制度化构建之必要与必然，而发展出一套行之有效的释法说理机制则是一个基本的去路。释法说理机制的完善应当把握以下特点：（1）交涉性。在公共参与下弘扬说理的交互性与对话性，打破“说者”与“他者”之间的非平衡性，使政府、当事人各方以及社会公众充分表达各自的道理与情感，最终形成能够证成合法性的命题。因为法理交流应当是双向多元的，释法说理的过程不只是自上而下的命令，民众也不只是被动的受众，而应当是在打破话语霸权前提下的平等交

---

① 蔡枢衡：《中国法理自觉的发展》，清华大学出版社 2005 年版，第 139 页。

流和在相互制约下的理性推理。司法权作为一种判断权，其公正性是以全体“剧中人”相互交涉的程度、范围与质量为基调的。而法治下的行政在本质上是一个对话与互动的过程，如美国于1946年制定的《联邦行政程序法》明文规定了联邦行政机构在行使制规（rule making）和裁决（adjudication）权力时所必须提供的“公共信息”(public information)，包括对各行政机构的组织、职能与程序所要求的描述、行政决定的程序与实体规则、机构所采取的政策及其解释以及争议终审裁决中的多数与少数意见等。只有在知晓事实、法律以及将这两者连为一体的全部信息的基础上，才能进行最有效的沟通与交涉，从而确保结论依据的充分性与说理的可信度。（2）关联性。在事理上，探求法律事实与客观事实间的真理性关联，以司法艺术的独有技艺复制生活并回归到真实生活，而非囿于剧场式的法律事实求证；在法理上，谋求法律规则与法律原则的内在一体化，而非停流于法律形式主义的外在文字，而是立足于字里行间的法律精神并以作为法律要素的法律原则为一切司法的灵魂；在机理上，追求事实与规范之间的逻辑关联性，强化推理的过程性与周延度、以理服人。就司法而言，“陈述判决理由是公平的精髓”。① 而对行政行为和执法而言，也概莫能外。所有公共决策和判断都必须基于科学的逻辑推理才具有广义的合法性，从而达到以具体的论证来说服相对方的效果。（3）程式性。释法说理应当注重表现形式与展开过程两方面的要求。从宏观上看，它必须贯彻与法律实施的全部过程和每一个环节，但是，在程序运行的全过程中，应当强化专门的释法说理环节并讲求形式化、标准化。可以考虑建立释法说理告知书制度，并分解为事前、事中与事后三个阶段分别进行。（4）法定性。这不仅是一个学术的共识，而且应当予以制度化、规范化。其实，在一些国家已经以法律的形式确认了这一制度。法国于1810年颁行的法律规定：“不包括裁判理由的判决无效。”② “判决必须说明理由这一原则今天极为牢固地树立了，在意大利，宪法本身就此作了规定。”③ 英国著名行政法学家威廉·韦德曾说：“没有哪一个单独的因素比公共机构不负说明决定理由的义务更为严重地阻碍过英国行

---

① ［美］彼得·斯坦：《西方社会的法律价值》，王献平译，中国人民公安大学出版社1990年版，第99页。

② 转引自沈达明著：《比较民事诉讼法初论》(下册)，中信出版社1991年版，第246页。

③ ［法］勒内·达维德著：《当代主要法律体系》，漆竹生译，法律出版社1984年版，第132页。

政法的发展了。"[①] "当事人有权知晓裁判理由"最早被英国大臣权力委员会确立为自然正义的基本原则,[②] 该委员会强调应当给予相对方书面的裁判理由说明书。1957年，行政裁决与调查委员会进一步主张将裁判说理当成一项法定义务，因为："一项基本原则就是程序当事人应当在裁判的最后一天知晓某一特定裁决作出的理由。如果缺乏理由，当事人声称他是恣意裁判受害者的言论便可以理解。"[③] 这一要求被翌年通过的英国《法庭与调查法》第12条正式确认。（5）开放性。借助于网络平台、信息公告栏、资料索取点等硬件设施，在划定国家秘密、商业秘密和个人隐私边界的基础上，及时、准确发布公共信息，让社会公众了解并理解权力运作的过程和结果，便于在获得知情权的同时为行使公共参与权利奠定信息基础；说理的过程与结论必须是开放的而非封闭的，否则势必导致暗箱操作。英国在2003年《刑事审判法》中明确规定：法官"必须在公开的法庭上，以通俗的语言和一般的术语，说明其决定所判刑罚的理由"；在德国，"刑事诉讼上的对判决理由的宣示为强制性的规定",[④] 在公开的方式上分为口头当面宣读和裁判书面说明两类，并有严格的公开时限。释法说理机制最终的结果是使当事人知晓公共权力行为的依据与理由以及其结论形成的逻辑理路，如果不告知受影响的当事方并向社会公开，便无法获得当事方的认同，也难以得到社会大众的理解，更不利于接受社会的监督。

二、依法律功能二元论构建社会风险评估法律体系

中国古代的法观念将法与刑相等同，认为"杀戮禁诛谓之法"。[⑤] 在实践领域中，法的功能囿于惩罚、打压和禁止，长期以来强调治患于已燃，而忽视防患于未然，其结果不免导致治标而不治本的单一功能主义。从法哲学的角度看，法律具有双重的功能，既能对已经发生的事态作出评判和处断，又可对尚

① ［英］威廉·韦德著：《行政法》，徐炳译，中国大百科全书出版社1997年版，第192~193页。

② Cf. Martin Wasik, the Sentencing Process, Dartmouth Publishing Co. Ltd, 1997, p. 106.

③ Cf. Martin Wasik, the Sentencing Process, Dartmouth Publishing Co. Ltd, 1997, p. 107.

④ ［德］克劳思·罗科信著：《刑事诉讼法》，吴丽琪译，法律出版社2003年版，第456页。

⑤ 《管子·心术》。

未发生的事态进行预防与防范。孟德斯鸠曾言："一个良好的立法者关心预防犯罪，多于惩罚犯罪，注意激励良好的风俗，多于施用刑罚。"①

对矫正主义之一元法律功能论偏重惩罚这种认识误区的纠偏，在社会矛盾化解领域的前提性举措就是要建立一套具有法律强制力和可操作性的风险评估法律机制。风险评估的类型除了可以通过 GDP 和成本效率量化表示的经济风险外，还应当着重包括危及社会稳定和社会秩序的社会风险、导致国家权力合法性危机的政治风险和影响国家在国际社会中形象的国际风险三大类。对于任何一类风险，都应当建立起标准——次级标准——指标三级评价体系，使评估的内容细化，具有可适用性。同时，社会风险虽然与经济风险难以完全隔离开来，但是它是自成一类的独立系统，应当构建一套单独的评价标准，并对不同的风险标的进行分门别类的评估。以征地补偿纠纷为例，除了将征地纠纷按照性质、根源、强度划分不同类型以便区别对待外，更为重要的是，应当在社会成本之下，构建次一级的标准和具体指标并分别赋值。在征地纠纷社会风险评估标准构建中，相关次级标准和具体指标参数可分解为：第一，主观标准：被征土地使用权人可能获得补偿的满意度；这一标准又可拆分为直接利益和间接利益、物质利益与精神利益两个次级标准，而直接物质上的满意度又可分解为土地补偿、劳动权与地上附着物补偿②之认同度三个具体参数，间接精神利益则可分解为生活习惯与生活便利影响两个具体参数。第二，主体标准：利益关联方结构分析，包括利益正相关与利益负相关两个次级标准，它们又可分别拆分为利益方所涉及的范围、分布地域、人数规模、年龄与实际职业状况五个具体参数。第三，客体标准：可能引发纠纷的对象构成分析，细分为被征土地使用权人的心理预期与实际补偿之差异及其原因评价、法定补偿与实际补偿之差异及其原因评价两个具体参数。第四，比较标准：法律标准、社会标准与政府标准之比较，主要用以检测法律承受力、社会承受力与政府承受力三者之关

① ［法］孟德斯鸠：《论法的精神》(上)，张雁深译，商务印书馆 1959 年版，第 98 页。

② 根据《中华人民共和国土地管理法》第 47 条规定："征收土地的，按照被征收土地的原用途给予补偿。征收耕地的补偿费用包括土地补偿费、安置补助费以及地上附着物和青苗的补偿费。征收耕地的土地补偿费，为该耕地被征收前 3 年平均年产值的 6 至 10 倍。征收耕地的安置补助费，按照需要安置的农业人口数计算。需要安置的农业人口数，按照被征收的耕地数量除以征地前被征收单位平均每人占有耕地的数量计算。每一个需要安置的农业人口的安置补助费标准，为该耕地被征收前 3 年平均年产值的 4 至 6 倍。但是，每公顷被征收耕地的安置补助费，最高不得超过被征收前 3 年平均年产值的 15 倍。"

系，并将以上因子代入经济效率之中进行比例测算，便可得知社会风险与经济效益究竟孰大孰小。

风险评估指标体系构建固然重要，但如果没有硬法的保障则不足以自行。其中的关键在于赋予这一机制以法律约束力和强制执行力。风险评估法律机制的建构主要包括三方面内容：其一，风险评估机制必须法定化。各级地方政府在项目上马前通常能够出具书面的可行性研究报告，但该报告侧重于立项依据、市场需求、应用前景、投资效益等旨在证明项目可行的内容，而忽略甚至回避项目的不可行性因素尤其是社会风险分析。因此，风险评估的指标体系和报批制度需要通过法律加以确定，使其具有法律效力。其二，法定化的风险评估机制需要高效率的执行与实施机构作为执法主体。根据地方政府的实际情况，既可以设立单独的风险评估中心，也可以在现有的项目主管职能部门内部增加风险评估这一特别的新型职责。无论采用何种方式，从事风险评估的人员必须职业化、专门化和法定化以及可归责化。这样能够防止风险评估的形式主义：当项目在实施过程中产生严重的社会问题时，如果出具风险评估报告的机构和人员没有严格履行法定评估职责，就应当承担法律责任。其三，社会风险评估是一道必经的法定程序而非选择性事项①。非经风险评估，任何决策不得实施、任何项目不得上马。现有的项目评估往往偏重于经济风险的考量，这固然正确，但不能唯经济论，只有通过社会风险的综合评估才能实施。

三、以公权力特质为基点创构区隔与融贯互动的调解制度

调解在现代中国的命运可谓一波三折，充满艰辛。在新中国成立初期，民事纠纷的解决实行“依靠群众、调查研究、调解为主、就地解决”的方针②；到20世纪末，特别是1991年《民事诉讼法》的修订删去了“着重调解”一词，调解日渐式微；2004年最高人民法院确立“能调则调、当判则判、调判结合、案结事了”的审判原则，2009年进一步确立为“调解优先、调判结合”的工作原则。无论是作为正义实现最后保障的司法判决，还是作为东方经验理

① 对评估程序法定化问题，以征地为例，《中华人民共和国土地管理法》第46条规定：“国家征收土地的，依照法定程序批准后，由县级以上地方人民政府予以公告并组织实施。”但是，并没有规定这一法定程序必须包含风险评估环节。不过，可以以此作为风险评估的间接或概括式法定依据。

② 谢觉哉：《最高人民法院工作报告》，1964年12月16日，参见 http://www.chinacourt.org/html/article/200302/17/37285.shtml.

性回归的司法调解，其目的都在于化解社会矛盾，恢复社会正义。其实，要化解社会矛盾，仅仅强调司法调解还远远不够，要构建“大调解”的非诉讼纠纷解决体系，具体包括司法调解、社会调解、行政调解、综合调解四个层次。之所以将这种非诉讼纠纷解决体系称为“大调解”，是因为其整合调解资源的力度之大，调处矛盾类型的范围之大，推进建设覆盖的范围之大，以及采纳运用时间的跨度之大。① 但是，在实践中和理论上尚存在两个问题亟待厘清：一是如何对待司法调解？司法调解是否有度？要科学地回答这一问题，首先必须正视不同类型调解的法律性质与价值功能，在理论上认清不同种类调解的基本属性和价值偏好是不尽一致甚至完全不同的。社会调解以人民调解委员会和其他纠纷解决社会组织为依托，通过劝说、疏导、协调，促使当事人在平等协商基础上自愿达成协议，解决民间纠纷，是体现民间自治的调解形式；行政调解即依托政府的职能部门，以行政机关的公信力为基础，主要解决公共行政过程中发生的纠纷，是体现政府管理的行政权运行形式；综合调解即由各级党委政法委员会负责，对重大、疑难、典型的社会矛盾进行集中调处，是体现党政联动的政治权力运行形式；而司法调解则是基于审判机关的严格法律程序所进行的调解，是一种司法活动而非像社会调解具有民间性、行政调解具有行政性，也不具备综合调解的政治性或政党性。因此，应当将既有利于社会和谐、实现公正、维护人权，又遵循司法运行客观规律作为选择调解还是判决结案的最根本标准。这绝不是空谈，就司法本质特征与形式要件分析，司法对社会正义的实现主要仰仗于一套完整规范的程序与专业精致的技艺，所以，对社会矛盾的调处，不可只局限于司法调解，而是应当因时制宜、分类处理，在不同时期对调判关系进行不同定位并及时进行调整，比如在社会矛盾激化与尖锐期，就可以强调调解优先。而就司法资源总量而言，司法实现其使命的最基本方式依然是判决；站在法治长远发展的历史进行观察，亦应以判决作为司法解纷的基本方略。因为，司法调解在本质上是商谈理论的法律实践形式之一，作出和兑现有关命题的合理共识之诺言的是理论商谈，而作出和兑现有关规范的合理共识之诺言的是实践商谈；在实践商谈中，“具有有效性的，只是所有可能的相关者作为合理商谈的参与者有可能同意的那些行动规范”。② 没有对规范合理性

① 参见吴志明主编：《大调解：应对社会矛盾凸显的东方经验》，法律出版社 2010 年版，第 30～31 页。

② ［德］尤根·哈贝马斯：《在事实与规范之间——关于民主和民主法治国的商谈理论》，童世骏译；三联书店 2003 年版，第 132 页。

的共识，就不可能在司法上商谈成功。而要较之于调解，判决对规范的依赖性以及判决本身的规范性显然要强得多。可见，规范适用的最基本方式是司法判决而非调解。从法律价值上讲，调解的核心价值在于秩序，而司法的最核心价值在于正义；调解与司法在定纷止争的秩序价值上是一致的，但在对正义与公平的司法价值追求上则发生了一定程度的错位。从法律实效上看，调解与司法的实际权威性与强制性这一本性存在某些不尽暗合之处。如果以调解取代判决，只会损害法律的威严。因此，司法调解应该有一个刻度和限度，而不能毫无节制甚或被当做司法行为之优劣评价标准。但是，这绝非意味着对司法调解地位的贬低或轻视，而是要实现司法调解与非司法调解的对接与融通，将司法调解置于社会矛盾处理大系统中进行科学定位，以便于更好更有效地发挥调解的作用。

二是如何对待非司法调解？非司法调解的理论价值和实践意义应如何发掘？从本质上看，非司法调解是社会组织体自我维系与自我修复的有效方式，具有类似于环境的“自净”价值意义。社会组织的自治性、社会性和大众化，与纠纷的调解解决在社会心理、自治模式和行为方式上不谋而合。所以，如果司法调解应该有度，那么，非司法调解则是无度的。细言之，非司法调解消除了司法对规则的高度依赖性，而植根于参与者的共识之中。但是，当事人往往由于主观利益或客观理解上的不同而存在种种“判断的负担”（the burdens of judgment），进而造成了“合理分歧”（reasonable disagreement），所以我们经常只能满足于“重叠共识”（overlapping consensus）而不是“受束共识”（qualified consensus）①，即哈贝马斯所称的“基于理由的共识”（begruendete konsensus）②，亦即基于论辩各方所认可的同样理由的共识。而后者正是司法调解而非民间社会调解的基础。既然不同的人基于不同的理由可以达成重叠共识而非基于对规则理由的一致共识达成基于理由的受束共识，而社会矛盾各方的利益分歧又是如此的尖锐，那么，单靠立基于受束共识的司法调解就显得过于单薄。恰恰相反，非司法调解尽管不能违反法律，但可以动员不同利益主体

① ［挪威］哈罗德·格里门：《合理的退让和认知的退让》，载 G. 希尔贝克、童世骏编：《跨越边界的哲学——挪威哲学文集》，童世骏等译，浙江人民出版社 1999 年版，第 385 页，注 3。

② ［挪威］哈罗德·格里门：《合理的退让和认知的退让》，载 G. 希尔贝克、童世骏编：《跨越边界的哲学——挪威哲学文集》，童世骏等译，浙江人民出版社 1999 年版，第 135 页。

对同一纠纷事实进行不同价值理解，并且在不同理解的基础上达成一致。而这种“相同对象——不同理解——共同结论”的模式较之于“相同对象——共同理解——共同结论”模式，虽然并不理想，但更为大量地存在着且更为实际。可见，非司法调解具有基础性。如果说司法是正义的最后一道防线，那么，社会调解则是第一道防线，可以把矛盾化解在激化之前；而且社会调解程序简便、灵活多样，无须当事人交纳费用，有利于节约社会成本和提高矛盾化解的效率；再则，它具有预防性与和谐性。除了承担化解纠纷的职能之外，还能够促进社会共识的形成和道德情感之维系，从而实现“调解一件、教育一片”的功能，有利于防止群体事件、恶性刑事案件、上访缠讼事件，防止因为矛盾扩散导致的经济、社会风险政治化，政治风险国际化。

构建大调解的非诉讼纠纷解决机制，其实最重要的问题不在于也不应当过度扩张司法调解，而是如何完善和拓展非司法调解。为此，首先要重新进行价值定位。调解的价值不能局限于息事宁人的工具理性层面，而应当转变到保障公民权利的本体论上来认识。调解通过重新划定引起矛盾的各方利益的合理界限，最终使受到侵害的权利得以归复，从而区别于“和稀泥”和应付式执法。而调解的执行力来源于对调解员及其调解活动的制度保障，而现有社会调解或非司法调解的立法效力位阶低下，有的调解形式的法律依据尚付之阙如。仅就调解员的任职条件看，1989 年国务院发布的《人民调解委员会组织条例》第 4 条规定：“为人公正，联系群众，热心人民调解工作，并有一定法律知识和政策水平的成年公民。”2002 年司法部发布的《人民调解工作若干规定》第 14 条对此补充为：“担任人民调解员的条件是：为人公正，联系群众，热心人民调解工作，具有一定法律、政策水平。乡镇、街道人民调解委员会委员应当具备高中以上文化程度。”而 2010 年 8 月 28 日通过的《人民调解法》第 14 条规定：“人民调解员应当由公道正派、热心人民调解工作，并具有一定文化水平、政策水平和法律知识的成年公民担任。”将“高中以上文化程度”修改为“一定文化水平”。其实，对不同区域和背景下调解员的文化程度不可也不必作出千篇一律的硬性规定，对那些确实德高望重、调解水平高的人士，即使文化水平没有达到高中毕业程度，也可以选聘为人民调解员。但是从总体趋势看，人民调解员的文化水平应该有所提高。关于这一点，从该法第 22 条可以看出：“人民调解员根据纠纷的不同情况，可以采取多种方式调解民间纠纷，充分听取当事人的陈述，讲解有关法律、法规和国家政策，耐心疏导，在当事人平等协商、互谅互让的基础上提出纠纷解决方案，帮助当事人自愿达成调解协议。”可见，调解员既要具备良好的道德、心理素质，又要知晓法律政策、掌握明法析理的技巧。而不达到较高文化水平和专业知识程度的人员显然是难以胜任的。而且，调解组织规模与人员数量的确定也应当与不同地区或组织的实际需要相结合，其职能分工也应该增强，逐步改变人员数量与素质结构，实现调解人员的正规化、规模化和年轻化。而从对调解的组织管理上分析，《人民调解法》第5条规定："国务院司法行政部门负责指导全国的人民调解工作，县级以上地方人民政府司法行政部门负责指导本行政区域的人民调解工作。基层人民法院对人民调解委员会调解民间纠纷进行业务指导。"这里只是在宏观上确定了司法行政机关和人民法院对调解委员会分别进行行政和业务双重指导的组织构架。在这一抽象性法律原则下，必须着力研究解决好下述问题：司法行政机关对人民调解委员会进行指导的原则与方式、范围与手段究竟有哪些？人民法院与调解委员会之间的权力/权利配置与指导/协作模式以及具体操作机制究竟如何构建？两者之间的关联度与关联程序与效力究竟如何确立？这是在该法中没有具体规定而在调解实践中又不可回避、亟待解决的前提性问题。为此，应当根据《人民调解法》这一上位法从制定行政法规和地方性法规两个层面入手，因地制宜地进行细化规范，强化非司法调解的法律效力。而人民调解与行政调解协议书并无直接向法院申请强制执行的法律效力。但根据《人民调解法》的规定，经人民调解委员会调解达成的调解协议，当事人可以共同向有管辖权的人民法院申请司法确认。经人民法院确认合法有效的调解协议书，一方当事人拒绝履行或者未全部履行的，他方当事人可以向人民法院申请强制执行。事实上，有两个问题尚需解决：一是对综合调解的法律效力与实际执行问题，应该明确规定为与社会调解一致；二是对非司法调解的法律效力之确认与续接问题，可以打通公证与司法两个渠道供当事人选择，而不是仅限于司法确认。对经过公证确认的有实体内容的社会调解协议，应当赋予其可以申请强制执行的效力。

四、在程序理念创新下构建协作型法律实施关系模式

任何正义的实现都不能无视程序，程序与实体一样也具有实质意义而非仅有工具性价值。但是，单纯的独立的程序正义不应仅仅囿于西方那种"看得见的正义"，还应当在"看得见"的基础上使法律行为人"看得懂"和"看得透"，从而达到最佳的认同效应。此所谓"三位一体"的程序正义新思维。其内在根据在于，一切法律适用都应当同时达致形式正义和实质正义的统合效应。基于社会公平的正义观强调社会全体成员在机会、过程、规则和结果上获得公正、平等、均衡的对待，从而促进主体间的协调发展。尤其是在面对社会

给司法施压并大有挑战司法权威的背景下，司法如何维持独立性与固有尊严，便成为程序正义与实质正义之间如何互动的症结所在。

当事人对国家施行法律的权力运作过程如果不知情、不理解，势必导致对公共权威产生不信任和不满意，最终甚至不惜以不法的手段去维权，从而激化了矛盾，甚至酿成群体性事件。因此，为了实现程序之实质理性，在社会矛盾的化解中，需要通过三种程序性方式来实现正义：（1）看得见的正义。看得见的正义源自于法律格言：正义不仅应得到实现，而且应以人们看得见的方式得以实现。它要求程序公开，无论是审判还是调解，其过程和信息都是透明的，既要给予当事人充分参与决定的过程，又要保证裁判者不偏不倚地对待两者。（2）看得懂的正义。司法的精英化和职业化使其成为专门的技术，非法律职业共同体成员可以介人此一职业。这是司法所特有的品性。但是这样也造成在司法语言与社会大众语言难以沟通的局面。因此，高度专业化的法律活动在坚守技术性与精英性的同时，应当从司法作为一门社会生活艺术的理念出发，既来源于生活之纠纷，又高于生活之日常性，但更应当复制与回归真实的社会生活。于是，专门法律活动的大众化与专业化在语言、场景、行为三方面均需要建立起一个能够对接与融通的机制，这样才能被社会纠纷中真实的人所知晓、懂得与明白。司法裁判与调解用语既要符合法律规范与法律专业的要求，又不可晦涩难懂，而应当明确、通俗、易于理解，使当事人能够看懂在程序推进过程中如何实现正义。（3）看得透的正义。从认识论上讲，“看得见”与“看得懂”是认识发生的必要前提，但并不是充分必要条件，还不一定能够使主体充分认同与接受认识对象。只有通过充分透彻的法律论证与严谨科学的法律推理，使当事人在认识的基础上认同、在认同的基础上形成主观意识上的自觉、达到内在观念和外在观念的统一，才能凝聚成法律的内在说服力与公信力，进而推促主动履行相应义务、增强尚法信念。正如美国联邦法院法官中心的《法官写作手册》中所言：判决正确还是不够的——它还必须是公正的、合理的、容易让人理解的。司法判决的任务是向整个社会解释，说明该判决是根据原则作出的好的判决，并说服整个社会，使公众满意。可见，如果一味使用晦涩难懂的所谓精英言辞和繁复艰深的所谓专业推导，势必会将案中人拒之于法律的大门之外。而没有透彻全面的理解，就不可能在法律正义和社会正义、形式理性和实质理性之间架设畅行无阻的桥梁。

中国程序法明文规定公检法机关相互分工、相互配合与相互制约，但是，一直以来，存在过分强调分工，而存在着对协作与配合重视不够甚至轻视的倾向。其实，以是否能够真实地解决纠纷、保障权利的公正实现为根本依据，程序正义的实现应当在强调法律机关之间相互分工与制约的基础上探索系统内部之间及其与系统外部配合、协调的新思路，构建公检法司与社会组织的协作机制。为此，需要强调两个方面的协作联动：第一，公检法司四个国家机关之间的联动不仅在法律程序方面要协调配合，还应当在社会效果方面加强协作，实现程序外部的衔接。第二，国家机关与社会调解机构也应当建立联动机制。法院在从事司法调解的同时，对社会调解承担业务指导的职能，还可以将部分民事纠纷和轻伤害案件，在征得当事人同意后，委托人民调解委员会进行社会调解；行政机关在进行分管领域行政调解的同时，应培育相关行业自治组织，鼓励组建行业调解机构，还可以将信访资源和社会调解整合起来，既减轻行政机关自身负担，又有利于促进社会和谐；综合调解更应联合公检法司与社会组织诸种力量，集中处理重大社会矛盾，其处理结果又能够成为其他调解机构参考的政策性依据，避免不同调解机构在重大社会问题上出现调解结果的明显差异。公检法司与社会组织联动机制的构建，通过整合政法、综治、维稳、信访等方面的力量，最终形成综合治理的大平台。然而，对综合治理的学术阐释，法理学却退场了，这不能不是一个遗憾。

五、依人本化互动式执法新思维重构民意表达释放系统

法律的实施是执法者与守法者互动的产物。执法不能与执法侵权是社会矛盾激化的重要因素，而社会民众的法律执行观在压制型、命令式执法理念导引下出现误区：在民意表达方式上，不是通过温和而合理的方式，而是采取威胁或暴力抗法的极端方式来引起关注、给执法者施压，最终导致执法者与相对方关系的恶性循环。例如云南的孟连事件①。这已然成为当下的一个法社会学现象。由行政主体单向度指向行政相对人的命令式执法，固然在维护社会秩序和保障公共安全方面发挥着必不可少的作用，但在社会交往频繁、利益关系复杂、矛盾冲突多样的现代社会里，这种方法已经暴露出明显的缺陷，时常是维权不足、侵权有余。其实，法治社会所追求的稳定是“有正当理由的稳定”，而无论是哈贝马斯还是罗尔斯，最终都殊途同归，强调民意共识和道德基础是

① 2005 年以来胶农与橡胶公司的利益冲突逐步凸显，群众的合理诉求没有得到及时解决，反而简单地动用警力介入，致使经济风险升级为社会风险和政治风险，最终酿成 2008 年警民冲突的恶性事件。徐元峰：《云南孟连事件：干部作风深入一点，矛盾不至于激化》，载《人民日报》2008 年 9 月 5 日；另参见新华网 http：//news. xinhuanet. com/politics/2008-09/05/content_ 9773347. htm。

社会稳定的根基，而这正是通过反复的公共辩论来培植的。即通过公共辩护达到“广泛而一般的反思平衡”（wide and general reflective equilibrium），“这种平衡完全是主体间性的：也就是说，各个公民都把每个其他公民的推理和论据考虑在内了”。① 因此，命令式执法需要与立基于以人为本的互动式执法相结合，使执法建立在充分的民意基础上，以修复权利与权力以及权利与权利交互之间的断裂。

提升互动式执法的地位，主要通过构建民意表达机制来实现。早在50年前，我们就认识到：“群众有气就要出，我们的办法就是使群众有出气的地方，有说话的地方，有申诉的地方。群众的意见，不外是几种情况。有合理的，合理的就接受，就去做，不做不对，不做就是官僚主义。有一部分基本合理，合理的部分就做，办不到的要解释。有一部分是不合理的，要去做工作，进行说服。”② 在法律实施中，公权力主体与相对人之间的互动应当建立在以人为本的前提之下，重心在于权利本位而非权力本位。为此，重新审视已有的民意表达方式并构建理性而系统的制度已刻不容缓。主要体现在：（1）重构听证。走出听证制度的误区，实现听证的普遍化与规范化。一切利益衡量的公正性都来自于利益方最大限度地真实地表达自身的利益并与他方进行利益的博弈，这是利害取舍的基本出发点，而政府成为这一利益博弈的直接裁判。为了获取客观利益信息并便于互动，听证应运而生。但是，流于形式的听证往往只会戕害听证的生命，导致社会主体利益的异化，形成对决策的不信任与不合作，种下矛盾的种子。因此，应当通过立法强化听证程序、扩大听证事项覆盖范围、增加听证参加人的数量、提高利益相关者所占的比例，尤其应当在法律中明文规定必须邀请听证事项所涉范围利益主体双方——收益方与受损方参加，然后在这两者以及社会公众三方之间进行利益衡量。（2）强化协商。协商民主是20世纪90年代以来在西方兴起的旨在弥补自由主义缺陷的民主理论。“协商民主作为一种民主的决策体制或理性的决策形式，每个公民都能平等地参与公共政策的制定过程，自由地表达自己的意见并倾听别人的观点，包

---

① John Rawls, Reply to Habermas. in John Rawls, Political Liberalism. New York: Columbia University Press, 1996, p. 385；中文译本参见约翰·罗尔斯：《政治自由主义》，万俊人译，译林出版社2000年版。

② 邓小平：《共产党要接受监督》，载《邓小平文选》第一卷，人民出版社1994年版，第273页。

括对道德问题提供协商的空间，在理性的讨论和协商中作出大家都能接受的决策。"① 政府在作出强制性的行政指令前，通过就命令的内容与利益相关者进行高质量的沟通、协商，给予行政相对人表达意见的机会，增进其对指令的理解力和服从度。为此，要弥合决策层掌握的"民意"与真实的"民意"之间、决策层听到的"民声"与实际的"民声"之间可能出现的裂缝，构建平等的信息交换和利益表达机制。(3) 民主谈判。谈判是面对面进行有序利益表达的有效方式。谈判民主与选举民主、协商民主、自治民主共同构成民主的完整体系。谈判民主广泛存在于公共领域，"当代政府公共治理与行政法出现了一种新的公私合作的动向，非政府主体也可参与公务，甚至可以承包某些特定公务，政府与非政府主体讨价还价，达成某种行政合同，实现政府利益与非政府主体利益的协调一致"。② 因此，诸如公共服务提供、拆迁安置补偿等涉及经济内容的协议，应当依靠政府与非政府主体之间的谈判才能达成。不仅如此，在社会管理者与被管理者、企业主与员工、自治组织体与组织成员之间也应当通过谈判民主的方式来保障相对弱势的被管理者、被命令者一方的话语权与表达权得以平等地行使。(4) 间性克服。民间自治组织与官方权威机构之间在解决社会矛盾方面由于边缘设定而存在一定间隙，诸如信息共享、行为方式、决策过程与效力大小之类的边缘型问题都充塞于其中。而无论是民间组织还是官方机构，又都面临如何对待与接受社会大众信息的问题。为此，应该构建两个利益表达的引导机制：一方面，政府对自治组织在解决社会矛盾方面的原则性、衔接性导引。公共治理理论主张先自治后他治，先社会后政府。因为自治组织通过多样、灵活、平等的参与模式，在处理公共事务上比政府更具低成本、高效率、灵活多变的优势。③ 但是，自治并不否认他治。相反，他治往往是自治的保障，而他治的最高境界并非直接干预与直接强制，而是以此为前提，通过与组织的对话和协作，共同完成社会治理的法律使命。另一方面，政府与民间组织对民众利益表达方式与手段选择的共同导引。如果说政府是化解社会矛盾的预警器，那么，信息回收装置就是这一大系统中的第一子系统，而信息装置的回收率、保真性、认可度又是衡量其质地优劣的三项最重要指标。

① 李君如：《中国民主政治形式和政治体制改革》，载《文汇报》2006 年 9 月 24 日。

② 王新生：《论谈判民主的法治化》，载《长沙理工大学学报（社会科学版）》2009 年第 1 期，第 41 页。

③ 参见滕世华：《公共治理理论及其引发的变革》，载《国家行政学院学报》2003 年第 1 期，第 45 页。

其中，回收率是对民众利益纠纷信息的占有与获得的数量，即政府获取的信息占社会生活真实信息的比例；而保真性则关注信息的质量问题，指回收信息与社会实际信息的关联度，或者用反向失真率表征；认可度是指回收信息的方式是否以及在多大程度为社会主体所认同。可见，信息系统的置放范围、比例选择、接受方法或所提供的表达方式是否具有代表性、民意性、公共性与科学性，就成为利益表达与信息交流成功与否的关键。法律历来就具有评价与指引的功能，通过设定行为模式尤其是正向激励与反向制约评价机制而鼓励、指示与约束公民进入法律通道表达诉求。

宪法学专题

依法治国方略和国家管理体制的变革

主讲人：秦前红教授

"法治"在《牛津法律大辞典》被看做"一个无比重要的、但每被定义，也不能随便定义的概念"。"它意指所有的权威机构、立法、行政、司法及其他机构都要服从于某些原则。这些原则一般被看做表达了法律的各种特性。如正义的基础原则、道德原则、公平和合理诉讼程序的观念，它包含有对个人的至高无上的价值观念和尊严的尊重。""在任何法律制度中，法治的内容是：对立法权的限制，反对滥用行政权力的保护措施；获得法律的忠告、帮助和保护的大量的平等的机会；对个人和团体各种权利和自由的正当保护；以及在法律面前人人平等……这不是强调政府要维护和执行法律及秩序，而是说政府本身要服从法律制度；而不能不顾法律或重新制定适应本身利益的法律。"

法治观念保持了时代开放性的特征，从古希腊以来，法治不断被注入新的内涵。现代西方的法治理论则循由两个路径发展：一个是继续形式主义法治理论的发展传统，另一个则是企图修补形式主义法治缺陷的实质主义法治理论。前者以英国学者拉兹和美国学者富勒为代表。"形式法治观针对的是法律公布的方式（它是否由获适当授权的人公布……）；因而产生的规范的明晰性（它是否指引人的行为，使人能够计划他或者她的生活，等等）；所制定的规范的时间维度（它是否面向未来……）。但是形式法治观并不力图对法律本身的实际内容作出判断。它们不关心法律在哪种意义上讲是良法还是恶法，只要法治的形式规诫得到满足就行……"① 后者（即实质法治观）开始于德国学者韦

① Paul Craig, "Formal and Substantive Conception of the Rule of Law". Public Law467, 467 (1997). See also Robert S. Summers, "A Formal Theory of the Rule of Law", 6Ration Juris127, 135 (1993).

伯对资本主义法律合理性的探讨。自韦伯之后，法兰克福学派的代表人物之一纽曼继续了对形式法治转向实质法治的观察，并将韦伯关于现代法治会出现反形式主义的预见向前推进了一大步。①“那些支持实质法治观的人力图超出这一视界。他们承认，法治具有上述的形式属性，但他们希望将这一学说引申下去。某些实体权利据称基于法治之上或者是从法治引申而来。这一概念被用作这些权利的基础，这些权利被用于区分应允这些权利的‘良’法与不应允这些权利的‘恶’法。”② 最普遍的实质法治观是在法治中纳入了个人权利，对此，美国著名学者罗纳德·德沃金提出了精致的阐明：“我情愿把第二种法治观（指实质法治观）称做‘权利’观。它在若干方式上比规则手册观念志向更加远大。它假定，公民彼此之间具有道德权利和义务，作为一个整体对国家享有政治权利。它坚持认为，那些道德和政治权利应该在实质法中得到确认，这样，它们就能够在公民个人的指引下，通过法院和其他相似类型的司法机关在可行的范围内得到施行。这一观念上的法治是依据有关个人权利的合格公众观念进行治理的理想。像规则手册观念一样，它在法治与实质正义之间不作区分；相反，作为法律理想的组成部分，它要求规则手册的规则表达和实施道德权利”。③

新中国在短暂的三十多年时间里，复制了西方从形式法治观到实质法治观的演变历程。在 20 世纪 70 年代末 80 年代初，基于对十年“文化大革命”的无法无天所造成的餐厅状态的直观反思，国家的治理者感到如要避免重蹈过去覆辙，必须大力进行法制建设。于是他们提出了“有法可依，有法必依；执法必严，违法必究”的法制建设纲领。这是一种典型的秩序中心主义的形式法治观。其形成原因有多种：（1）国人渡尽“文革”劫波后，人心思治，人心思安，形式法治观因应了国人对秩序的心理预期。（2）把权力的社会制度属性等同为权力运行的实质状态，混淆法治的应然状态和实然状态。国家治理者和社会绝大多数成员都没有意识到社会主义制度下还有可能出现“恶法”的可能。（3）该时期整个社会保留着强烈的计划经济时代痕迹，市场经济的发展尚处于萌芽状态，社会对法制规则的要求在数量上尚属有限，遑论对法制

① See Neumann F., The Rule of Law. Public and the Legal System in Modern Society, Berg Published Lid, pp. 266-285.

② 同注释①。

③ Ronald Dworkin, Political Judges and the Rule of Law, 64 Proceedings of the British Academy 259, 262 (1978).

的品质要求了。(4) 顺应人心的政治变革赋予执政者高度合法性，从而也赋予治理规则本身巨大合法性、正当性。将形式意义上“以法治国”改变为“依法治国”，并将其上升为治国方略写进宪法文本，是经由1999年的现行宪法第三次宪法修正案完成的。该修正案将“依法治国，建设社会主义法治国家”写进了宪法第5条第1款，从而以宪法文本的形式确立了法治国原则。但中国宪法所规定的“法治国”原则与西方国家宪法指涉的“法治国”在意涵上是有重大区别的。中国官方所指的“依法治国”，其最标准的解释就是“广大人民群众在党的领导下，按照宪法和法律规定，通过各种途径和形式管理国家事务，管理经济文化事业，管理社会事务，保证国家各项工作都依法进行，逐步实现社会主义民主的制度化，法律化”。而西方国家所尊奉的“法治国”原则大致是指“为了保证人性尊严、基本权、法秩序的安定及正义之目的，要求所有国家权力行使必须依据宪法以及合宪之实质与形式法律”。“法治国原则中有共识且明确之要素如下：(1) 宪法国理念；(2) (宪) 法定之国家与国民关系；(3) 权力分立为法治国存在前提；(4) 法为国家权力行使之正当性依据与限制之基础；(5) 司法救济制度之确保；(6) 基于国家责任形成之赔偿与补偿体系之建构；(7) 比例相当性原则。”① 由此可见，中国宪法所确定的法治国原则在制度前提、政治环境、文化传统、生成源流都与西方法治大异其趣，而且体现法治国原则的宪法文本本身也存在逻辑缺憾，表现为：第一，“依法治国”与“建设法治国家”的割裂导致法治价值内涵的流失。如上所述，1999年宪法修正案在确立依法治国方略时，使用的表述是“中华人民共和国实行依法治国，建设法治国家”。这一表述带来法治国原则适用的诸多困扰：依法治国的主体是国家还是人民？如果是国家，它如何与人民主权原则之间实行融通？如何体现法治本身的精义？“依法治国”与“法治国家”之间的逻辑关系是什么？二者之间是否有价值的抵牾？一般认为“依法治国”是法治的外在体现，它重在强调法治的工具价值和治理功能。“法治国家”更强调法治的价值内涵，它表明法治的实施不仅要使法律成为治理社会的首要机制，更要用法治的根本精神和价值指导实践并促其实现。在中国法制实践中所出现的将法治原则适用曲解为“依法治省”、“依法治市”、“依法治村”、“依法治水”、“依法治税”等行为，其后果在于一方面肢解了法治作为一种治国方略的整体性，另一方面割裂了“依法治国”与“法治国家的联系”，使法治精神流失。第二，仅仅从规则主义的角度强调依法办事，忽视对立法机关权力

① 陈慈阳著：《宪法学》，台湾元照出版社2005年版，第228页。

的制约。中国大陆学者在论述法治时，多强调法治对行政权力和司法权力的制约，将法治的基本要素归纳为“依法行政”和“依法办事”。① 固然，将“依法办事”界定为法治的外在表现形式会方便人们对法治的把握，但却表明其对立法机关权力的限制关注不足。从深层的意义来说，法治不限于对行政行为和司法行为的控制，更要求规制立法行为。立法机关面临的情势始终变动不居，而且从来没有像当下这样复杂，它们面临的立法任务艰巨而且影响深远。然而立法者却时刻可能受到利益的诱惑而出卖选民的信任，生产坏的“法律”。事实上，法治的首要目标是将野蛮的立法与保障人权尊重人权尊重人性尊严的立法加以区分，并力争去防止、消除法律业已造成或将会造成的灾难。因此，仅仅将法治理解为“依法办事”、单纯地认为“依法行政是依法治国的核心，”是对法治的片面理解。第三，法治国与一党执政的体制存在高度的紧张关系。尽管执政党声称民主和法治应该有多种样态，中国特色的民主法治制度是党的领导、人民当家作主、依法治国的有机统一，但如何达致有机统一，并没有完成探索过程并提供有说服力的样本。中国大陆官方认为中共十六大是中共由革命党实现向执政党转换的历史节点，而所谓的执政党应具有以下特征：(1) 重视与现有国家政权的亲和性，强调充分发挥国家架构的体制性作用，这与革命党主张推翻和反对现有政权体系、破旧立新不大相同。(2) 强调社会利益的整合，重视社会利益的协调与和谐。这与革命党首先要划分敌我界限，支持一部分人利益以反对另外一部分人的利益有着重要区别。(3) 执政党本身应具有执政的合法性，体现为执政党获得人民支持的程度、领导的合理性、权力的合理性和治理的有效性。(4) 执政党的活动要以法律为依据，执政党的活动不但要有实体合法性，而且更应有程序合法性。(5) 执政党执政权的有限性和受约束性。执政党既然要以民主活动为内容和价值目标，那么其执政权不能是自封的，只能来自于人民的授予；执政党行使权力要代表人民；执政党运用权力的全过程要接受人民的监督和制约。由于执政党对革命成功经验的路径依赖，也由于执政党作为一个具有高度进取心的政党，践行法治的历史特别短暂，其并不完全习惯接受法治的规制。更为重要的原因是中国执政党并不像西方国家的执政党趋于大众化和平庸化，单纯依靠民主选举本身来获得执政合法性，它要靠思想、组织、政治的先进性来引领社会发展，获得民众对其执政的认可和支持，因此中国宪法序言和中共党章都规定了“党要在宪法法律范围内活动”，但实际上只是执政党的个别组织和党员个人受到了法

① 参见李龙主编：《法理学》，武汉大学出版社 1996 年版，第 242～244 页。

律的约束，执政党自身作为一个整体却游离于法律之外，否则会改变执政党的质素。可以为上述论点提供有力佐证的实例，近三十年来改革开放发展始终是党的路线提出在前，政府行动在前，宪法法律确认在后，曾经流行的“党代会后修宪现象”，更突显执政党政策与国家法律的高度紧张关系。

以法治国原则为价值参照，来考察国家管理体制的变革，可以从诸多层面着手，限于文章篇幅的关系，本专题拟从国家结构形式和税制所涉及之问题，进行一点粗浅的讨论。

国家结构形式制度是最重要的宪政制度之一，中国实行单一制的国家结构形式是中国学界主流的意见。与对公民基本权利制度研究的热络相对比，国家结构形式问题的研究未免稍显沦落。新中国选择单一制的国家结构形式制度有着诸多的客观原因和主观价值诉求，但考量该制度六十多年的运行历史，可以得出一个相对具有说服力的结论：中国特色的政党制度成为该制度设计初衷的保障，但当政党制度因社会转型自身遭遇巨大困难的时候，国家结构形式制度的先天不足则被更加放大。情势沧桑，时与势易。作为宪法制度安排上的国家结构制度，其理论样态与运行实际出现了严重的不协调，制度的功能实效严重偏离了预期，这种现象颇值得研究。

一个单一制大国的治理，抛却价值层面的考量外，其在国家结构形式层面的有效性直接取决于能否做到“上令下行，下情上达”。以此来衡量当下中国大陆中央与地方关系的实际，其结果应该不令人那么振奋。以作者的判断看来，中国宪法上的相关制度设计在现实的展开中面临严重的失灵问题，甚至出现了所谓的“政令不出中南海”现象，这可从很多社会现象来证成作者的上述观点：行政系统的能力极其虚弱，许多时候要仰赖于党的组织系统来弥补其能力的不足，而这进一步固化了党对具体国家事务的干预，造成党政不分的乱局，从另一种角度来说，这导致了法律问题的政治化解决，邪教、房地产调控、税制、物价等问题都是依循这样一个路径解决的。现有的法律监督无法解决愈演愈烈的地方立法僭越国家立法问题①，地方通过立法手段实施“利益抢滩”已成为地方挑战中央的重要手段。涉法信访案件的大量上升，既表征了大陆社会弥漫着对法律高度不信任的情绪，而其本身并非一种普通主义的可以

① 大陆保持法治统一是借由全国人大常委会解释法律、撤销不合法的行政法规、地方性法规，上级人大监督下级人大的立法行为来实现的，但由于人大运行制度的自身缺失和中国有意奉行不均衡的地方发展战略等因素的存在，法律体系内部的规范冲突成为一个十分引人瞩目的问题。

重复解决问题的思路。信访作为一种权利诉求获得成功的概率其实颇小，信访问题其实不过是民意“上达”不畅的另一种诉说。官方对信访在社会治理中欲说还休、欲罢不能的游移态度，以及信访自身对法治的安定价值的消解，都使信访制度不断处于遭受问诘的窘境之中。中央要求以民为本，实施减轻民众负担的柔情政策，但地方性的制度扩张却带来了结构和人员的扩张①，中央与地方的不同考虑（地方愈加强化了利益主体意识）使得“减负”政策效果极为有限。中央与地方关系的处理循由两种不同思路相互较力，一种是明晰的权力划分和法治化的制度保障；一种是传统的“一放就乱、一控即死”的治乱循环。中央力图从党政军包括司法各层面加强对地方的管束，一个显见的例子就是采用“官员空降”（从上级机关向下级机关直接委派干部）的办法，来加强对地方的控制和驾驭能力，这种方式不仅挤压了地方官员的成长空间，扼杀了地方官员工作的积极性，而且由于这种官员升迁的“委派”制，削减了地方官员对地方的忠诚，助长了官员短视主义的政绩观和“唯上、唯权”的官僚主义作风。缺乏类型化和精致化的大一统式公务员制度②，不仅导致机构臃肿，财政不堪重负，而且这种制度不能解决一个国家治理所必须解决的“法律之治（常规之治）”与“政治之治”（应时性之治）问题。从政治文明的规律而言，“法律之治”解决的是一国发展的稳定性连续性问题。它通常把社会大众已经形成的绝对或相对共识通过正当程序表现为法律，通过公开、公平、公正考试制度选拔出来的官员来严格执行。“政治之治”要正确平衡观念与实际、当下与未来，因应前瞻性的发展需要，提出具有风险性挑战性的发展战略。能承受艰难担当的官员不能循由科层制官僚的成长路径，通常应由民主的选举制度来作为不拘一格的选拔路径，并借以赋予其政治试错的正当性或权威性。但中国大陆当下官员的升迁却是以弱化法治的权威、强化潜规则的权重为表征的，致使这种制度的公信力和执行力都大打折扣。作为解决民族问题基本制度的民族区域自治是以保障定居民族权利、强化民族差异为制度导向的，而忽略了在市场经济条件下当人、物等所有要素都具有流动性时，如何应对散居

① 地方性的制度扩张包括实行分税制后地方为强化征税能力、为应对城市化带来的城市管理问题、为应付社会转型中的利益冲突所引致的维稳难题等进行的机构、人员、权力诸方面的扩张。

② 中国大陆纳人公务员管理序列的大约有7千多万人，包括公务员和参照公务员管理的国有企业、事业单位人员。这不仅造成公共财政的巨大负担，且因缺乏分类管理，造成管理成本高昂、效率低下。

民族权利保障和民族转化为族裔后的民族融合问题。中国的改革开放以区域之间的不均衡发展作为政策主轴，这不仅导致先发达地区成为“地方诸侯”，增加了与中央讨价还价的筹码，而且使单一制国家所必需的法治统一变得遥不可及。香港、澳门问题的解决是以牺牲单一制国家的基本原则为代价的。任何单一制国家甚至是联邦制国家其行政权、立法权可以分散多元，但司法终审权必须是统一的，这是表征一个国家主权统一的基本元素。香港、澳门分别享有司法终审权的事实，既挑战了传统政治学、宪法学关于国家结构形式的理论，又使中国这样的单一制国家出现重大法域冲突成为一个需要不断解决的现实问题。

上述诸多危机其实是“常态宪政”脱轨的表征，究其原因可以归纳出林林总总：宪法中有关国家结构形式制度的设计忽略了中央、地方两者之间权力制衡制度的系统性；下级人民代表大会选举上级人民代表大会的制度，形成了权力与权威的倒置、权力与“合法性”的不匹配；市场经济引致的利益多元化与行政主导的路径依赖之间产生了内在的紧张等。但在大陆的地理版图内，其中最重要的原因在于地方崛起，从而引出国家治理的诸多难题。地方崛起的原因可以总结为以下几个方面：

第一，从中央到乡镇的四级纵向管理系统由于层级过多，必然导致中央政令的传达“失真”，地方获得了利用信息扭曲牟取自身利益的制度空间。

第二，地方在形成和强化自己利益的过程中，产生了不同的角色意识，并由此形成不同的立场选择。对于中央的政策它们通常立基于利益取向而采取相对应的执行态度；符合自身利益的，它就努力刚性执行，不符合它的利益，它就弹性变通执行。这就是中国常有的所谓“上有政策，下有对策”现象。

第三，政治国家的强大导致了马克斯·韦伯所说的官僚科层现象。中央政府治理的理性局限导致庞大的地方官僚队伍中，只有少量部分由中央任命和控制。任命与责任的对应关系会促使地方政府官员更注重地方的“指令”。

第四，地方财政能力的提升使过去依靠中央财政而产生的服从产生了动摇，而日益突出的地方官商一体或者官僚与资本的勾结现象，更加助长了地方势力的“坐大”。

第五，迷恋传统的党务、行政控制方式，而忽略成本最小、效益最高的司法控制方式，以及司法自身的“地方化”，消解了法治对地方行为的钳制，而默认非法治化的地方行为成为常态。

以法治为观照的国家管理体制问题的探讨，尽管还可以从公共管理、政治学等多个学科范畴领域里展开，但最终还是要上帝的归上帝、恺撒的归恺撒，必须返归法治的语境内寻求应对之策。粗略说来，有几个层面是可欲可为的：

其一，国家管理体制的当然逻辑意涵是要廓清国家的权力边界，要祛除对全能国家的崇拜，坚定地践行有限国家理念。要在国家和社会之间合理划分各自管理的领域，鼓励并培育社会中间组织的发展，善待宗教组织，摒弃过去那种将一切可能崛起的新兴势力都纳入国家权力体制的错误做法。

其二，要进一步完善法律体系，填补国家管理体制的空白，将重要的国家管理活动纳入法治化的轨道。尽管2011年中国大陆的“全国两会”已宣布社会主义法律体系基本完成，但其完善并没有穷期。很多重要的法律都付诸阙如。比如：新闻出版法、结社法、罢工法等重要保障公民政治权利的法律尚未制定，民法、商法、行政法的法典化没有完成，行政程序法、宪法程序法、人大程序法甚至没有进入立法视野，等等。这样便可能导致国家管理缺乏连续性、稳定性，甚至影响国家的长治久安问题。

其三，在社会转型的关键时刻，我们必须通过正当程序来协调不同社会群体、不同价值观之间的关系，凝聚基本共识，进而以井然有序的方式推动改革，逐步达到建设民主法治国家的宏伟目标，推动国家管理体制的制度创新。

随着利益分化和观念更新，凝聚新的社会共识成为改革发展的重要命题。经济全球化的深入，也增大了对社会进行宏观调控的难度以及决策失误的风险，容易引起那些承受决策负面影响的群体的抵触和不满。为此，需要强调法治，以便采取统一的、普遍的、以国家强制力为担保的规范来维护或重构秩序。

但是，现代法治的本质性特征并不在于强制，而在于强制应具备足以服人的正当性。不言而喻，只有共识才能真正使强制正当化并发挥实效。然而现实告诉我们，在当前的社会转型期，达成共识的任务非常艰巨。在这样的背景下，一些地方政府不得不采取如履薄冰的谨慎态度，甚至采取一些有违原则的应急之策，千方百计“摆平”各方，从而分散问责的重压。当这一切都仍然不足以弥补共识裂变的缝隙时，一些非法的暴力手段便被选择，其结果，更加大社会共识形成的难度。由此可见，要走出这种转型期法治的陷阱，我们首先必须在没有共识的地方寻找出可以达成共识的途径，然后循此形成某种具有正当性的强制执行机制。这条途径就是程序。更准确地说，就是确保决策不偏不倚、合情合理的正当程序。通过对“怎样作出决定”的程序共识来实现对“共同承认这样作出的决定”的实体共识，并使这种作为决定之结果的共识具有强制执行的力量，不容许混淆黑白的妥协，不容许反复翻案的缠讼，不容许以暗盘交易取代普遍合意——这就是“程序治国”的基本思路。

正当程序的宗旨，是要在公开透明的话语空间里确立新的、真正具有公共性的、可以在同样条件下不断再现的共识，以及相应的可以统一适用的规则体系。因而程序一方面可以限制行政官员以及司法者的裁量权，从而有效地保障个人权利，另一方面却容许选择的自由，并通过沟通和理由论证来收敛不同的意志，造成非常确定的效应。

从这个角度来观察和讨论当今中国的法治问题，湖南等地建立和完善行政程序的实践经验特别值得高度评价。理由正如温家宝总理不久前所指出的那样，“行政执法更要注重程序。只有将执法的每一个环节、实施步骤程序化，才能让执法人员有所遵循，才能避免执法的随意性”。也就是说，现代法治不仅要求老百姓守法，而且要求行政官员自身也要守法，甚至把限制政府权力作为最核心的价值标准，而正当程序就是限制政府权力的不二法门。所以，没有程序，就没有真正的法治可言，依法治国的设想也就会深陷在“钓鱼执法”、“司法腐败”、“拍卖判决”、“上访与截访”以及“暴力抗法”等千奇百怪的泥潭里而不能自拔。

对“程序治国”思路的质疑主要有两点：（1）在社会转型时期，所谓“日常”已经剧变，所谓“例外”层出不穷，正当程序的原理不能应急，主权者的政治决断成为必然。（2）正当程序的那个“正当”也是以价值共识为基础的，因此程序自身的正当化并不能通过程序来自我实现。显而易见，这些质疑并不能否定程序的重要性。恰恰相反，这类质疑的不断出现只是证实了共识的裂变以及价值多元化，同时也证实了执政正当化日益成为关注的焦点，更证实了要不要把正当程序作为中国法治建设的突破口这个问题，的确是个值得反复探讨的真问题。

实际上，处理例外或者紧急事态固然需要当机立断，也需要临机应变，但并非可以把程序置之度外。社会转型时期的特殊性，只是把以程序限制权力行使的重点从事先监控变成事后监控而已。例如为申诉者提供救济和矫正的不同程序性条件、加强司法审查程序的功能、设置宪法提诉程序等。在这里，程序构成媒介，发挥着防止制度碎片化的整合功能。

另外，正当程序的设计固然以一定的价值评估为前提，但关于正当程序的承认却完全可以基于常识和公理作出。例如公共事务的处理必须公开进行、不同意见应该享有同等的表达权、任何结论必须以充分的信息和论证为基础、少数服从多数、在公共事务之外的问题上尽量保护个人的思想自由。在这里，程序生产结构，这些程序性原则正是决策机制进一步科学化、民主化的基本内容。

行政法学专题

行政侵权责任法论纲

江国华

政府作为必要的“邪恶”，是公民权益最强大的潜在威胁者——行政侵权几乎与行政本身如影相随；故此，现代行政法之使命不特在于规约行政过程，以减少行政侵权之发生；而且更着意于后果救济，以确保受到行政侵害的公民权益能够得到有效恢复与补偿。这种涉及行政侵权后果救济的法律，即笔者之所谓行政侵权救济法——鉴于侵权救济与行政责任之间的内在关联性，行政侵权救济法也可以称为行政侵权责任法，或者行政责任法。

就其性质而言，行政侵权是行政责任发生之法定条件——有侵权，必有责任。尽管学术界对于行政责任有不同解说，但就其本质而言，都可划归侵权责任之范畴。鉴于纠正行政侵权主体之不同，行政侵权救济法大致可以划分为三类：（1）行政侵权之行政救济法，包括行政复议法、行政申诉法、行政信访法与行政补偿法；（2）行政侵权之司法救济法，主要是指行政诉讼法；（3）行政侵权之混合救济法，即行政赔偿法，它兼具行政救济与司法救济双重属性。

一、行政侵权

在其广义上，行政侵权意指行政主体及其工作人员在行使职权、达成行政目标过程中，对公民、法人或其他组织合法权益损害造成侵害之事实及其法律后果。其要义有三：（1）行政侵权之主体系行政主体或其工作人员；（2）行政侵权以行政职权之行使为必要条件；（3）行政侵权以损害后果为构成要件，无后果即无侵权。

(一) 行政侵权之意涵

目前，学术界对于行政侵权之含义、性质和构成要素并未达成共识。就其含义而言，至少存在“违法说”、“行为结果说”和“行政结果说”三种基本观点；就其性质而言，至少存在“公法说”、“私法说”和“公私混合说”三种观点。

1. 行政侵权之解释

“侵权”一词最早来自拉丁文“tortus”，形成于英文“tort”，其基本含义是侵害及对侵害的救济。“行政侵权”概念的提出基本同步于国家赔偿法律制度的诞生，是行政侵权从民事侵权分离之产物；它最早出现在19世纪70年代，至今也不过一百多年时间。在美国，侵权法中并无行政侵权的概念，只是把政府侵权（government tort）作为其中的一个类别，这里的“政府侵权”相当于行政侵权。在我国，最早提出“行政侵权”概念并进行较为系统研究的是罗豪才先生，他于1988年在其主编的《行政法论》一书中，设专章对行政侵权进行专门研究。此后，随着《国家赔偿法》(1994年）的出台，“行政侵权”概念逐渐为行政法学界所认可。① 但对其基本意涵，却存在一定分歧；基于这种分歧，行政侵权的界定大致有违法行为说和结果说两种观点，其中结果说又可具体分为行为结果说和行政结果说。

(1)“违法行为说”。

“违法行为说”之核心观点，是将“违法性”界定为行政侵权之前提性要件；但学者们的表述略有不同。譬如，皮纯协认为，行政侵权是行政主体不法侵害相对人合法权益而依法必须承担行政赔偿责任的行为；② 胡建淼认为，行政侵权行为是指行政主体及其行政人在行使行政权力时，由于违反法律规定的义务，以作为或不作为的方式，侵害相对人合法权益，依法应当承担损害赔偿等法律责任的行为。③

(2)“行为结果说”。

“行为结果说”之要义有三：①行政侵权行为是行政行为；②行政侵权主体是行政机关及其工作人员；③判断行政侵权之依据是“侵害后果”。譬如，陶广峰认为，行政侵权是指国家行政机关或者行政机关公务人员在执行公务中

① 王世涛著：《行政侵权研究》，中国人民公安大学出版社2005年版，第1～4页。

② 皮纯协、张成福主编：《行政法学》，中国人民大学出版社2002年版，第383页。

③ 胡建淼主编：《行政违法问题研究》，法律出版社2000年版，第407页。

侵害公民、法人的合法权益造成损害的行为；① 张步洪认为，行政侵权是指国家行政机关及其工作人员作出的职权行为侵犯公民、法人或其他组织的合法权益的事实。②

（3）行政结果说。

“行政结果说”之要义有三：①行政侵权宜从结果去认定，不以违法为要件，包括行政违法行为与行政不当行为——行政机关行使职权时，享有普遍存在的裁量权，而由此引发的行政不当行为造成的侵害也是非常普遍的；③ ②行政侵权不限于行政行为，还包括事实行为，如违法使用武器、警械的行为；④ ③行政侵权主体不限于行政机关及其工作人员，还包括行政机关以外的行政主体及其工作人员。

2. 行政侵权之性质

对于行政侵权责任的性质问题，学界有不同观点。在《行政诉讼法》颁布之前，学界根据《民法通则》，普遍将行政主体及其行政人的职务侵权界定为一种特殊的民事侵权行为，当然地具有私法属性；但在《行政诉讼法》颁布实施之后，特别是《国家赔偿法》颁布实施后，行政侵权之公法说乃至公私混合说随之兴起。

（1）“私法说”。

《行政诉讼法》颁布实施前，学界根据《民法通则》普遍将国家主体及其工作人员职务侵权认定为一种典型的私法行为，称之为“民法范畴的一种具体的特殊侵权行为”⑤；其理由有二：①《民法通则》将这种侵权行为规定在第三节“侵权的民事责任”名下的第 121 条——西方各国民事立法大多采行

① 陶广峰、刘艺工主编：《比较侵权行为法》，兰州大学出版社 1996 年版，第 232 页。

② 张步洪：《行政侵权归责原则初论》，载《行政法学研究》1999 年第 1 期。

③ 传统观点认为，行政不当是行政主体对裁量权的滥用，可以由行政机关或法院变更原行政不当行为，就能得到合理的解决，不必追究行政侵权责任。罗豪才、应松年主编：《国家赔偿法研究》，中国政法大学出版社 1991 年版，第 60 页。

④ 行政过程中的国家侵权行为形式多种多样，既包括违法行使职权所实施的法律行为、事实行为，也包括因执行职务提供机会而实施的侵权行为，还包括仅在表面上与执行行政职务有关的侵权行为。姜明安主编：《行政法与行政诉讼法》，北京大学出版社、高等教育出版社 2007 年版，第 630 页。

⑤ 苏丹岳：《论国家侵权民事责任的构成》，载《齐齐哈尔师范学院学报》1991 年第 6 期。

这种立法体例；②侵权行为的义务主体和权利主体虽然在行为发生之时具有不平等性，但这种侵权行为一旦发生，赔偿权利义务随之产生，双方当事人的法律地位便由此转向平等状态——不再是管理者与被管理者之间关系，而是赔偿法律关系之平等主体。①

(2)“公法说”。

“公法说”认为，国家机关及其工作人员职务侵权之逻辑后果即国家赔偿责任；而国家赔偿责任是一种公法性质的责任，规定这种责任的《国家赔偿法》属于国家法之范畴，故行政侵权具有公法属性。其依据有二：①作为公法的《行政诉讼法》与《国家赔偿法》所规定侵权赔偿责任当然有别于作为私法之“民法”所规定的一般民事侵权，其中前者当然地具有公法性质，正如同后者当然地具有私法性质一样；②行政侵权赔偿责任当事人的法律地位是不平等的——在行政侵权赔偿程序上，行政程序先行原则为各国通例；③《国家赔偿法》第二章以“行政赔偿”为标题，这是其与一般的民事赔偿区分开来的直接法律依据。②

(3)“公私混合说”。

“公私混合说”认为，《国家赔偿法》是介于行政法与民法之间的边缘性法律，兼具公私法之双重属性；由其所调整的行政侵权行为当然地兼具公私法双重秉性——依王利明教授的观点，其基本性质是民事侵权行为，受侵权行为法的一般原则指导；但并不否认其具有公法性质，因为现行立法肯定其具有公法性质，并对其作出具体的特殊规定。③

3. 行政侵权之要件

基于对行政侵权之不同界定，行政侵权之构成要件亦有所不同。譬之如，持“违法行为说”的学者，必持四要素构造说，即认定行政侵权当有主体、行为、违法性和客体四要素构成。本书采“行政结果说”，认为行政侵权当由主体、行为和客体三要件所构成。

(1) 主体要件。

对于行政侵权主体要件之范围，学界有三种观点：①以行政机关为行政侵权主体，譬如根据罗马尼亚宪法之规定，“由于国家机关的违法行为，其权利

① 胡建淼主编：《行政违法问题探究》，法律出版社 2000 年版，第 411 页。

② 胡建淼主编：《行政违法问题探究》，法律出版社 2000 年版，第 411 ~ 412 页。

③ 王利明、杨立新等著：《民法、侵权行为法》，中国人民大学出版社 1993 年版，第 234 ~ 235 页。

受到损害的人，可以依照法律规定的条件，要求主管机关宣告此项行为无效并赔偿损害”。②以行政机关及其工作人员为行政侵权主体，譬如根据保加利亚宪法之规定，“国家对于国家机关和负责人的非法指令或渎职行为而造成损害负责。公民因公务人员渎职违法而遭受损害时，有权依照法律规定的条件取得赔偿”。③以公务人员为行政侵权主体，譬如根据美国《联邦侵权赔偿法》第1346（b）条之规定：“凡联邦政府的任何人员在其职务范围内因过失、不法行为或不作为，导致财产损害或损失的应予赔偿。”① ④行政侵权的主体是行政主体及其工作人员，譬如根据我国《宪法》、《民法通则》、《行政诉讼法》以及《国家赔偿法》之规定，行政侵权主体必须是行政主体，包括行政机关和法律、法规授权的组织及其工作人员。②

（2）行为要件。

行政侵权以行政主体行使职权、履行职责之过程为发生场域；在性质上，属于执行职务的行为，即行政职务行为或行政职权行为——职务或职权之外的，或者与履行职务或职权不存在必然关联性之行为，即使违法也不属于行政侵权之范畴。在其规范意义上，作为行政侵权构成要件之职务行为包括两类：①职务本身的行为，即执行职务本身的行为，包括积极执行职务行为和消极执行职务行为。其中：（a）积极执行职务行为主要指公务人员行为是在行使其职务上的权力，或履行其职务上义务，譬如滥施行政处罚、违法实施行政强制措施等；（b）消极执行职务行为主要是指负有某种作为义务的行政主体及其行政人，因未实施或未正确实施义务所要求的行为而使相对人合法权益受到损失，譬如不积极履行救助义务造成相对人人身伤害和财产损失。②与职务相关的行为，譬如在实施行政行为过程中殴打相对人、非法拘禁相对人等——这类行为的特点是，其本身不是职务行为，而是事实行为，但却与职务密切相关。

（3）客体要件。

行政侵权的客体是指行政主体在违法或不当行使职权时所侵害的行政相对方的法益。③ 这种法益的范围较广，包括相对人的合法权益和可保护权益。对于行政侵权客体的内容，行政学者基本上采用两分法，即人身权和财产权。台湾学者将损害之客体界定为自由与权利，而有内地学者将行政侵权的损害事实

① 王世涛著：《行政侵权研究》，中国人民公安大学出版社2005年版，第70～71页。

② 周佑勇著：《行政法原论》，中国方正出版社2005年版，第399页。

③ 王世涛：《论行政侵权的客体》，载《长白学刊》2005年第3期。

分为权利被损害和利益受损害；由此，行政侵权的客体可以归纳为权利和利益。前者包括人身自由权、人格权、健康权、生命权、财产所有权以及其他人身权和财产权；后者包括人身利益、财产利益以及精神利益。①

（二）行政侵权与相关概念

作为行政法学的一个基本范畴，行政侵权有别于民事侵权，并与行政违法、行政不当和行政责任等概念存在密切的关联性。

1. 行政侵权与民事侵权

行政侵权与民事侵权的区别主要有四：（1）主体不同。行政侵权发生在不平等的法律主体之间，且侵权方与受害方都是特定的，侵权方只能是行政主体，而受害方只能是行政相对方；而民事侵权则发生在平等主体之间，且侵权方与受害方都是不特定的。（2）归责原则不同。行政侵权归责原则，一般实行无过错责任原则，以此来严格限制行政权的滥用；民事侵权通常适用的是以过错归责原则为主、以严格责任为补充的归责方式。（3）构成要件不同。行政侵权的成立通常至少应具备侵权行为、侵权损害、行为与结果之间的因果关系及法律规定四个构成要素；而民事侵权的构成要件包括侵权行为、侵权人的过错、侵权损害以及侵权行为与损害之间的因果关系。（4）举证原则不同。行政侵权诉讼程序强调的是被告举证责任（也就是侵权方的举证责任），即“举证责任倒置”——原告对行政侵权损害事实承担举证责任，而被告则需对侵权行为与损害事实是否存在因果关系等提供证据；而民事侵权案件的诉讼程序中，遵循“谁主张谁举证”的原则，但由于侵权案件的特殊性，主要由受害方举证。

2. 行政侵权与行政违法

“行政侵权属于违法行政，但是并不包括所有的违法行政行为。并非所有的违法行政都能直接招致他人财产权利或人身权利的实际损害，而行政侵权直接造成了这种损害；并非所有的违法行政都会引起行政赔偿责任，但行政侵权是构成行政赔偿的前提和基础，行政赔偿责任是行政侵权的直接法律后果。”②据此，行政侵权与违法行政之关系主要有二：（1）行政侵权行为可以是行政违法行为，但是行政侵权不以行政违法为前提条件——行政违法只是行政侵权

① 杨立新著：《侵权法论》，吉林人民出版社1998年版，第384页。

② 张焕光、胡建淼著：《行政法学原理》，劳动人事出版社1989年版，第364页。

发生的原因行为之一，而不是唯一原因；① (2) 行政违法不一定构成行政侵权——行政违法既可能造成行政相对方权益的损害，也可能无损于行政相对方的权益，如使行政相对人的合法利益处于危险状态，在某些特定情形下甚至还可能因行政违法行为而使相对人受益；而行政侵权行为是行政主体及其工作人员在行使职权行为过程中所造成的公民、法人或其他组织合法权益损害的行为。这表明行政行为只有造成了实际的合法利益损害，才能够构成行政侵权，否则不构成行政侵权。所以，在行政违法情形中，只有那些对相对人的合法权益造成损害的违法行政行为才是行政侵权。

3. 行政侵权与行政不当

行政不当，是指行政主体及其工作人员所作的合法但不合理的行政行为。② 它是行政主体及其工作人员在法律、法规所赋予的裁量范围内适用行政裁量权不适当的行政行为，但其以合法为前提，并不构成违法。行政不当与行政违法一样，都是有瑕疵的行政行为。因而也有学者认为，行政不当是行政主体以合法为前提，在行使法律允许的行政裁量行为中产生的、与行政违法相并列的一类瑕疵行政行为。③ 就其性质而言，行政不当与行政侵权之关系有二：(1) 行政不当也可以导致行政侵权——在实践中，不仅不合法的行政行为会给行政相对人造成损害，不合理的行政行为（不当行政）同样会损害行政相对人的合法权益；(2) 行政不当并不必然导致行政侵权——唯有那些给行政相对人人身与财产造成损害结果的行政不当，才构成行政侵权。

二、行政责任

行政侵权的逻辑后果即侵权主体承担行政侵权之责任——行政侵权责任是行政主体及其工作人员在行政活动中造成公民、法人和其他社会组织合法权益损害而应承担的否定性法律后果；其要义有二：(1) 行政侵权是产生行政责任之原因，无因即无果；(2) 行政责任是行政侵权之后果，有果必有因。

（一）行政责任之意涵

基于行政职权活动本身的特殊性，笔者倾向于将行政责任定位于侵权责任

① 也有学者认为，行政侵权肯定是行政违法行为，因为行政侵权以行政违法为前提，即行政违法是行政侵权成立的先决条件。因此，学界也通常将行政侵权视为行政违法的一种重要形式。胡建淼著：《行政法学》，法律出版社1998年版，第506页。

② 应松年主编：《行政法学新论》，中国方正出版社1998年版，第411~412页。

③ 张志勇著：《行政法律责任探析》，学林出版社2007年版，第70页。

之范畴——尽管随着行政契约在行政领域的广泛适用，不排除行政主体有产生违约责任之可能性；但鉴于行政契约本身的“行政性”，基于违反行政合同所产生的行政责任仍可当作特殊的侵权责任形式，为侵权责任所涵盖。

1. 行政责任之界说

基于行政责任之侵权责任本性，笔者倾向于将行政责任界定为行政主体及其工作人员在行政活动中造成公民权益贬损或损害而应承担的否定性法律后果。但基于“行政”与“责任”本身的多义性，我国行政法学界对行政责任的界定尚未达成共识，归纳起来有如下三种观点：

（1）“行政主体责任说”。

该观点认为，行政责任是行政主体违反法律规定所应当承担的否定性法律后果——责任主体是行政主体，不包括相对人。譬之如，马怀德教授认为，行政责任是指行政机关及其工作人员由于不履行法定职责和义务依法应当承担的法律责任，是行政违法或行政不当的法律后果；① 应松年教授也认为，行政责任是指行政主体因违反行政法律规范而依法必须承担的法律责任；它是行政违法（以及部分行政不当）所引起的法律后果。②

（2）“行政相对人责任说”。

该观点认为，行政责任就是行政相对人的责任，而不是行政主体的责任。譬之如，沈开举教授在其《行政责任研究》中指出，行政责任就是行政管理过程中，具有行政责任能力的行政相对人实施了不履行行政法上的义务和破坏行政管理秩序等的行政违法行为，由相应的作为行政主体的行政机关或法律法规授权组织所依法科处的一种负担③——至于行政主体因其违法或不当行为所应承担的责任，沈教授则另设“国家责任”予以概括。

（3）“共同责任说”。

该观点认为，行政责任是行政法律关系主体的责任——行政责任主体不仅仅包括行政主体，还应当包含行政相对人。譬之如，罗豪才教授从“平衡论”的角度出发，认为行政法不仅约束和控制行政主体，还制约相对人权利的滥用，从而达到行政法律关系的平衡；故此，从责任主体上考察，行政责任既包括行政主体及行政机关工作人员的责任，也包括相对人的责任；从责任内容上考察，行政责任是指行政法律关系主体由于违反行政法律规范或不履行行政法

① 马怀德著：《中国行政法》，中国政法大学出版社 1992 年版，第 200 页。

② 应松年主编：《行政法学新论》，中国方正出版社 1998 年版，第 416 页。

③ 沈开举、王钰著：《行政责任研究》，郑州大学出版社 2004 年版，第 36 页。

律义务而应依法承担的行政法律后果。① 胡建淼教授也认为，作为与民事责任、刑事责任相对立的行政责任，其主体既包括行政主体，也不能把行政相对人排除在外。②

2. 行政责任之特征

行政责任不同于道义责任，也区别于其他法律责任，具有自身的独特性。具体有三：

(1) 主体特征。

行政责任是行政主体及其工作人员的责任，而不是行政相对人的责任。在我国，行政主体包括行政机关，法律、法规授权组织。而行政主体的行政行为必须通过行政公务人员才能实现，也就是说，行政公务人员具体代表行政主体履行法定职责，其公务行为往往就是行政机关的职权行为。因此行政公务人员的公务行为违法也就表现为行政主体违法，其责任也就是行政责任。③

(2) 法律属性。

行政责任是一种法律责任。行政责任是法律责任，而非道义责任。它是由法律规定的，且由法定机关认定与追究，是与民事责任、刑事责任相并列的一种法律责任。行政责任的法律属性表现在它是一种法定的消极评价，承担这种消极评价的行政主体或公务人员必须履行后续义务。

(3) 独立秉性。

行政责任是不同于刑事责任、民事责任的一种独立的法律责任——它在责任主体、逻辑前提、追究机制、责任形式方面皆与刑事责任、民事责任存在较大区别；具体有四：①就责任主体而言，行政责任的责任主体仅限于行政主体和公务人员，而刑事责任和民事责任的主体是任何具有责任能力且违反相关法律规范的自然人、法人或者其他组织；②就逻辑前提而言，承担行政责任的逻辑前提为违反行政法上的义务，而承担刑事责任的逻辑前提为实行了具有严重社会危害性并应予刑事处罚的犯罪行为，承担民事责任的逻辑前提则是违反法定、约定义务或者具备法律规定的情形；③就追责主体而言，行政责任可由特定行政机关、法院、人民代表大会及其常务委员会等国家机关予以追究，刑事责任则只能由法院通过刑事审判予以确定，民事责任可由法院或仲裁组织予以

① 罗豪才：《行政法学》，北京大学出版社 1996 年版，第 318 页。

② 胡建淼主编：《行政违法问题探究》，法律出版社 2000 年版，第 549 页。

③ 胡肖华著：《走向责任政府——行政责任问题研究》，法律出版社 2006 年版，第 20 页。

追究；④就责任形式而言，承担行政责任的形式一般包括行政处分、行政追偿、责令辞职、取消授权等形式，承担刑事责任的形式则主要包括刑事处罚和非刑罚处罚方式，而承担民事责任的形式则主要包括赔偿损失、赔礼道歉、恢复原状、排除妨碍等形式。行政责任的诸多不同点表明，行政责任具有独立的内容和价值，其他法律责任不能取代它，当然，它也不能替代其他法律责任。"行政责任在性质和程度上，既不同于刑事责任那样偏重于惩罚性，也不同于民事责任那样偏重于补救性，而是具有两种性质。而且在程度上，其惩罚性低于刑事责任，与刑事责任之间存在一种衔接关系。"①

3. 行政责任之分类

基于不同的标准或根据，行政责任被划分为不同的类型：

(1) 法律后果标准。

根据主观心态的差异和造成后果的不同，行政责任可以分为行政失职责任、行政渎职责任和滥用职权责任三类。其中：①行政失职责任是指行政主体及其工作人员因履行职务时，存在失职行为而应承担的一种法律责任。它在主观上体现为行政人员存在过失，或虽没有过错，但确实存在行政能力不足的情形；在客观上体现为一定法律后果，这一后果虽不严重，但仍有违其职责要求。②行政渎职责任是指国家行政机关或者其工作人员因玩忽职守、滥用职权、徇私舞弊，并致使公、私利益遭受较为严重损失的行政渎职行为，而应当承担的行政责任。它在主观上体现为行政人员存在故意或严重过失，且在客观上造成了严重的法律后果，这就使其不同于行政失职责任。③滥用职权责任是指行政主体违反法定义务，滥用职权、徇私舞弊，致使职权过程中造成行政相对方权益损害，并承担相应的法律责任。它在主观上体现为故意，并造成了一定的法律后果。行政人员此时一般采取一种主动的行为，而非怠于行使职权，这是滥用职权责任有别于行政渎职责任的重要方面。

(2) 合法性标准。

以行政行为是否具有合法性为标准，行政责任可以分为行政违法责任和行政不当责任。其中：①行政违法责任是指行政主体及其工作人员违反行政法规范之规定所承担的行政责任；②行政不当责任则是行政主体及其工作人员之行政行为未违反行政法规范，但其行政行为给相对人造成了损害所应当承担的行政责任；③二者最为明显的区别在于作为行政责任之原因的行政行为是否具有

① 方世荣主编：《行政法与行政诉讼法》，中国政法大学出版社 2007 年版，第 126 页。

合法依据，若无则为行政违法责任，若有则为行政不当责任。而区分二者的意义在于行政不当责任一般只由行政主体承担赔偿责任，行政违法责任的承担方式则多种多样，如损害赔偿、行政处分等。

(3) 责任主体标准。

根据责任的主体的差异性，行政责任可以划分为行政主体责任和行政工作人员责任。其中：①行政主体责任又可以分为内部行政主体责任和外部行政主体责任：内部行政主体责任是行政主体针对自己的违法行政行为而受到国家机关内部追究责任而承担的责任，外部行政主体责任是行政主体针对被侵害的行政相对人所应当承担的责任；②行政工作人员责任根据行政编制的差异，也可以分为国家公务人员责任和受委托人责任；③行政工作人员是以行政主体的名义代表国家实施行政管理权，从事行政行为，与行政主体之间是一种职务委托关系，其行为效果一般由行政主体承担，只有在本人有故意或重大过失的情况下，才可以由行政主体在承担责任之后追究其责任。因而，行政工作人员责任的责任范围是远远小于行政主体责任的范围。

(4) 责任范围标准。

根据责任的对象和范围，行政责任可以分为内部行政责任和外部行政责任。其中：①内部责任是基于行政从属关系而承担的责任，如省级人民政府对省级政府的职能部门在实施行政行为过程中的失职行为追究其责任；一般而言，内部行政责任的救济不能诉诸司法救济途径，而是通过行政内部救济制度予以解决；②外部责任则是基于行政主体及其工作人员对社会事务进行管理过程中产生的行政责任，如行政主体或者行政工作人员在具体行政行为中侵害了行政相对人的合法权益而承担的损害赔偿责任；外部行政责任则救济途径广泛，既可以通过行政内部救济制度如行政复议予以救济，又可以司法途径予以救济，在我国最为典型的莫过于行政诉讼。

(5) 责任目的标准。

根据责任性质和目的的不同，行政责任可以分为惩罚性行政责任和补救性行政责任。其中：①惩罚性行政责任是指行政主体及其工作人员因具体行政行为违法或者不当而承担通报批评、行政处分、赔偿一定金额等具有惩罚性质的行政责任；它具有惩罚性，在行政责任的各种形式中表现为行政处罚、行政处分等；②行政补救责任则是指行政主体及其工作人员对因其具体行政行为违法或者不当而合法利益遭受到损害的行政相对人采取的各种救济措施的总称，它具有救济性或者补救性，一般表现为对行政损害结果予以矫正，如行政赔偿、恢复原状、恢复名誉等；③区分该类行政责任的意义在于明晰行政主体及其工作人员对其具体行政行为所造成的后果应当采取何种方式予以弥补。违法行政行为的行政主体及其工作人员一般以惩罚性行政责任为主，行政补救责任为辅的方式予以承担；而不当行政行为的行政主体及其工作人员主要承担行政补救责任。

(6) 责任内容标准。

根据责任内容的差异，行政责任可以分为财产性责任和非财产性责任。其中：①财产性责任是指行政主体及其工作人员以一定的财物或者金钱的方式承担行政责任的总称；它可以分为金钱给付赔偿责任、恢复原状等具体责任方式；②非财产性责任则指行政主体以不具有财产性质的形式承担行政责任的总称，它可以分为精神上的行政责任和资格上的行政责任，精神上的行政责任具体表现为通报批评、记大过等形式，资格上的行政责任则表现为限制或者剥夺行政主体及其工作人员特定行政权能。

(7) 表现形式标准。

根据行政行为的表现形式的差异性，行政责任可以分为作为行政责任和不作为行政责任。其中：①作为行政责任是指行政主体及其工作人员采用积极作为的方式导致行政相对人合法权益受损而产生的行政责任，如行政越权行为、滥用行政权产生的行政责任等；②不作为的行政责任则是行政主体及其工作人员没有履行其应当履行的行政行为而产生的行政责任，如行政失职责任等。此类行政责任的划分意义在于督促行政机关切实合法合理地履行自己的职责，即应当作为时作为、不当作为时则不作为。

(二) 行政责任之法理与构成

作为现代行政法学的一个基本范畴，行政责任有其特定的构成要件和法理基础——这既是其区别于民事法律责任的内在因素，也是其自我证成之合法性依据。

1. 行政责任之法理

在其概括意义上，行政责任之法理主要有“特别牺牲说”、“法律拟制说”、“公共负担平等说”，等等。

(1) “特别牺牲说”。

德国学者奥托·迈耶首创这一理论，他认为，国家责任说中所谓的对人民的一般保证的观念，根本是毫无根据的拟制，且非适用私法上的概念不可；私法上的损害赔偿义务是以 Vorwurf（责难）为中心观念，Verschulden（过失）为前提，但国家公法上损害赔偿责任的基础则全然不同。国家既不得中止其频繁的活动，而人民之受到损害亦为必然之现象，是当然要求人民接受诸种可能的牺牲，而这些牺牲无须公平，才合乎正义之要求。① 这种理论最早运用于区分应予补偿的征收和一般财产限制。随着现代国家活动日益频繁，人民权益受到侵害成为必然现象，人民必须接受各种可能为了自己的牺牲。但是这种牺牲必须在人们之间进行公平分摊，才能合乎正义的原则。所以国家赋予特定人利益时需要征收费用，而给予特定人以不法侵害时应承担行政侵权责任。同时，国家为其官吏代位负责，不是由于官吏的不法行为来自于国家的授意，而是由于自身的疏忽和失策。②

（2）“公平负担说”。

哈特穆特·毛雷尔认为，公平负担理论由平等原则导出，适用于征收补偿领域中，被征收人遭到了特殊的影响和不公平的对待，特别牺牲通过补偿予以平衡，平等原则就是公平负担原则。③ 该理论认为国家公务活动的目的是为了公民的公共利益，人民同等地享受公务活动的利益结果，同时也应由全体成员平等地分担费用。如果因公务作用致个人遭受损害，实际上是受害人在一般纳税负担以外的额外负担。④ 这种负担是受害人为了公共利益而作出的牺牲，应当由社会全体公民分担费用。所以为了恢复公众与特别受害人之间的平等关系，国家应用税收填补特别受害人的损失。在这类理论中，还有一种流行的观点即国家与公民之间的命令服从关系，必然导致国家行为造成公民损害，凡因国家行为而受到损害，应根据人人平等原则，国家予以赔偿。因为国家行为是为公众采取的，损害则是公益行为的伴生物，受到损害的人实际上代替公众承担了不平等的义务，为了恢复公众与特别受害人之间的平等关系，没有理由让受害人为公益作出牺牲，国家应当用税收填补特别受害人的损失。⑤

（3）“法律拟制说”。

这一学说以德国学者普菲夫和韦伯为代表。传统主权至上思想认为，主权行为造成的损害不承担赔偿责任，即主权豁免。随着主权理论的松动，主权的有限性理论得以发展，民事法律责任体系开始向传统的不受法律制约的所谓主

---

① 城仲模著：《行政法之理论基础》，台湾三民书局 1970 年版，第 567 页。转引自马怀德主编：《完善国家赔偿立法基本问题研究》，北京大学出版社 2008 年版，第 29～30 页。

② 胡建森主编：《行政违法问题探究》，法律出版社 2000 年版，第 415 页。

③ ［德］哈特穆特·毛雷尔著：《行政法学总论》，高家伟译，法律出版社 2000 年版，第 668 页。

④ 刘嗣元、石佑启主编：《国家赔偿法要论》，北京大学出版社 2005 年版，第 17 页。

⑤ 施茂林：《公共设施与国家赔偿责任》，台北大伟书局 1982 年版，第 22 页。

权领域侵入，从而形成了“法律拟制说”。“法律拟制说”认为，国家作为雇用人承担如同民事法律上代理人的责任，因其所雇用的公务人员的不法行为造成的损害承担赔偿责任。“法律拟制说”观点运用民事责任理论重新对国家认识：即国家首先是法人，而后才是一个民族的政治组织。受到国家侵害的个人与受到个人侵害的个人应当得到同样的救济。国家赔偿责任与一般的民事赔偿责任性质上没有差异。国家承担责任，只是将国家拟制为具体个人，与个人一样，适用同样的责任原则而已。① 与之相类似的观点还有“国库理论说”，该说把国家当做私法上的特别法人，所以该理论又被称为经济行政或国库行政说。认为国家并非主权或统治权的主体，国家也不具备任何超越私人的特殊地位。国家应以与个人完全对等的地位而存在。对于国家不法行为应视为个人的不法行为，由统一独立的法院管辖裁判。②

2. 行政责任之构成

行政违法或不当是导致行政责任的主要原因，行政责任的承担必须以行政违法或行政不当为前提。③ 但是在实践操作中，并不是一出现行政违法或行政不当便一概要追究行政责任。行政责任的构成要件就是为了解决在已构成行政违法的基础上是否应追究行政责任，及追究哪一种行政责任的问题。而对于任何一种行政责任的构成而言，以下五个方面基本上是不可或缺的：

（1）主体要件。

行政责任是行政主体及其工作人员因其违法或不当行为所应当承担的否定性法律后果，因而，行政责任的主体是行政主体及其工作人员。行政主体及其工作人员必须具有法定的责任能力，行政责任的追究基础也在于行为人的责任能力。所谓责任能力，是指能够理解自己行为的性质、后果和社会政治意义，并具有有效控制自己行为的认知能力，从而对自己所实施的行为承担行政责任的能力。如果行为主体不具有法定的责任能力，即使其行为违反了行政法律规范的规定，也不构成违法，也就不会被追究行政责任。作为行政主体的国家行政机关和法律、法规授权的社会组织一般具有掌握专业知识和较高业务水平的

① ［德］奥托·迈耶著：《德国行政法》，刘飞译，商务印书馆 2002 年版，第 186～187 页。转引自马怀德主编：《完善国家赔偿立法基本问题研究》，北京大学出版社 2008 年版，第 28 页。

② 胡建淼主编：《行政违法问题探究》，法律出版社 2000 年版，第 415 页。

③ 胡肖华著：《走向责任政府——行政责任问题研究》，法律出版社 2006 年版，第 29 页。

公务人员或其他工作人员，这些人员具有辨别和控制其行为的能力，因而这些人员的公务行为一旦违反行政法律规范的规定，即需要承担行政责任。

（2）主观要件。

行政责任的认定问题上，还须考察特定的主观要件。在一些情形下，行政主体承担行政责任的前提为行政主体在主观意识上存在过错。过错包括故意和过失两类，没有过错，便不承担行政责任。行政主体只对因职务过错产生的损害负赔偿责任，在存在过错的情形下，还须区分过错程度问题，这是判定行政责任轻重的依据，同时也决定行政责任形式的选择。行政责任认定中的主观要件，需要结合具体的行政违法行为来予以阐明——对于行政行为而言，行为主体在主观上是否尽到了足够的注意义务是责任追究的核心考量因素。同时，主观要件的考量，一般与一定的结果紧密联系，譬如消防行为，其主体是否具备一定的设备、设施，火情是否超过了消防部门的能力范围，当为追责的关键所在。因此在认定主观要件是否具备的问题上，应当坚持“主客观相一致”的基本原则，进行综合衡量。

（3）行为要件。

行政主体或其公务人员承担行政责任的前提，在于其公务行为违反行政法律规范，或者虽未违反行政法律规范而具有滥用裁量权的情形。行政违法与行政责任有着天生的对应关系，行政责任是行政违法所引起的必然法律后果。但是行政违法并非行政责任产生的唯一原因，因为行政不当及行政合法行为在特定情况下也会导致行政责任的产生。行政行为的违法或不当的区分主要在于，违法行为是超越了法律对裁量权的羁束的行为，不当行为则是在法律羁束的界限之内进行的行为，它虽然符合一定的法律规范，却在根本上有违某些社会价值——这种价值是一种宽泛的、宏观的标准，是一种与伦理、社会需求密切关联的综合体。正因如此，违法或不当的行政行为在法律上有不同的应对手段：针对违法的行政行为，一般由法律对其所产生之后果进行明确规定；针对不当的行政行为，则通常依据政治责任的产生与承担方式进行处理。前者是直接依据法律规则进行的处理，后者则需要通过宪法和有关宪法性法律进行责任认定。

（4）结果要件。

行政责任的产生，应包含两个可能的结果要件：①侵害合法权益，意指行政机关的违法行为或渎职行为侵害了相对人的合法权益，或者使之处于危险之中；②不合行政目的，意指行政机关的行为不符合宪法、法律、政策以及代议机关为其设定的行政目的。

就第一方面而言，行政机关的行为造成了相对人合法权益的损害。借鉴刑法上对损害的理解，我们可将损害分为实害结果和危险结果。实害结果是危害行为所造成的现实损害；危险结果则是危害行为产生了足以发生危害结果的危险状态，在该状态下不一定会导致实害结果。① 这里值得关注的问题是，如果行政机关的行为没有造成实际损害，只是产生了一定的危险，是否应当承担相应的责任？笔者认为，既然行政责任法的目的在于规范政府行为，促使政府从"管理型政府"向"服务型政府"、"责任型政府"的转变，因此其行政责任的损害事实的范围应当相对较大，参照刑法学中危害结果的范围较为合理。这不仅应当包含直接的、客观的可以量化的实际损害，也应包含违法或渎职公务行为可能带来的现实危险。因此行政责任法上的损害事实是行政主体及其工作人员的违法行为或是渎职行为对相对人的合法法益所造成的实际损害或者现实危险，它既包括这种行为直接造成的损害，又包括这种行为可能造成的但实际上尚未造成的危险性。

就第二方面而言，多数不符合行政目的的行为在现实中也造成了相对人合法权益的侵害，但也并非一概如此。这一类不造成相对人合法权益侵害的行为，在宽泛意义上也是侵害公民权益的行为，只是这种侵害具有间接性，并无直接指向。譬如某行政机关违规建设办公大楼，显然违背了财政法律的规定，其领导干部也应承担责任。此行为并未造成直接的侵害某一相对人或群体的后果，但存在着间接的侵权——它侵害了公民全体作为纳税人所应享有的共同权利。不合行政目的的行为，其责任追究也不同于侵害合法权利的行为，它主要是通过行政上的审计、监察，政治上的问责等方式进行，而难以采用行政复议、诉讼等方式，因为它欠缺一个作为"原告"的相对人。

(5) 因果要件。

行政主体承担行政责任不仅需要具备主体、行为和结果要件，还要求有损害结果且损害结果与行政行为之间必须存在因果关系，即因果要件。对于因果关系的认定，学界也是众说纷纭，莫衷一是。其大体可以概括为以下三种学说：①条件说，凡是引起损害结果的条件都是损害结果的法律上的原因，都是平等的、等价的；②原因说，原因说严格区分条件和原因，认为引起损害结果的原因因时间、空间等方面的差异而存在不同的作用，只有对损害结果的原因力最大的原因才是损害结果的原因；③相当因果关系说，其创始人为德国心理学家冯·克里斯（Von Kries），该理论系指"无此行为，必不生此种损害；有

① 马克昌：《刑法学》，高等教育出版社2003年版，第66~67页。

此行为，通常即足生此种损害者，是为有因果关系。无此行为，必不生此种损害；有此行为，通常亦不生此种损害者，即无因果关系"①。目前，在我国的理论界和事务界较为认同相当因果关系说。笔者也认为，相当因果关系说是解决行政责任法上有关于违法或渎职行为与损害事实之间关系的较为妥当的理论。

（三）行政责任之规则原则

行政责任的归责原则是从民事责任的归责原则中演绎而来，民事侵权的归责原则主要有过错责任原则、过错推定原则、无过错责任原则和公平责任原则。② 但行政主体作为公法人，其与私法人、自然人等是迥然不同的，所以在归责原则的运用上也应当有所不同，结合民事责任中的归责原则和国内外学者对行政责任的归责原则的研究，大致可将行政责任之归责原则概括为过错责任原则、违法责任原则和危险责任原则三大原则。

1. 过错责任原则

过错责任原则是民事责任最重要的归责原则，有着悠久的历史。在公元前287年罗马平民会议通过的《阿奎利亚法》中就曾明确规定了过错责任的内容。在这部法典中，即使针对最轻微的过失也具有考虑的价值，这实际上是明确规定以过失作为归责原则依据；此外，这部法典中还规定偶然事件谁也不负责任、受害人的过失否定加害人的过失及以客观标准确定过失等，对以后的各国法律产生了重大影响。③ 1804年的《法国民法典》同样将过失责任作为侵权法的重要原则加以规定，此后便为西方各国效仿，使过错责任原则与所有权平等、契约自由原则一起，成为近现代民法的三大支柱。时至今日，过错责任原则仍然是侵权行为法最重要的归责原则。过错责任原则具体包括以下几个方面的含义：（1）以过错作为承担责任最重要的构成要件之一：根据过错责任原则确定行为人的法律责任之时，不仅需要考虑行为人的行为与损害结果之间的因果关系，还要考虑行为人在主观上是否存在过错。行为人只有在主观上存在过错时才应承担法律责任。（2）以过错作为归责的根本要件。（3）以过错

① 转引自董保城、湛中乐著：《国家责任法——兼论大陆地区行政补偿与行政赔偿》，台湾元照出版社2005年版，第181页。

② 杨解君主编：《行政责任问题研究》，北京大学出版社2005年版，第237页。

③ 王利明著：《侵权行为法归责原则研究》，中国政法大学出版社1997年版，第43～44页。

作为确定责任范围的重要依据：①当行为双方对损害结果的发生都存在过错时，此时应将行为双方的行为进行比较，从而决定行为双方应承担的责任范围；②在多人实施的侵权行为中，应根据各侵权人的过错程度判断各自应承担的责任大小。

行政责任侵权原则中的过错责任原则是从民事侵权责任理论中的过错责任原则演绎而来。行政责任原则的过错责任如民法中一样，也存在着主观过错与公务过错的两种不同理解。① 其中：（1）持主观过错观点的学者认为，国家对公务人员不法行为承担侵权责任的理论依据是民法中雇用人对受雇用人或代理人的义务；只有公务人员执行职务的行为构成侵权时，才会产生行政责任；（2）公务过错理论源于法国行政法院的判例。这一理论将公务过错与个人过错相分离，公务过错源于公务人员但不能归责于公务人员，而是以整个行政机关作为最终归宿；并且从客观上看，公务过错具有职务性，只有当违法主体处在履行职务期间时，该行为才可能构成行政违法行为。

依据过错责任的观点，行政主体及行政公务人员只有存在主观上的过错才承担行政责任。但是行政主体属于法人，与自然人必然有所不同，法人的过错标准与自然人的过错标准也是迥然不同的，因此不能简单地用适用于自然人的主观过错标准来判断行政主体这一机关法人的行政责任。而且根据我国《行政诉讼法》中的规定，在行政诉讼中要求加害人（作为被告的行政主体）证明自己的行为合法（没有过错），如果不能证明这一点，行政主体就必须承担行政责任。由此可知，过错责任原则并不能单一地作为行政主体承担行政责任的归责原则，但是过错责任原则可以作为行政公务人员承担行政责任的法理依据，即该原则可以作为行政公务人员承担内部行政责任的理由。因为行政公务人员是代表行政主体执行公务，其目的是为了公共利益而非个人利益，且行为不具有个体性，所以其行为后果应首先由行政主体承担，而行政公务人员只有在有过错的情况下才能承担责任；唯其如此，才能体现公平，不致挫伤行政公务人员的工作积极性。有学者认为，过错责任原则主要适用于以下领域：(1) 对行政公务人员的行政追偿责任；（2）行政合同行为的侵权责任；（3）滥用职权的行政责任；（4）公有公共设施致损引起的国家赔偿。② 对于该观点，笔者持肯定的态度。然而鉴于我国行政诉讼受案范围的有限性，涉及国家行

---

① 沈开举、王钰著：《行政责任研究》，郑州大学出版社 2004 年版，第 131 页。

② 胡肖华著：《走向责任政府——行政责任问题研究》，法律出版社 2006 年版，第 149～150 页。

为、规范创制行为、内部行政行为、终局行政行为的案件，即使行政主体或代表执行职权的公务人员存在过错，也无法将该原则贯彻到这些领域内。因此，扩大行政诉讼受案范围已经成为理论界和实务界的共识，以图实现过错责任原则在法理学和行政司法实践中的统一。

2. 违法责任原则

违法责任原则是以职务行为违法为归责的根本标准，而不问其是否有过错，不考虑行为人的主观状态。采取违法归责原则的国家当首推瑞士，1958年3月14日制定的《关于联邦及其机构成员和公务员的责任的瑞士联邦法(责任法)》第3条规定："对于公务员在执行公职的活动中对第三人因违法所造成的损害，不论该公务员是否有过错，均由联邦承担责任。"这里的"违法"是指：（1）违反法律秩序，明示或默示保护某种法益的法令或禁令；（2）违反为避免职务时发生损害而设置的内部业务规定；（3）滥用裁量权。①

对于"违法"的理解，各国理论界都有不同的解释，但总体上可以概括为广义说和狭义说。广义上的违法除了违反严格意义上的法律规范外，还包括违反法律的一些基本原则，如诚实守信原则、公序良俗原则、尊重人权原则、尽合理注意原则等；狭义上的违法则指致害行为违反了法律、法规的明文规定。

有学者认为，违法责任原则，是指行政主体及其工作人员在执行职务时因行为违法而给公民、法人或其他组织的合法权益造成损失，有关责任主体应承担相应行政责任。② 在违法责任原则下承担行政责任的要件是：行政主体及其工作人员实施了行政行为；行政相对人的合法权益受到损害；损害结果与行政主体及其工作人员的行政行为之间存在着因果关系；行政主体及其工作人员的行为构成职务违法。

从我国的行政法律规范看，违法责任原则也是确认行政主体承担行政责任的归责原则。如《行政诉讼法》中的合法性审查原则就是违法责任原则的体现。《国家赔偿法》第2条规定，国家机关和国家机关工作人员行使职权，有本法规定的侵犯公民、法人和其他组织合法权益的情形，造成损害的，受害人

① 杨临宏著：《国家赔偿法：原理与制度》，云南大学出版社2010年版，第73页。

② 胡肖华著：《走向责任政府——行政责任问题研究》，法律出版社2006年版，第151页。

有依照本法取得国家赔偿的权利。这表明确立国家赔偿责任的也是违法责任原则。①

但在司法实践中，违法责任原则普遍存在着操作性不强的弊端，以致追究行政主体违法责任效果不明显。根据我国《行政诉讼法》第 5 条的规定，法院仅针对具体行政行为的合法性进行审查，而不同于行政复议中所包含的合理性审查。因此，对于行政主体及其工作人员所实施的与职权相关，但是并不产生法律规定效果的行为，即行政事实行为，就不能用违法责任原则去评价，由此导致在法律规定的空间内形成了一个“效力真空”。法院既然不能依照合法性进行判断，那么该行为也就成为受理不能的借口。例如警察在执行罚款时，相对人驾车逃离，在追逐过程中警察将路过行人撞伤，对于该情形，违法责任原则就难以作为归责依据。②

3. 危险责任原则

危险责任原则在民法学意义上，又被称为“高度危险活动责任”和“异常危险活动责任”，在性质上属于无过错责任重的一种特殊形式。该原则源于英美法，后为大陆法系国家所接受。19 世纪下半叶，随着行政权力的膨胀，公务活动造成异常危险状态的可能性加剧，此时行政行为即使没有过错和违法，也可能导致公民合法权益受到损害。而过错责任原则在救济方面的不力，奠定了危险原则诞生的现实基础。有学者将行政法中的危险原则定义为，在作出的行政行为或所管理的设施引起某种危险并使行政相对人受到损害时，行政主体应承担行政责任的一种归责原则。③

危险责任原则最初产生于私法领域，首先由法国行政法院通过判例确立行政危险责任原则，后逐渐扩展到公共行政领域。在法国行政法中，无过错责任又称为“风险责任”，只有在以下五种情形下才可以适用：（1）具有高度危险作业导致了侵权；（2）有一定危险性的行政活动对自愿协助公务的人构成了侵权损害；（3）行政机关拒绝司法判决而对第三者造成了损害侵权；（4）由

① 虽然 2010 年新修订的《国家赔偿法》第 2 条删去了“违法”二字，且有些学者据此认为我国国家赔偿责任的违法归责原则亦随之发生转变。但笔者认为，无论是从该条修改的技术性考量来看，抑或从其指向的具体赔偿情形而言，我国国家赔偿的违法归责原则并未改变。

② 肖登辉：《论行政法上的过错责任原则与违法责任原则》，载《理论月刊·探索与争鸣》2009 年第 2 期。

③ 杨解君主编：《行政责任问题研究》，北京大学出版社 2005 年版，第 222 页。

于行政机关的立法而给公民或法人、公共安全利益等不相关的利益造成了损失；（5）行政机关发动战争的行为或批准游行示威的行为给公民、法人的合法权益造成了损害。① 在法国，无过错责任又包括两种：基于危险的无过错责任和基于公共负担平等的无过错责任，前者即危险责任，后者则称之为公平责任。②

在英国，1868 年“莱兰兹诉弗莱彻案”确立了普通法中对涉及异常危险行为人的严格责任，1947 年王权诉讼法第 2 条第 1 款第 3 项承认了中央政府对财产所有、占有和控制的危险责任。此外，1965 年煤气法、核装置法、1972 年毒废气贮存法、1981 年自来水法均规定了危险责任。

美国的严格责任制度最初来源于英国，在具体案件中援引以解决危险活动致损案件，后来结合本国情势，发展了自己的严格责任制度。普通法中的严格责任，最初产生于产品责任领域。③ 在公共行政领域，虽然美国学者施瓦茨主张政府责任的基础不是过失，而是补偿，认为当代侵权行为最重要的发展趋势之一，就是用严格的赔偿原则取代过失责任原则，然而在美国，虽有部分州也对危险设备或警械之使用采危险责任，但就总体实务而言尚未有任何进展。④

由上观之，危险原则提高了行政主体及其工作人员在行使职权时所负义务的标准，使得行政相对人“对待给付”行为的可归责程度得以降低。行政危险原则的理论基础是客观的社会连带关系与公共负担的平等原则，其旨在将行政危险造成的风险损失由个人承担转嫁为由社会全体成员共同承担，以实现责任的社会化，体现了追求分配正义的精神。在公权力日益膨胀的现代社会，危险责任原则有利于减少危险责任，使私人权利得到尊重和保障。

在我国，危险责任原则主要适用于公有公共设施致人损害引起的行政责任。在此种情况下，行政主体因物件致损而承担责任，而非因违法行政行为承担责任。此处表明，作为现代社会“服务型政府”，其所追求的不仅仅是自身行为合法合理、均衡正当，更需关注行政行为作出之后所产生的社会效果。而在公共服务行政中，产生潜在危险的排除义务义不容辞地落到了公共行政主体上，危险存在即表明“违法”。对先前行为进行的“预判”使得行政主体在公

① J. F. Garner, L. N. Brown, French Administrative Law (1983), pp. 120-125.

② 杨解君主编：《行政责任问题研究》，北京大学出版社 2005 年版，第 222 页。

③ 麻昌华：《21 世纪侵权行为法的革命》，载《法商研究》2002 年第 6 期。

④ 泽延、姚辉：《美国国家赔偿制度纵横》，载《比较法研究》1988 年 3 期。

共行政中更为审慎，考虑更为周全。

三、行政侵权责任的实现

“在一个复杂的社会中，有许多相互冲突的利益需要调整，公共福利也必须加以保护以使其免受反社会的破坏性行为的侵害，因此，由政府直接采取行动进行管理也就成了势在必行的事情。然而，笔者也必须清醒地认识和直面行政控制中所固有的某些危险。”① 正因为如此，控制行政行为固有的危险则成为了宪法、法律等规范的根本目的之一，也是行政责任法得以产生和存续的基础。然而，徒法不足以自行，法律的效用需要有一套健全的法制机制才能够得到发挥。行政责任法也是如此。因此，本专题从行政责任的形式、行政责任主体的追究出发，分析我国目前现存的行政责任追究制度，并以此为基础，结合我国责任追究的法律构架，探讨我国行政责任实现的法律途径。

研究行政责任法的最终目的在于约束行政权力，以实现对行政相对人合法权益的保护。因此行政责任法研究的最终落脚点应在行政责任的实现上，否则一切有关于行政责任方面的研究都只是徒劳，不具有任何现实意义和法律价值。按照启动机关的类型，行政责任实现路径可以划分为不同的类型，就我国目前存在的路径，行政责任的实现路径可以分为立法机关追究模式、行政机关追究模式、司法机关追究模式和综合追究模式。

（一）立法机关追究模式

1. 质询

质询指的是各级人大代表或人大常委会组成人员，依照法律规定的程序，对本级国家行政机关、司法机关提出质询案，被质询的机关必须在法定的时间内，以法定的形式作出答复②，它是人大监督政府的方式和手段之一。《宪法》第73条规定，全国人民代表大会代表在全国人民代表大会开会期间，全国人民代表大会常务委员会组成人员在常务委员会开会期间，有权依照法律规定的程序提出对国务院或者国务院各部、各委员会的质询案。受质询的机关必须负责答复。依据宪法和有关法律对质询案的提出及其处理程序有明确规定，

---

① 博登海默：《法理学——法律哲学与法律方法》，邓正来译，中国政法大学出版社1998年版，第369页。

② 人民大表大会制度研究所组织编写的的《与人大代表谈人民代表大会制度》，人民出版社出版2004年版，第222页。

人大代表提出质询案应符合以下条件①：（1）质询案必须是在本级人民代表大会会议举行期间提出。（2）质询案的提出必须符合法律规定的人数，即全国人大一个代表团或者30名以上代表联名，地方各级人大10名以上代表联名，可以提出质询案。（3）质询案必须写明质询对象、质询的问题和内容。（4）质询案中提出的问题，必须以事实为依据，以法律为准绳。

质询案的内容主要包括：在贯彻国家方针、政策和重大措施中出现重大偏差和失误，违反国家或地方法律、法规及人大常委会决议、决定等方面的问题；国家机关工作人员失职、渎职行为等方面的问题；国家行政、审判、检察机关因工作失误，造成严重后果，社会反映强烈的问题等。代表依法提出质询案后，送交大会主席团会议讨论、决定交受质询机关；受质询机关在会议期间作出书面答复，或者由受质询机关负责人在有关会议上作口头答复；提出质询案的代表或委员可以对答复发表意见，如果对答复不满意，可以提出重新答复的要求，由大会主席团讨论决定是否再作答复。

质询的对象，只能是法律规定的单位，不能是单位里的某个人。根据法律规定，全国人大代表质询的对象是国务院和国务院各部门、最高人民法院、最高人民检察院；县级以上地方各级人大代表质询的对象是本级人民政府及其所属各部门、人民法院、人民检察院；乡、民族乡、镇人大代表质询的对象是本级人民政府。质询案提出后，受质询的机关必须负责答复。

质询案的处理程序是：质询案提出后，由主席团决定交受质询机关在主席团会议、大会全体会议或者有关专门委员会会议上口头答复，或者由受质询机关书面答复。在主席团会议或者专门委员会会议上答复的，提质询案的代表团团长或者代表有权列席会议、发表意见；主席团认为必要时，可以将答复质询案的情况报告印发会议。决定口头答复的，受质询机关的负责人应当到会答复。决定书面答复的，受质询机关的负责人应当签署，由主席团决定印发会议或印发提出质询案的代表。提出质询案的代表半数以上对答复不满意的，可以要求受质询机关再作答复。

2. 询问

询问，是指各级人大在审议议案和有关报告时，人大常委会组成人员或人大代表可以向有关国家机关提出询问，有关国家机关应当派相关负责人到会听取意见、回答询问②。根据《中华人民共和国全国人民代表大会组织法》第

① 参见孙天富：《论质询案成立的要件》，载《人大研究》1996年第8期。

② 阿计：《询问权发力》，载《公民导刊》2010年第8期。

17条规定："在全国人民代表大会审议议案的时候，代表可以向有关国家机关提出询问，由有关机关派人在代表小组或代表团会议上进行说明。"

询问作为人大监督的一种，其具有以下特征：

(1) 询问不具有议案和监督的性质。询问是在人代会或人大常委会会议期间审议议案或报告时，对不清楚的问题进行了解。

(2) 询问的主体是各级人大代表和人大常委会组成人员，其没有法定人数的规定，可以一个人提出，也可以几个人联名提出。

(3) 询问的对象是与正在审议的议案或报告有关的国家机关和有关的问题。而且询问的问题也是与正在审议的议案或报告有关的事实不清、原因不明、有所怀疑的问题，可以是重大问题，也可以是一般问题。

(4) 询问的答复。询问提出后，被询问的机关派人在提出询问的代表小组、代表团、大会主席团会议上，或在人大常委会会议提出询问的小组、联组、常委会会议上作出说明即可，法律即没有要求说明人是被询问机关的负责人，也没规定须书面说明，一般都是随问随答。

(5) 询问的效力。询问相对质询来说其法律层次较低、效力较小，人大代表或常委会组成人员对被询问机关的说明不满意的，有关法律并没有规定须要求再次说明。

3. 罢免

一般意义上的罢免是指选民或者代议机关根据有关法律的规定，对不称职的当选政治和公共职位的任职者在任期届满之前用投票方式剥夺其任职资格的行为。① 在行政责任领域，罢免则是特指在官员任期届满之前，由于犯有某种严重错误而被撤免其原任职务的方式。根据《宪法》规定，地方各级人民代表大会代表的选举单位和选民有权依照法律规定的程序罢免由他们选出的代表。我国各级人民代表大会的人事监督权包括了解权、处置权和制裁权三个紧密相关的方面，罢免权是其中最关键且最具强制性的人事制裁权。罢免权在本质上是为了对权力的监督。从权力的依据上看，罢免是宪法监督的一种方式。罢免权直接规定在我国《宪法》及宪法性法律中，旨在通过人事监督的方式杜绝官员的违宪行为。各级人大代表人民罢免不称职的官员是宪法的内在要求。我国《宪法》和《地方组织法》等法律分别赋予了全国人大和地方各级人大罢免由本级人任命的行政机关、检察机关、司法机关主要领导人员的权

① 参见王浦劬主编：《选举的理论与制度》，高等教育出版社2006年版，第179页。

力，并对各级人大行使罢免权的程序作了严格规定。①

从权力的来源上看，罢免属于人民监督。宪法的权威最终来自人民，罢免权就其本质而言是人民的政治参与权。根据人民主权原则，政府官员由人民选举产生，受人民委托行使公权力，人民有权监督官员的职务行为并撤换那些他们不信任的官员。从权力的主体上看，罢免应归入人大监督的范围。在人民代表大会制度下，罢免权不可能直接交由人民行使，而是由各级人大代表人民行使。作为民意机关，各级人大有选举和任命国家机关领导人员和主要责任人员的权力，当然也有权利在这些人不能胜任或超越职权的时候依法罢免他们。

人大代表依照法律规定提出罢免国家机关领导人员和组成人员职务议案的权利。罢免案的提出必须具备如下条件：（1）必须在人大举行会议期间提出。（2）罢免案的对象必须是由人大选举或常委会任命的人员。（3）罢免案的提出必须符合法定人数。如在县级以上地方各级人大会议上，主席团、常委会或者1/10以上代表联名，可以提出罢免案。（4）罢免案必须以书面形式提出，写明罢免的对象、理由，并向会议提供有关材料。根据地方组织法规定，县级以上地方各级人大有权罢免本级人大常委会组成人员、人民政府组成人员、人民法院院长、人民检察院检察长。罢免人民检察院检察长须经上一级人民检察院检察长提请该级人大常委会批准；乡、民族乡、镇人大有权罢免人大主席、副主席，乡长、副乡长、镇长、副镇长。罢免案依法提出后，由大会主席团交各代表团进行审议，然后提请大会全体会议进行表决。在表决前，被提出罢免的人员有权以书面或在主席团或在大会全体会议上口头进行申辩。罢免案必须经人大全体会议采用无记名投票方式进行表决，经全体代表的过半数通过。

（二）行政机关追究模式

1. 辞职

根据我国现有法律的规定，辞职包括因公辞职、自愿辞职、引咎辞职和责令辞职，前二者一般适用于担任非领导职务的公务人员；而引咎辞职和责令辞职在实践中主要针对在实施具体行政行为中因对社会造成比较严重的危害结果而负有主要领导责任的公务人员，该责任的实现一般适用于担任领导职务的公务人员。因为因公辞职和自愿辞职一般都是因为正当的公务需要或者行政机关工作人员已届法定退休年龄而作出辞职行为，一般不视为行政责任的承担方

① 参见《中华人民共和国宪法》第63条以及《中华人民共和国地方各级人民代表大会和地方各级人民政府组织法》第10条。

式，在此将不予讨论。

(1) 引咎辞职。

引咎辞职是指党政领导干部在任职期间内因个人能力不够、自身行为不当或者因工作失误而造成较大损失或者影响，虽不足以构成违法犯罪追究法律责任，但不宜继续担任现任领导职务，而向组织申请辞去所担任职务的一种自责行为。① 引咎辞职是现代西方社会民主政治到责任政治的产物。在现代汉语中，“咎” 指过失（因疏忽大意而犯的错误），引咎是指把过失归在自己身上，目的在于自责。引咎辞职是自责的最严厉形式，政治官员的不称职行为或严重违背民意的行为，通过道歉也难以取得公众的谅解，只有提出辞职。在国外，引咎辞职是一种政治惯例、政治文化，是一种“不成文规定”，而非制度或法律，是一种软约束。“引咎辞职在大多数西方国家是作为一种不成文的政治惯例而存在的，虽然他在西方已有上百年的历史。”②

我国通过法律规定的形式引进了引咎辞职制度。我国法律规定的引咎辞职是指党政机关领导干部因工作严重失误、失职造成重大损失或恶劣影响，或者对重大事故负有重要领导责任，不宜再担任现职，由本人主动提出辞去现任领导职务的一种问责制度。③《党政领导干部选拔任用工作条例》规定的“咎”不是一般的“过失”，而是“因工作严重失误、失职造成重大损失或者恶劣影响，或者对重大事故负有重要领导责任”，在这种“咎” 未达到违法的程度或虽违法但依法不追究法律责任时，领导干部应该引咎辞职。本条例第 59 条规定的引咎辞职，是指党政领导干部因工作严重失误、失职造成重大损失或者恶劣影响，或者对重大事故负有重要领导责任，不宜再担任现职，由本人主动提出辞去现任领导职务。

2004 年 4 月 20 日颁行的《党政领导干部辞职暂行规定》对引咎辞职作出了更详细的规定，本规定第 14 条，党政领导干部因工作严重失误、失职造成重大损失或者恶劣影响，或者对重大事故负有重要领导责任不宜再担任现职，本人应当引咎辞去现任领导职务。第 15 条列举了党政领导干部应当引咎辞职的九种情形：①因工作失职，引发严重的群体性事件，或者对群体性、突发性

① 白帆：《党政领导干部引咎辞职责令辞职制度的理论思考》，载《中央社会主义学院学报》2003 年第 1 期。

② 李莉：《中外引咎辞职之思考》，载《闽南日报》2005 年 3 月 22 日，第 6 版。

③ 成华：《对我国官员“引咎辞职”现象的思考》，载《河北省社会主义学院学报》2005 年第 1 期。

事件处置失当，造成严重后果或者恶劣影响，负主要领导责任的；②决策严重失误，造成巨大经济损失或者恶劣影响，负主要领导责任的；③在抗灾救灾、防治疫情等方面严重失职，造成重大损失或者恶劣影响，负主要领导责任的；④在安全工作方面严重失职，连续或者多次发生重大责任事故，或者发生特大责任事故，负主要领导责任的；连续或者多次发生特大责任事故，或者发生特别重大责任事故，负主要领导责任、重要领导责任的；⑤在市场监管、环境保护、社会管理等方面管理、监督严重失职，连续或者多次发生重大事故、重大案件，造成巨大损失或者恶劣影响，负主要领导责任的；⑥执行《党政领导干部选拔任用工作条例》不力，造成用人严重失察、失误，影响恶劣，负主要领导责任的；⑦疏于管理监督，致使班子成员或者下属连续或多次出现严重违纪违法行为，造成恶劣影响，负主要领导责任的；⑧对配偶、子女、身边工作人员严重违纪违法知情不管，造成恶劣影响的；⑨有其他应当引咎辞职情形的。可以发现其中多是关于国家公务人员行政失职责任。

（2）责令辞职。

责令辞职是指党政领导干部在任职期间政治立场不坚定、品行不端正、政令不畅通且经教育不改，或在急难险重的任务面前履职不到位，或符合引咎辞职情形不辞职而造成严重的损失或影响，虽不足以构成违法犯罪追究法律责任，但不能继续担任现任领导职务，组织通过一定程序责令其辞去所担任职务的他律行为。① 在我国《党政领导干部选拔任用工作条例》中规定的责令辞职，是指党委（党组）及其组织（人事）部门根据党政领导干部任职期间的表现，认定其已不再适合担任现职，通过一定程序责令其辞去现任领导职务。拒不辞职的，应当免去现职。当发生了《党政领导干部辞职暂行规定》第15条所列情形之一时，领导干部应当引咎辞职而不提出辞职申请的，党委（党组）应当责令其辞职。

被责令辞职的干部若对其责令辞职决定不服，可以在接到责令辞职通知后15日内，向作出决定的党委（党组）提出书面申诉。被责令辞职的领导干部不服从组织决定、拒不辞职的，党委（党组）应予以免职或者提请任免机关予以罢免。

作为一项领导干部人事制度，引咎辞职、责令辞职将监控相对人的自律行为和组织的他律规范有机地统一起来。引咎辞职以党政领导干部自律行为为基

① 白帆：《党政领导干部引咎辞职责令辞职制度的理论思考》，载《中央社会主义学院学报》2003年第1期。

础，它要求有“咎”的领导干部根据辞职标准，主动就自己的过错向管理机关提出申请，辞去现任领导职务。但是单一的自律行为并不足以追究那些有“咎”而不愿辞职的领导干部，此时责令辞职正好弥补了引咎辞职制度上的缺陷。责令辞职是一种他律行为，是党政领导干部的管理机关根据当事人的实际表现符合引咎辞职而不辞职，或者是经管理机关认定不宜继续担任现职的，根据一定的程序，责令其辞去现任领导职务。

2. 行政处分

行政职务由行政主体的工作人员具体执行，在执行职务过程中如果其工作人员存在过错，就应当对此承担相应的责任。因而在行政主体对外向行政相对人承担行政赔偿（或行政补偿）责任后，除了依法向行政公务人员进行追偿外，还可以根据具体情况给予其行政处分，以起到警示作用。

行政处分是追究行政公务人员个人行政责任的方式，是一种内部行政纪律责任。所谓行政处分是指国家行政机关或行政监察机关以行政隶属关系为前提，依照行政法律规范的规定，给予违反行政纪律、尚未构成犯罪，或虽构成犯罪、但依法免于刑事处罚的国家公务人员的一种惩罚性行政制裁措施。① 行政处分的目的是为了纠正和制止国家公务人员的违法违纪行为，给其他人员以警示作用，促进依法行政。因此，纵观当今世界各国，尤其是实行公务人员制度的国家，为保证国家行政管理的质量和效率，都非常重视公务人员纪律和惩戒制度建设。② 1957 年 10 月 26 日颁布实行《国务院关于行政机关工作人员的奖惩暂行规定》，标志着我国行政处分制度的正式形成。1993 年 8 月 14 日颁布的《国家公务人员暂行条例》，我国行政处分制度得到完善。2007 年 4 月 4 日国务院公布了《行政机关公务人员处分条例》，并于 2007 年 6 月 1 日起施行，其中对行政机关公务人员的处分做了全面、具体的规定。

行政处分分为：警告、记过、记大过、降级、撤职和开除六种。受撤职处分的，同时降低级别和职务工资。受行政处分期间，不得晋升职务和级别；其

① 尹志平：《试论我国的行政处分制度》，载《新世纪行政管理研究——湖北省行政管理学会 1999 年年会暨“政府管理与国有企业改革和发展”理论研讨会论文集》，1999 年。

② 如各国对行政处分的种类都作了系统、科学的规定：德国规定了警告、罚金、减少工资、降职、撤职、减少退休金以及取消退休金等种类；法国规定了警告、申诫、从晋升名单上除名、降级、不超过 15 天的休职、调职、降职、休职 6 个月到两年、命令退休、撤职等种类；美国规定了警告或申诫、调整工作或降级、停职不发工资、降职、免职等种类；日本规定了免职、停职、减薪以及警告等种类。

中除警告以外的行政处分的，不得晋升工资档次。

3. 行政追偿

行政追偿是行政机关工作人员对内承担行政责任的方式。所谓行政追偿，又称行政求偿，是指在行政赔偿中，行政赔偿义务机关在代表国家向行政赔偿请求人支付了赔偿费用以后，依法责令有故意或重大过失的行政公务人员、受委托的组织和个人承担部分或全部赔偿费用的一项法律制度。① 行政赔偿以行政赔偿为其成立前提，根据我国《国家赔偿法》第16条规定，“赔偿义务机关赔偿损失后，应当责令有故意或重大过失的工作人员或受委托的组织和个人承担部分或者全部赔偿费用”；《行政诉讼法》第68条第2款规定：“行政机关赔偿损失后，应当责令有故意或者重大过失的行政机关工作人员承担部分或者全部赔偿费用。”

根据以上的分析，行政追偿的构成要件有②：

(1) 前提条件。

行政追偿以行政赔偿义务机关已代表国家向赔偿请求人承担了赔偿责任为前提。如果没有国家赔偿行为，行政追偿便无从发生。在赔偿义务机关向受害人赔偿之前，国家的赔偿责任尚未最终实现，追偿权只是拟制存在，并非实际地享有。而且赔偿义务机关必须是实际地向赔偿请求人支付了赔偿费用，如赔偿义务机关仅是返还财产、恢复原状或者消除影响、赔礼道歉等，则不能行使行政追偿权。因为设置行政追偿的目的并不是在于惩罚，同时也是出于减轻国家财政负担的考虑。

(2) 主观上，被追偿人必须有故意或者重大过失。

行政追偿以行政赔偿为前提，但并不是所有的行政赔偿都必然引起行政追偿。同时附加一定的主观条件以排除一些不予追偿的行为。我国采以“故意或重大过失”为其主观条件。所谓故意，是指行政机关工作人员在行使职权时，主观上能认识到自己的行为违法且可能造成相对人合法权益的损害，仍希望或者放任这种结果发生的主观心理状态。过失可分为一般过失和重大过失，只有存在重大过失时，才会被行使行政追偿权。重大过失是指行政机关的工作人员，“不但没有尽到其身份或者职务上的特殊义务，而且也未能预见和避免普通人均能预见和避免的事情，即没有达到法律对一个公民的起码要求”。

① 张志泉：《行政追偿制度探讨》，载《国家行政学院学报》2009年第6期。

② 参见：《论我国行政追偿制度及其完善》，载《吉林省行政学院学报》2006年6月刊。

（3）追偿主体。

根据《国家赔偿法》的规定，作为追偿人的赔偿义务机关具体包括：因行政机关工作人员违法行使职权，侵犯公民、法人或其他组织的合法权益造成损害引起行政赔偿的，该工作人员所在的行政机关为追偿人；法律授权的组织或者人员违法行使行政职权引起行政赔偿的，该组织是追偿人；受行政机关委托的组织或者个人违法行使委托的行政职权引起行政赔偿的，委托的行政机关是追偿人。赔偿义务机关只能向所属的工作人员行使追偿权。两个以上行政主体为共同赔偿义务机关的，应当根据自己承担的赔偿金额，分别向所属的工作人员追偿。被赔偿人具体包括：在执行职务中有故意或重大过失的公务人员；接受委托行使行政职权时有故意或重大过失的受委托的组织或个人；同一个行政机关的两个以上的工作人员共同实施侵权行为的，为共同被追偿人，应当相互承担连带责任。但是，赔偿义务机关在作出追偿决定时，应当根据各自过错的大小，确定具体的追偿金额。不同行政机关的两个以上的工作人员共同实施侵权行为的，不能作为共同的追偿对象，赔偿义务机关应当根据自己分担的赔偿金额，分别向所属的工作人员追偿；法律、法规授权的组织的内部工作人员行使行政职权造成侵权损害赔偿的，该内部工作人员是被追偿人；受行政机关委托行使行政职权的组织的内部人员，实施加害行为造成侵权赔偿的，该受委托的组织是被追偿人。该组织在承担了追偿责任后，可以依据组织内部的规定追究直接责任人员的责任。

我国在立法上并无关于行政追偿的法律程序，这导致在实践中行政追偿无法实施。如何解决因行使追偿而产生的争议，或者通过何种程序来解决因行政追偿而产生的争议，关于这一问题有如下几种主张：

①在国外有人提出行政赔偿附带行政追偿诉讼，国内也有人提出并论证了此观点。

②可以允许通过诉讼途径解决，即当求偿权的行使机关对其公务人员作空追偿决定后，被求偿人不服可以向当地人民法院提出诉讼。

③不能通过诉讼，只能适用行政方法解决。理由是行政追偿法律关系是一种行政内部关系，双方的地位具有不平等性，被求偿人在求偿中没有主动权。当求偿人作出决定后有时决定可能存在问题或不公正，由谁来纠正及保护被求偿人对决定的申审制，即当被求偿人不服决定可以向上一级行政机关申请复审，而复审后的决定为终局决定，义务人必须履行。

④对是否允许被追偿人起诉不能一概而论，应根据不同的情况，适当选择方式，即凡是行政机关对其公务人员行使追偿的，即使产生争议受追偿人也不

能起诉。但当行政机关行使追偿权的对象不是其公务人员，而是其他受委托的组织或个人时，可以允许行政机关以起诉的方式解决争执。①

从目前我国行政追偿的法律性质上看，其仍属于内部行政关系，即特别权力关系，不具有可诉性，不受司法审查。因而，笔者认为对行政追偿争议可以通过诉讼方式加以解决，在我国尚不具有法律依据。因此，目前解决行政追偿争议的法律途径仍是唯一的行政处理程序。其形式一般为行政申诉，而不包括行政复议。正因为我国关于行政追偿救济方面存在立法空白，我国行政追偿的实施情况并不理想，追偿权弃而不用的情况普遍存在。这样不仅损害了国家利益，也使实施违法行政活动的公务人员得不到应有的惩戒，不利于依法行政的开展。

（三）司法机关追究模式

1. 行政诉讼责任

（1）判决撤销行政行为。

我国的判决撤销行政行为，又称行政诉讼撤销判决，是指人民法院对被诉的具体行政行为进行审查之后，认为该行政行为确实违反我国法律法规的规定，从而判决撤销或者部分撤销该行政行为的一种行政诉讼判决形式。行政撤销判决是当代世界各国行政诉讼中最主要的也是最常用的行政裁判方式，在我国行政撤销判决是行政重作判决、补救判决等判决或者司法建议的前提。② 我国《行政诉讼法》第54条第2款规定，行政行为有下列情形的，判决撤销或者部分撤销，并可以判决被告重新作出具体行政行为：①主要证据不足的；②适用法律法规错误的；③违反法定程序的；④超越职权的；⑤滥用职权的。因此，构成我国行政诉讼撤销判决，它必须满足以下条件：第一，被诉行政行为成立且效力存续。③《最高人民法院关于执行〈中华人民共和国行政诉讼法〉若干问题的解释》(以下简称《行政诉讼法若干解释》）第57条第2款第3项规定，行政行为依法不成立或者无效，人民法院应当作出确认被诉行政行为违法或者无效的判决。因而，被撤销的行政行为必须也应当是已经成立的行政行

① 张弘著:《国家行政追偿权探析》，载《辽宁教育学院学报》2000年第3期。

② 具体规定详见于我国《行政诉讼法》第54条第2款及《关于执行〈行政诉讼法〉若干问题的解释》第59条。

③ 参见赵元成:《行政诉讼撤销判决适用问题研究》，载《黑龙江社会科学》2007年第3期。

为，不成立的行政行为不能够适用行政撤销判决。另外，行政行为的效力在行政相对人提起诉讼时是否继续存在效力也决定着行政行为能否适用行政撤销判决；我国《行政诉讼法若干解释》第57条第2款第2项有着明确的规定，在此不多作论述。第二，具体行政行为违反法律法规的规定。行政撤销判决不仅仅在于维护行政相对人的权利，还在于法院否认行政主体及其工作人员所作出的具体行政行为之效力。而赋予法院行使该权力的前提为行政主体及其工作人员的行政行为违反法律、法规的规定。如不存在这样的前提，法院所作的撤销判决则是法院越权。第三，行政撤销判决存在适用的可能性。行政撤销判决并不是万能的，不可能适用于任何一个行政裁判之中。例如，超越职权的行政行为是否一定适用撤销判决。事实上，法院未必一律使用之。因为在人民法院作出撤销判决之前必须考虑该行政行为是否还具有可撤销性。一旦丧失了撤销的可能性，那么行政撤销判决也就无法在某个具体判决中体现，取而代之的则是其他类型的判决。

（2）判决重作行政行为。

在中国行政诉讼语境下，判决重作行政行为是指法院进入审查之后，认为具体行政行为违法，而责令行政主体重新作出具体行政行为的判决类型。我国《行政诉讼法》第54条第2款规定人民法院可以就行政越权行为等五种违法类型判决被告重新作出具体行政行为；《行政诉讼法若干解释》第59条规定，根据《行政诉讼法》第54条第2项规定，判决撤销违法的被诉具体性行为，将会给国家利益、公共利益或者他人合法权益造成损失的，人民法院可以判决被告重新作出具体行政行为。

我国的判决重作行政行为应具有以下条件①：①被诉的具体行政行为被人民法院判决撤销，判决被告重作具体行政行为是指人民法院对已受理的行政案件经过审理，认定被告作出的具体行政行为违法，依法判决撤销并同时责令被告重新作出具体行政行为的一种判决形式。判决被告重作具体行政行为不是一个独立的判决，而是依附于撤销判决的一个从判决，或者说是撤销判决的一种补充。② ②被违法具体行政行为处理的问题需要得到重新处理，由于撤销判决在不少情况下将导致行政法律关系的消灭，每一个撤销判决并不必然会产生出

① 参见石佑启：《判决被告重作具体行政行为探析》，载《上海市政法干部管理学院学报》2001年9月刊。

② 杨海坤：《行政诉讼法学》，中央广播电视大学出版社1994年版，第199页；张正钊：《行政法与行政诉讼法》，中国人民大学出版社1999年版，第385页。

一个重作具体行政行为的判决。只有在撤销判决后，行政法律关系中的具体问题并没有得到解决，即被违法具体行政行为处理的问题需要得到重新处理，且被告仍有作出具体行政行为的必要和可能时，人民法院才能判决被告重新作出具体行政行为。③需要重新处理的问题在被告的职权范围之内。

（3）确认行政行为违法或无效。

各国在有关于确认行政行为诉讼的判决中采取了不同的方式。德国行政诉讼确认判决由确认无效判决、确认公法上法律关系成立或不成立判决及继续性确认判决三个部分。① 其中继续性确认判决类似于我国的判决行政主体履行。日本《行政事件诉讼法》第3条的规定了撤销处分之诉、撤销裁决之诉、确认无效之诉、确认不作为违法之诉、履行义务之诉和行政侵权之诉。② 从该规定中，可以推导出日本行政诉讼确认判决具体包括了无效判决和确认不作为判决两种判决。而英美两国不存在德国等大陆法系国家的公定力理论及无效行政行为理论，不会产生追加性的、针对已经终结的具体行政行为的确认判决，因而就不存在我国行政诉讼法定义的确认判决。我国2002年颁行的《行政诉讼法若干解释》第50、57、58条规定了确认有效、确认合法、确认违法和确认无效四种确认判决。前文业已阐明确认有效判决和确认合法判决为什么不属于行政责任实现的路径，在这里就不赘述了。根据《行政诉讼法》以及《行政诉讼法若干解释》，确认行政行为违法或者无效是指在行政诉讼过程中，人民法院经审查认为具体行政行为违法，但判决履行已无实际意义或者判决撤销会给国家利益、公共利益造成重大损失的，所采取的一种对具体行政行为的否定性评价。其适用的条件是：①存在一个违法的具体行政行为。这里首先需要明确的是"违法"违反的是何种法。对于该法的理解，笔者认为这里的"法"应当是广义上的法，它上至宪法，下达一般性的规范性文件，并且遵循"下位法不得与上位违法相抵触"的法律基本原则。此外，还需要明确违法的程度。一个符合确认违法或者无效的行政违法行为，它的违法程度应当限定在足以损害行政相对人合法权益但尚未达到其他诸如刑法等法域所调整的范围。

---

① 《德国行政法院法》(1960年) 第43条第1款；《德国行政程序法》(1976年) 第44条；于安：《德国行政法》，清华大学出版社1999年版，第180页；［德］平特纳：《德国普通行政法》，朱林译，中国政法大学出版社1999年版，第137页；［德］哈特穆特·毛雷尔：《行政法学总论》，高家伟译，法律出版社2000年版，第163~164、250~254页；蔡志芳：《论行政诉讼法上各类诉讼之关系》(下)，载《月旦法学》第54期。转引自章剑生主编：《行政诉讼判决研究》，浙江大学出版社2010年版，第87页。

② 镰田熏等编著：《常用六法全书》，台湾三省堂出版社2008年版，第290页。

②不适宜判决撤销、履行。如果行政违法行政行为所导致的损害还存在履行的可能性或者撤销之可以恢复行政相对人的合法权益，则不适宜采用确认行政行为违法或者无效。确认行政行为违法或者无效只是针对那些行政行为继续履行已无实际意义或者撤销会导致更大的公共利益受损的行政行为。例如，一路人被抢劫，向身边的警察求救，警察视而不见，导致路人财物被劫。若该路人提起行政诉讼要求追究行政责任时，法院就应当采用确认违法判决。

（4）判决行政主体履行。

判决行政主体履行，是指法院判决行政主体在一定的期限之内履行其不履行或者拖延履行的法定职责的一种判决方式。我国《行政诉讼法》第 54 条第 3 款规定，被告不履行或者拖延履行法定职责的，判决其在一定期限之内履行。行政履行判决作为一种独立的行政判决，具有其自身的特性：①给付性。在诉讼法领域，存在给付之诉、确认之诉和形成之诉作为三种基本的诉讼分类形式。而行政履行判决则可以归入给付之诉。这是由行政履行判决本身所决定的。行政履行判决确认了行政主体和行政相对人的权利义务关系，并判决行政主体在一定的期限之内必须实现这种权利义务关系。权利义务的履行直接赋予了行政履行判决给付性的特征。②具有履行可能性。与其他类型的判决相比，履行判决在纠正行政不作为方面具有独特的优势，而这也是由行政履行判决的给付性特征所决定的。当然，当判决行政主体履行无实际意义或者履行不能之时，行政履行判决就失去了它发挥的空间。只有行政行为具有了履行的可能性，那么行政行为才能够被给付，否则不构成行政履行判决。③独立性。行政履行判决不需要以其他判决的存在为前提，独立于他判决，而这一点也区别于行政重作判决。

（5）判决行政主体变更。

判决行政主体变更发端于民事诉讼中的形成之诉。形成之诉，又称为创设之诉或权利变更之诉，是指原告主张其基于一定的形成权，为使法律关系（法律状态）发生变动，而请求法院以判决宣告变动该法律关系（法律状态）之诉。在我国的一些教科书上，一般将其定义为“是指原告请求法院变更某一法律关系之诉”。① 法院据此作出的判决就为变更判决，衍生至行政诉讼法领域，就转化为行政变更诉讼，即法院判决行政主体变更其具体行政行为。因此，所谓的判决行政主体变更是指法院依据行政相对人的诉讼请求，经审查认为行政相对人的请求符合法律规定，直接在判决中变更原行政行为的实际内容

① 江伟：《民事诉讼法》第二版，高等教育出版社 2004 年版，第 9 页。

的一种判决类型。我国《行政诉讼法》第 54 条第 4 款规定，法院对行政处罚显失公正的可以判决变更。因此，在我国获得法律认可的行政变更判决应当具有以下条件：①适用的前提条件是行政相对人提出变更的诉讼请求。在行政变更判决中，法院以自己意思表示的内容代替了行政主体的意思表示，实质上是法院运行行政权的结果而非司法权的结果。因此，为了防止司法权对行政权的干涉，应避免法院卷入不必要的纠纷中，只有行政相对人提出了变更的诉讼请求，法院才能据此作出裁判，而不能主动作出。②适用的范围是行政处罚。根据《行政诉讼法》以及《关于执行〈中华人民共和国行政诉讼法〉若干问题的解释》(以下简称《行政诉讼法若干解释》）之规定，目前我国法院只能就行政处罚作出变更判决，除此以外皆不可变更。③适用的实质条件是显失公正。显失公正具有两层含义：一是依据普通人一般常识能够判断行政处罚和行政相对人的责任明显不成比例；二是一般的显失公正不能成为行政变更判决的范围，以此彰显司法权对行政权的尊重。

（6）判决行政主体补救。

判决行政主体补救是指法院经审查认定行政主体的行政行为违法，但撤销该违法行政行为将会导致合法利益受损，而责令行政主体对有被诉行政行为所造成的损失采取相应补救措施的一种判决类型。它来源于《行政诉讼法若干解释》第 59 条规定，即“根据行政诉讼法第 54 条第 2 项规定判决撤销违法的被诉具体行政行为，将会给国家利益、公共利益或者他人合法利益造成的损失的，人民法院在判决撤销的同时，可以采取以下方式处理：……（2）责令被诉行政机关采取相应的补救措施……”这里需要将判决行政主体补救和其他现实存在的或者行政诉讼法学理论界存在判决区分开。①判决行政主体补救与行政补正判决。行政补正判决目前只存在于我国的理论界，尚未被法律所采纳。补救和补正存在公共之处，以至于二者被混淆。判决行政主体补救是对违法行政行为所导致的后果的补救，而补正判决是对行政行为本身的纠正，二者所针对的对象不同，产生于不同的诉讼阶段。②判决行政主体补救与行政撤销判决。从《行政诉讼法若干解释》第 59 条之规定，笔者就不难看出判决行政主体补救是对行政撤销判决的补充，是撤销判决的辅助判决。③判决行政主体补救与行政履行判决、行政变更判决。三者的共同点在于行政主体都需要对采取原行政行为采取必要的措施，但是判决行政主体补救针对的是原行政行为的结果，而行政履行判决和行政变更针对的是原行政行为。④判决行政主体补救与确认违法判决、行政重作判决二者的界限较为明确，混淆的可能性不大，在此不多加赘述。

2. 刑事责任

当行政侵权行为触犯了刑事法规，那么，此时的行政侵权责任以承担刑事责任表现出来。我国对于渎职犯罪的规定主要体现在《刑法》第九章以及相应的司法解释当中。《刑法》第九章从第397条至第419条，共23个条文，具体规定了33个罪名。即第397条滥用职权罪、玩忽职守罪；第398条故意泄露国家秘密罪、过失泄露国家秘密罪；第399条徇私枉法罪、枉法裁判罪；第400条私放在押人员罪、失职致使在押人员脱逃罪；第401条徇私舞弊减刑、假释、暂予监外执行罪；第402条徇私舞弊不移交刑事案件罪；第403条滥用管理公司、证券职权罪；第404条徇私舞弊不征、少征税款罪；第405条徇私舞弊发售发票、抵扣税款、出口退税罪；第406国家机关工作人员签订、履行合同失职罪；第407条违法发放林木采伐许可证罪；第408条环境监管失职罪；第409条传染病防治失职罪；第410条滥用土地管理职权罪；第411条放纵走私罪；第412条商检徇私舞弊罪；商检失职罪；第413条动植物检疫徇私舞弊罪、动植物检疫失职罪；第414条放纵制售伪劣商品犯罪行为罪；第415条办理偷越国（边）境人员出入境证件罪、放行偷越国（边）境人员罪；第416条不解救被拐卖、绑架妇女儿童罪；阻碍解救被拐卖、绑架的妇女儿童罪；第417条帮助罪犯逃避处罚罪；第418条招收公务人员、学生徇私舞弊罪；第419条失职造成珍贵文物损毁、流失罪。

（四）综合启动模式——行政赔偿

行政主体的行政行为可能给行政相对人造成实际损害，因此，就对损失承担责任而言，行政主体应对其行政行为所导致的损害承担外部行政赔偿责任。

1. 行政赔偿的途径

行政赔偿是指行政机关及其工作人员违法行使行政职权侵犯公民、法人和其他组织的合法权益造成损害的，行政机关作为赔偿义务机关应当给予赔偿。行政相对人获得国家行政赔偿的途径主要有：向赔偿义务机关要求赔偿；通过行政复议解决赔偿问题；通过行政诉讼一并解决；通过行政赔偿诉讼解决。

2. 行政赔偿责任的条件

根据《国家赔偿法》的规定，国家承担行政赔偿责任须符合下列条件①：

（1）损害必须是行政机关和行政机关工作人员的行为造成的。

① 参见唐春丽、周彩霞：《浅论国家行政赔偿制度不足及改进》，载《经济管理者》2010年第7期。

经国家法律、法规授权的组织或行政机关委托的组织违法行使职权造成的损害，国家也必须承担赔偿责任。非国家行政机关或行政机关工作人员实施违法侵权行为造成的损害，国家不承担赔偿责任。

（2）国家负责赔偿的损害必须是行政机关或其工作人员行使职权时造成的。

所谓“行使职权”，是指行政机关或工作人员行使职务上的权力进行的活动。如卫生局的工作人员检查卫生、警察值勤、税务人员收税、公安人员制止违法行为等均属于行使职权的活动。国家行政机关及其工作人员从事与职权无关的民事活动，因个人行为造成的伤害，国家不承担赔偿责任。

（3）损害必须是现实已经产生或必然产生的，直接的损害。

例如，某个体户被非法拘留，释放后，国家按照法定标准赔偿受害人因人身自由被限制遭受的直接损害。个体户因停业遭受的利益损失，属间接损失，国家不予赔偿。

（4）赔偿必须由法律明确规定。

国家行政赔偿责任是一种法定责任，只有当法律规定的各种条件成熟后，国家才予以赔偿。受害人提出赔偿请求，应当在法定范围和期限内依照法定程序提出，对于不符合法定条件，或不属于赔偿范围的赔偿请求，国家不负责赔偿。

3. 行政赔偿的范围

根据《国家赔偿法》第 3 条、第 4 条规定，行政赔偿的范围主要有以下两种情形：

（1）侵犯人身权的情形。

行政机关及其工作人员在行使行政职权的过程中有下列侵犯人身权情形之一的，受害人有取得赔偿的权利：①违法拘留或者违法采取限制公民人身自由的行政强制措施的；②非法拘禁或者以其他方法非法剥夺公民人身自由的；③以殴打等暴力行为或者唆使他人以殴打等暴力行为造成公民身体伤害或者死亡的；④违法使用武器、警械造成公民身体伤害或者死亡的；⑤造成公民身体伤害或者死亡的其他违法行为。

（2）侵犯财产权的情形。

行政机关及其工作人员在行使行政职权时有下列侵犯财产权情形之一的，受害人有取得赔偿的权利：①违法实施行政处罚的。违法实施行政处罚侵犯财产权的情形有很多，主要有罚款、吊销许可证和执照、责令停产停业、没收财物等。②违法对财产采取行政强制措施的。违法对财产采取行政强制措施侵犯财产权的情形较多，主要有查封、扣押、冻结等。③造成财产损害的其他违法行为。

凡是建立了行政赔偿制度的国家，一般都有行政赔偿免责情形的规定，我国的行政赔偿立法也不例外。根据《国家赔偿法》第5条规定，属于下列情形之一的，国家不承担赔偿责任：①行政机关工作人员与行使职权无关的个人行为；②因公民、法人和其他组织自己的行为致使损害发生的；③法律规定的其他情形，这里的“法律”是专指全国人民代表大会及其常务委员会根据立法程序制定的规范性文件，不包括法规和规章。这里的“法律规定的情形”包括以下几种情况：一是《国家赔偿法》本身的一些规定，如第30条、第33条的规定；二是相关法律的有关规定，如《行政诉讼法》第12条的规定；三是指未来的某些单行法律中可能作出的排除性规定。

能动司法与中国法律传统

主讲人：陈晓枫教授

一、中国当代司法解释体制的建构

据周道鸾先生的观点，新中国成立以后，我国司法解释的发展经历了四个阶段：（1）1949—1956 年，司法解释的初创和发展时期；（2）1957—1966 年，即从反右派斗争扩大化到“文化大革命”前，是司法解释受到削弱的阶段；（3）1966—1976 年，即“文化大革命”开始到“四人帮”被粉碎，是司法解释基本停顿的阶段；（4）1977 年以来，尤其是中国共产党第十一届三中全会至今，是司法解释大力加强的阶段。经过这四个阶段的发展，我国司法解释体制实现了从无到有、从一元一级到二元一级的转变。

在司法解释的初创和发展时期，由于百废待兴，国家集中力量发展生产，进行工业化建设，关于司法解释的规定并未提上日程，也没有受到关注。如 1954 年 9 月第一届全国人民代表大会第一次会议虽然通过了《中华人民共和国法院组织法》、《中华人民共和国人民检察院组织法》，但均未涉及司法解释权。这种状况一直持续到 1955 年 6 月 23 日全国人大常委会颁布《关于解释法律问题的决议》才得到好转。该文件明确规定：“凡关于审判过程中如何具体应用法律、法令的问题，由最高人民法院审判委员会进行解释。”从此我国司法解释的配置实现了法定化，初步建立了由最高人民泆院审判委员会行使司法解释权的一元一级司法解释体制。

在司法解释发展的第二、第三阶段，由于众所周知的原因，我国的司法解释体制不但没有得到发展完善，反而还遭到了很大的破坏。直到 1977 年，尤其是党的十一届三中全会以后，司法解释的发展才驶入正轨，进入大力发展的新阶段。在这一阶段，数个法律文件的颁布对我国司法解释的发展起到了重要的促进作用。1979 年 7 月 1 日第五届全国人民代表大会第二次会议通过了《中华人民共和国法院组织法》与《中华人民共和国检察院组织法》，但只是在《中华人民共和国法院组织法》中对司法解释权作出了规定，沿用原来的一元一级司法解释体制，只不过行使司法解释权的主体由最高人民法院审判委员会变成了最高人民法院。其第 33 条规定："最高人民法院对于在审判过程中如何具体应用法律、法令的问题，进行解释。"1981 年全国人大常委会颁布的《关于加强法律解释工作的决议》打破了我国原有的一元一级司法解释体制，它规定："凡属于法院审判过程中具体应用法律、法令的问题，由最高人民法院进行解释。凡属于检察院检察工作中具体应用法律、法令的问题，由最高人民检察院进行解释。"由此，我国建立起了当代的二元一级司法解释体制，即由最高人民法院和最高人民检察院两个司法机关各司其职，共同行使司法解释权的司法解释体制。

此后，虽然全国人大和两高还分别颁布了数个法律文件，如第十届全国人大常委会第 14 次委员长会议在 2005 年通过了《司法解释备案审查工作程序》，最高人民检察院和最高人民法院分别于 2006 年 5 月 10 日和 2007 年 3 月 23 日发布了《最高人民检察院司法解释工作规定》和《最高人民法院关于司法解释工作的规定》，但是我国确立的依然是二元一级的司法解释体制。

二、能动司法与当代司法解释

（一）能动司法的提出

"能动司法"这一概念最先是由最高人民法院院长王胜俊提出的。2009 年 6 月 16 至 19 日，王胜俊在宁夏各级法院调研时使用了"能动司法"一词，他指出，要"强化能动司法，在保增长中彰显大局意识，在保民生中彰显为民意识，在保稳定中彰显责任意识"。2009 年 8 月 27 日到 31 日，王胜俊又进一步考察了江苏省各级法院。他在江苏省高级人民法院调研座谈会上发表了题为"坚持能动司法，切实服务大局"的讲话，指出"人民法院能动司法就是要发挥司法的主观能动性，积极主动地为党和国家工作大局服务，为经济社会发展服务"。并强调，"能动司法是新形势下人民法院服务经济社会发展大局的必然选择"。这次讲话，王胜俊第一次对能动司法的含义、本质、意义及要求做了较为全面、系统的论述。因此，法学界一般将这次讲话视为能动司法正式提出的标志。

（二）能动司法的表现与特征

能动司法自提出以来受到了社会的广泛关注和热烈讨论，不但许多学者从不同角度、不同层面进行了深入的探讨，而且地方各级法院也积极响应号召，努力开展能动司法实践活动。其中，基层法院的司法实践，似乎取得了立竿见影的成效，如陕西陇县经验和山东东营模式等已经成为官方首肯的能动司法模式。从能动司法的定义出发，结合当前各级法院开展的能动司法实践活动，我们认为关于能动司法的特征至少包括以下三点：

1. 审判组织上，广泛地吸收审判人员以外的社会成员参与审判活动，加强了镇乡街道、居委会、村委会、综治办、派出所、司法所等基层组织的协同联动，邀请人民陪审员、村委会、居委会中等威信较高的中立人员，参与司法调解活动。根据《法院组织法》的规定，人民法院审判第一审案件，由审判员组成合议庭或者由审判员和人民陪审员组成合议庭进行。因此，主导审判活动的只能是审判员或者审判员与陪审员。但是在能动司法的过程中，一些地方法院创制出了人民参审团等制度，扩大了审判权的主体。如河南省开封市中级人民法院在刑事审判案件中实行的人民陪审团制度、河南省禹州市法院推行的人民参审团制度。这是明显的对法定组织的突破。

2. 程序上，突破现有法定程序，鼓励法院深入街道村头，灵活机动地处理案件。以方便群众、就地审批、灵活审判为特征的马锡五审判方式被认为是能动司法的典范，因此地方各级法院也积极地推广这种审判方式。如广西法院建立“立案110”制度，设立流动立案点和导诉台、实行节假日立案、建立便民服务速裁小组和预先登记立案制度；江苏法院推行柜台式、一站式服务，并在全省设立了固定巡回审判点679个；陕西陇县推行“一村一法官”制度。一方面就政治意义而言，这些做法改变了法院的工作方式，方便了群众诉讼，在一定程度上实践了司法为民理念，另一方面从法律角度而言，却是对既有法律程序的突破。我国的法律对诉讼的地域管辖有着明确的规定，当事人必须到有管辖权的法院提起诉讼。同时《法院组织法》还规定，基层人民法院根据地区、人口和案件情况可以设立若干人民法庭。结合这两项规定，试问按照“一村一法官”制度，当一村民向驻守该村的法官提起诉讼，效力该如何认定？如果认定有效，那么必然违反了法律关于地域管辖的规定；如果认定无效，那么肯定会留给村民官僚作风的印象，也就违背了设立此制度的初衷。

3. 调解结果上，较大幅度地超出了实体法规定，甚至进行法外调解。应当承认，调解是化解目前社会矛盾的一个有效手段。因为适当的调解不但有利于减少当事人的负担，而且能够有效减轻法院的工作压力。但是我们也应该认识到，不能片面地追求调解结案率，强调只调不判。特别是当调解结案率成为衡量法院、法官工作的重要指标时，就不可避免地会出现地方法院竞相提高调解结案率的现象。近年来地方法院纷纷在工作报告中强调调解结案率就是一个例证。如黑龙江法院在2009年1月至7月，一审民事案件调撤率达到76.2%，刑事附带民事诉讼案件调解率超过70%，行政诉讼案件当事人撤诉比例达41.6%；江苏省2009年1月至5月，全省法院民事案件一审调解撤诉率达到了61.86%等。这样必然会导致在一些案件中，即使当事人完全没有调解的意愿，也不得不接受法院的调解，从而使自己的实体法权利受到侵害。

（三）能动司法对当代司法解释的影响

能动司法虽然更多是在政治语境中提出的，但是也与我国司法供给不足的语境相关。因此，能动司法对当代司法解释产生了重大影响。在能动司法的语境下，中国当代司法解释是一种特殊的法律渊源。它采取规则和法条的方式编制，既不同于大陆法系的司法解释，也不同于英美法系的法官造法，有其自身的特征。

1. 中国当代司法解释不针对具体的个案，不是一种与具体案件适用相联系的法律解释活动，而是在法律实施过程中就法律所作的规则性条文表述，属于准立法。

纵观历年来最高法院和最高检察院所作的司法解释，无论是就审判工作中具体应用法律问题主动作出的解释和对请示、来函所作的各种答复，还是对审判工作的有关操作规范所作的规定以及直接对法律条文规定所作的解释，绝大多数都属于不针对具体个案的抽象解释。如《最高人民法院关于适用〈中华人民共和国婚姻法〉若干问题的解释（一）》、《最高人民法院关于适用〈中华人民共和国婚姻法〉若干问题的解释（二）》等。这种不以具体个案为解释对象的司法解释不免有僭越立法权之嫌，在学界引起了巨大争议。以至于有学者认为“在日益增多、日趋庞大的司法解释中，其内容之全面、系统、涉及范围之广泛、条文数量之多、形式之规范、效力之优先性，均非‘法律解释’所能涵盖，除了‘立法’之外，实在是无以名之了”!

2. 在解释的方法上，中国当代司法解释属于准据规则的创新，迥然于西方。

众所周知，西方传统的法律解释方法包括从立法者视角出发的考古方法、从法律文本视角出发的平义方法以及从法律解释者视角出发的自由探寻方法。

前两种方法与客观主义相对应，强调遵从立法者或法律文本的原意，第三种方法则注重对现实生活的回应，强调发挥法律解释者的主动性。如果说过去大陆法系国家和英美法系国家还各自严格坚守法律解释的基本原则，如前者严格限制法官造法，后者承认法官造法，那么到了现代则出现了法律解释方法的融合。即使是大陆法系国家也不再绝然排斥法官造法，英美法系国家则在一定程度上对法官造法作出限制。过去数十年，随着法律实践的发展，西方法律解释理论出现了由以主体性为分析进路向以主体间性为分析进路的转变。值得关注的是，这种转变为法律解释又提供了诸多新的方法，如波斯纳的交谈合理性理论等，使得西方法律解释学的发展迈向了新的阶段。但是需要强调的是，即使西方法律解释学的发展已经进入了新的阶段，但是其解释依然受到学理规则约束，且不突破法条，不破坏既定法律秩序。反观中国当代司法解释，其解释方法并没有采用法律解释学方法，而是直接从经验出发，根据党的政策引导，对某一规范体系或某一体系法律文本作出如何运用，是否适应的决定性意见。

3. 解释准据与党的政策、主导意识形态密切结合。

从总体上看，中国共产党是我国的执政党，其政策理所当然地在国家生活中居重要地位，对国家法律的制定与执行起着不可替代的作用。由政策变动的相对频繁性和法律的相对稳定性决定了，法律与政策不可能直接同步。这时候就需要通过一定的中介来贯彻党的政策，使法律与政策相一致。而具有政治性和法律性双重属性的能动司法正好扮演这一角色。此时，解释的准据就不再是法律文本本身，也不再是社会变迁的现实，而是党根据国家的现实情况制定的国家大政方针，这种大政方针包括了对社会变迁的科学认识。如此一来，中国当代司法解释就必然会带有很大的变迁性。这种变迁性主要表现在当大政策发生变化时，司法审判的准据以及其中法条的解释就会发生变化。

三、能动司法折射出的法律传统

（一）立法上律例并行，以例破律

律例并行的法渊传统：律和例是中国古代两种基本的法律表现形式。战国之前，中国法律的形式驳杂多样。据梁启超先生的统计，法律形式计有法、刑、律、典、则、式、范七种；而徐祥明则总结有 12 种，除梁氏所归纳的之外，还有誓、诰、命、令、盟、常。另有蔡枢衡先生在《中国刑法史》中指出，殷、周立法“有伦有要”之“伦”、“要”，皆是法律编制的形式。法律没有形成统一的规范文本。从战国开始，特别是在商鞅“改法为律”之后，中国古代法律的文本形式主要为单行法规“律”。这种体例上的传统一直延续至清末。相比之下，例的表现形式更为复杂，主要包括诏令、条格、则例和判例等。

作为中国古代法律的基本表现形式，律和例应当是并行的法律规范，但是在古代法律制定过程中，由于法律文化潜行的作用，这些表现为诏令等形式的例，往往会利用其自身操作性强的优势和律文呆板、模糊的劣势，在立法中堂而皇之地取代律文。以例破律可以划分为三个阶段。第一个阶段是汉代，主要是针对具体案件形成的例对律的突破。汉代法律的基本表现形式除了律之外，还有令、科、比等。由于汉律总共才六十篇，为了适应统治者的需要，大量的令、科、比等应运而生。武帝时，廷尉杜周常常唯皇帝命令是从，而置国家法律于不顾，有人曾质问他：“君为天下决平，不循三尺法，专以人主意指为狱，狱者固如是乎？”杜周却心安理得地回答：“三尺安出哉？前主所是著为律，后主所是疏为令；当时为是，何古之法乎！”第二阶段是宋代，以编敕形式对刑典进行了突破。第三阶段是明清时期，主要是不再解决个案而直接采取准立法方式形成的则例对律的突破。明代仍然保持了唐以来以例断案的传统，有案例的汇编。但从洪武末年起，例逐渐发生了变化，由原来的案例演变成具有抽象法条形式的条例。清代遵循“律一成不变，例五年一小修，又五年一大修”的修编原则，编例成为了当时的主要立法活动。因此，以例断狱被广泛实行，并且例的效力大于律文，甚至可以取代律文。由此可见，在古代立法活动中以例破律已成为常态。

以例破律的法律文化传统反映在当代就是司法解释可能突破现有法条，不断地扩张、变更甚至取代立法原意。这种这种例子并不少见。1997 年第八届全国人大第五次会议修订的《刑法》第 300 条并没有对“邪教组织”进行定义，只是规定了“破坏国家法律、行政法规实施”、“蒙骗他人，致人死亡”以及“奸淫妇女、诈骗钱财”等几项具体构成犯罪的行为。然而最高人民法院和最高人民检察院分别在 1999 年和 2001 年两次联合发布了《关于办理组织和利用邪教组织犯罪案件具体应用若干法律问题的解释》，直接把邪教组织定义为“冒用宗教、气功或者其他名义建立，神话首要分子，利用制造、散布迷信邪说等手段蛊惑、蒙骗他人，发展控制成员，危害社会的非法组织”。并以列举的方式规定，只要实施了“聚众围攻、冲击国家机关、企业事业单位，扰乱国家机关、企业事业单位的工作、生产、经营、教学和科研秩序的”等六种行为，邪教组织的活动就可以根据刑法第 300 条定罪。不可否认，这样的规定对我国从重从快打击“法轮功”等邪教组织、维护社会秩序稳定起到了重要的作用，但是从立法的角度而言，两高的司法解释权是否有扩大定罪范围、侵犯全国人大立法权之嫌？这一点值得我们深思。而在能动司法的感召下，如果不加克制，那么可以预见司法解释扩张、变更立法原意之势必将愈演愈烈。那时，以例破律就绝非危言耸听了。

（二）功能上与经义相结合，贯彻伦理经义对法律运用的指导

春秋决狱开创了经义断狱的先河，但唐宋以后经义与法并行，在法无规定的时候经义取代法成为断案的依据。

所谓“经义”是指这一规则体系的文本载体，通常表现为儒家学派的经典著作，而所谓“伦理”则是指这些著作所论断的内容并不讨论权利、罪名和程序，而是关于意义、价值、善恶及得失的析说。在这个文本体系中，秩序构建与长治久安是价值体系的最终取向，为君者立制，为官者守法，为民者顺从，是自洽于这个价值体系的各个价值定位。法律为这个价值体系供给了强制性的制度保障，并以这个体系的论断为实施机制，而法律规范体系自身则呈现出“引经入律、一准乎礼”的立法特色，和“经义决狱、权断优先”的司法特点，论者直观地观察，会将之评价为中国法律具有伦理性。

中国传统法律具有伦理性，时下几成为常识。从20世纪1980年代末始，中国学者开始回应滋贺秀三的“教谕式调解”说，聚论法的适用和依理推量以来，有关“情理法”、有关法理与“天理”、有关循情与守文，痛议积十年有余，所论所著，俯拾遍是。从此节向既往回溯，还可以发现民国时代学者，论及中国传统法律的伦理性特征者，亦不为少数。例如杨鸿烈先生在《中国法律发达史》中讨论中国法律的伦理特性问题，专引了王世杰先生的论述，“第一，中国向来是道德与法律的界限没有十分划清的。中国历朝刑律，诚然包括了许多不应列入刑律以内的事体，所以论者（指浅井虎夫）尝说中国法律未能进化”，“但中国的法典范围尽管甚广，而凡道德思想著于经义而未被法典包括，或法典之所定而未能符于经义者，则经义之效力往往等于法律，或且高于法律……第五，中国法典所载律文，就是在当时，也并不都是现行法。这更是中国历代法典的一种奇特现象”。

王世杰先生所指出援经义以立法、以替法、以废法，与中国法即使在当时代，也不是现行法（法无实证效力），其实是中国法文化中的同一个文化子项，即指经义（指以经典论著表达的伦理）之理是稳定恒常的，法律或为维持经义之理而变动不居。反之，当法律效力有所不逮时，经义即替法或废法，这是同一现象的两个互相依存之相。

伦理经义指导法律运用的传统表现在当代就是通过政策指导法律的运用。政策是指中国共产党的政策，是党在一定历史时期为实现一定的政务目标而规定的行动准则。政策具有三个特征：第一，它是为解决特定的政治、经济等任务服务的；第二，它是执政党意志的体现，是执政党行动的指导方针；第三，它是为达到一定目标而确定的行为准则，具有一定的强制性。由这些特征决定，政策必然具有很大的时效性。新的政策总是随着新的政务目标的提出而出台，每当实现了一定的政务目标之后，原有的政策就会退出舞台。因此，较相对稳定的法律而言，政策的变动频率更快。在一般情况下变动频繁的政策往往需要一定的中介来指导法律的运用，而司法解释恰好能扮演此角色，使法律与政策保持同步。当代二元一级的司法解释体制就是根据对法律文本和党的政策的理解直接以条文方式来制定人民法院的案件判决程序。这是对伦理经义指导法律运用传统的具体体现。

当代的能动司法蕴含着深厚的中国法律传统，它在能动的过程中主要受制于两个方面。一是案结了事。法院在案件审理的过程中，并不是严格地遵循法律规定，更多时候考虑的是如何有效地平息当事人间的争诉，确保社会秩序的稳定。二是法院组织作为贯彻党的政策的工具，受到党领导下的绩效评价体系的限制。在这种评价体系下，凡是法院的审案和结案取得了维护社会秩序稳定的效果，就会得到正价值的评价。反之，则会被认为是负价值的。因此，充分重视传统因素，使能动主义与依法治国方略相结合，就必须在能动过程中坚守法律解释基本制度和基本原则的底线不被突破，同时还要识别、批判经义决狱对我国历史和现实的影响，以期更快更好地完成我国法律准据系统的转型，建设符合当代社会主义市场经济体制的法治体系。

刑法学专题

开启刑法理念的再提升之门

——以刑法修正案（八）的六大理念转变为研究视角

主讲人：康均心教授

改革开放三十年来，中国社会在某种程度上，已建立起了普遍的法律意识，但是，在经济发展突飞猛进的同时，如何在现有法律意识的基础上进一步提升刑法理念，是摆在我们面前的一个急迫而艰难的课题。近来发生的诸如云南高院审理的李昌奎案件，从一审到二审到再审，又回到了起点一审的判决结果，如此从起点又回到起点，虽然体现了司法的自我救赎和自我完善，体现了对正义的追求，但对如此一个在事实和证据上并无异议的案件，何以原一审、再审与原二审产生差异？为什么会如此翻来覆去？在我看来，云南高院对于李昌奎案中的自首的认识，不是认识理解能力的问题，而是认识理解的法治理念出了问题。设立自首的目的是为了节省司法成本（或提高司法效率），但是如果节省司法成本已危及到了司法的正义，那么成本就该让位于正义。我们不希望看到犯罪分子一手拿刀捅人，一手打电话给警察："我要自首。"等捅死人后到警局，说"我来自首了"。这样的自首，已经超越了社会的正义底线，我们能予以从宽吗？记得有一年带学生去境外交流，期间安排有观摩香港刑事法庭庭审。庭审毕，有学生问我：为什么香港的被告人出庭都是西装革履，我们内地的被告人出庭都是是背心拖鞋。我告诉她，西装革履出庭是无罪推定，背心拖鞋出庭是有罪推定。学生听后，哈哈大笑。我很高兴我的学生能有如此敏锐的观察力，但我笑不出来。改革开放 30 多年了，虽然我们树立起了法律意识，但我们的法治理念却没有随着经济社会的迅猛发展而有大幅度的提升。我们天天在讲"无罪推定"，但实践中却经常出现与此相反的现象。现在需要在原有法律意识的基础上刷新原有的法治观念，树立起新的刑事法治理念。现在

《中华人民共和国刑法修正案（八）》（以下简称《修正案》（八））已经生效了，我想就《修正案》（八）所反映的刑法的理念问题，谈谈自己的看法。

《中华人民共和国刑法修正案（八）》（以下简称《修正案》（八））经过三次审议，已由中华人民共和国第十一届全国人民代表大会常务委员会第十九次会议于 2011 年 2 月 25 日通过。本次刑法修正无论是从修正的范围上还是从修正的幅度上，都远远超过了自 1997 年 10 月 1 日以来至本次修正案出台前的七次刑法修正案中每一次刑法修正的规模。《修正案》（八）全文共有 50 条，其中既有对刑法总则中犯罪论部分的修正，也有对刑罚论部分的调整，还有对分则中部分具体罪名的变动（包括删减罪名、增加罪名、修订个罪条文）。依照早前公布的《修正案》（八）（草案）（以下简称《草案》）的说明，此次修改刑法的主要内容集中在以下几个方面：第一，调整刑罚结构；第二，完善惩处黑社会性质组织等犯罪的法律规定；第三，完善从宽处理的法律制度，规范非监禁刑的适用；第四，加强对民生的保护，增加一些新的犯罪规定，加大惩处力度。

频繁修法的根本动力在于社会生产力的不断发展推动社会生产关系的不断变化，作为建立在社会经济基础之上的社会上层建筑（包括刑事法律制度）也必须进行调整。从 1979 年 7 月 6 日颁布第一部刑法典开始到 2011 年 2 月 25 日止的 32 年的时间里，我国已经先后颁布了 2 部刑法典，27 个全国人大常委会的单行决定，8 个刑法修正案，还有若干个立法、司法解释以及附属刑法。我国刑法的改订之所以如此的频繁，既有历史的原因，也有时代的特殊背景。

我国的第一部刑法典是 1979 年《中华人民共和国刑法》（简称 1979 年刑法典），从 1954 年 10 月开始起草，到 1963 年 10 月共历经 33 稿才基本完成草案，但在这之后由于国家政治局势的动荡和执政方针的变化等因素未能及时颁布，直到 1978 年《宪法》通过之后才在原有草案基础上继续进行刑法典的修订工作，前后易稿达 38 次，终于在 1979 年 7 月 1 日通过，同年 7 月 6 日颁布，并于 1980 年 1 月 1 日开始生效。但由于受当时历史条件和立法经验的限制，这部刑法典不论在体系结构、规范内容还是在立法技术上，都存在一些缺陷。尤其是该刑法典从开始起草到颁布前后共历时 25 载，这期间我国的政治经济形势发生了巨大的变化，我国社会中的犯罪状况也随之发生了巨大的变化，可以说 1979 年刑法典从颁布之初就已经不适应（或落后于）社会发展的实际需要，可谓是“带病上岗”。1978 年十一届三中全会之后我国走上了改革开放之路，社会主义市场经济开始蓬勃发展，社会治安形势也呈现出一些新的特点，这就对作为上层建筑重要组成部分的刑法制度提出了更高的要求，为了适应国家改革开放和法治进步的需要，我国在1982年到1997年，共颁布了24个单行法规，新增罪名133个，总共罪名由最初的129个增加到了262个。但是，这样的刑法典与单行刑法、附属刑法同时存在的局面不利于司法机关掌握与操作，也无法最有效的发挥刑法打击犯罪，保护人民的功能。特别是在决定实行有中国特色的社会主义市场经济体制以来，为了实现体制转轨，各方面都发生了深刻变化，在犯罪现象上也出现了许多新情况、新问题。对市场经济中出现的不轨行为，哪些规定为犯罪，罪与非罪的界限如何划分，如何对社会上出现的各式各样的犯罪进一步加以科学的归纳和分类，这些都要作通盘的考虑，而不是通过几个单行刑法决定修修补补能够解决的。① 正是基于这些考虑，立法机关又于1997年对刑法进行了重新修订，由第八届全国人大五次会议通过了修订后的《中华人民共和国刑法》(简称1997年刑法典)，并在此后颁布了3个决定和8个修正案对其中的部分条文进行了修改，以应对不断变化的社会形势。可以说，新中国刑法典的创制、充实和更新的过程，是一个为适应变化发展的社会形势而不断调整和完善的过程，也从一个侧面反映了新中国社会主义法制建设乃至整个国家与社会曲折前进的历程。

当今中国社会正进入了现代化发展的高速轨道，相应的作为治理社会的刑法也必须进行现代化的变革，这个过程我们可以称之为刑法的现代化，而本次对刑法典的大幅修正可以说是我国刑法现代化进程中的又一个重要里程碑。尤其值得关注的是，本次刑法的修正是在宽严相济刑事政策指导下对刑法进行的部分修改，不仅修法范围跨度大，更在于本次修法中所体现出来的刑法理念的巨大转变。法律进化论认为，法是社会的力量，作为社会力量的法律在从无意识状态向自觉状态的进步中有了人文的发展。因此，刑法也会随着社会的进化而进化。② 刑法的现代化是以刑法理念的现代化为前提的，同时刑法本身的修改完善又是对刑法理念实践和促进，本次《修正案》(八) 的颁布正是对我国刑法理念现代化的一次重要实践。下面着重谈谈《修正案》(八) 所体现的刑法理念的转变。

转变之一：从重刑主义到宽严相济

刑事政策，是国家和地方公共团体通过预防犯罪，维持社会秩序的稳定、

① 参见高铭暄、赵秉志：《中国刑法立法之演进》，法律出版社2007年版，第53页。

② 参见周光权：《刑法学的向度》，中国政法大学出版社2004年版，第322页。

安宁所采取的一切措施①。可以说，中国传统刑法体现的是一种重刑主义的刑事政策，商鞅就主张“刑主赏辅”、“刑不善而不赏善”、“轻罪重刑”，以达到“以刑去刑，以杀去杀”的目的。他提出“行刑，重其轻者，轻者不至，重者不来，此谓以刑去刑，刑去事成”。② 韩非也进一步地阐述：“夫以重止者，未必以轻止也；以轻止者，必以重止矣。”③ 这种“重其轻者”的思想，就是一种典型的重刑主义。这种重刑主义的传统对我国现代化法治的建设和发展也产生了深刻的影响。在1997年修订《刑法》的时候，我国刑法中的死刑罪名被修订到最终达到了68个之多，成为了世界上死刑罪名最多的国家之一，这一方面是立法者出于对当时社会治安状况不断恶化的忧虑，另一方面恐怕也是受到我国传统社会中重刑主义倾向的影响。

除了在刑事立法上的重刑主义，在我国过去几十年的刑事司法实践中也处处可见重刑主义的影子。这在我国自1982年以来历次的严打活动中体现得最为明显，虽然我们一直强调“惩办与宽大相结合”的刑事政策，但也是“惩办”在前，“宽大”在后，导致严惩易、宽大难的状况。正是在这种重刑主义思想的影响之下，我国分别于1983年、1996年以及2001年在全国范围内开展了三次轰轰烈烈的严打行动，要求“依法从重从快，严厉惩治严重破坏社会治安的犯罪分子”，希望通过严刑厉法从根本上扭转我国不断恶化的治安形势。但是研究表明，严打并未起到预期的效果，在短时间内，严打可收一时之效，尤其是第一次严打，即时效果还是明显的，把犯罪气焰给压下去了。但随着时间的推移，犯罪又卷土重来，而且气焰更加嚣张。为此，不得不发动第二次严打，而且第三次严打即使是即时效果也是呈递减趋势。由此可见，依靠严打无法实现长治久安。因为犯罪是社会深层次原因和转型时期的特殊矛盾造成的，严打只是治标之策而不是治本之道。④ 由此可见，就如抽大烟会染上烟瘾一样，对重刑主义的依赖也犹如饮鸩止渴，一味强调从严从重非但不能有效遏制犯罪，反而可能会适得其反，造成整个刑罚体系的轻重失衡。

在党的十六届四中全会明确提出构建和谐社会的发展目标后，2005年底，

---

① 参见［日］大谷实：《形势政策学》，黎宏译，中国人民大学出版社2009年版，第3页。

② 商鞅：《商君书·靳令》。

③ 韩非：《韩非子》。

④ 参见陈兴良：《宽严相济刑事政策研究》，载《法学杂志》2006年第1期，第20页。

国家提出了一个全新的刑事政策，那就是宽严相济。一方面，我国正处在社会转型时期，各种社会矛盾突出，社会治安状况形势严峻，为了维持社会稳定必须在一定程度上依赖于刑法的威慑性、严厉性。另一方面，刑罚轻缓化，人道化，注重保障人权等现代刑法理念已经逐步深入人心，成为现代法治社会的重要标志，是社会和谐的重要体现。因此，宽严相济的刑事政策成为我国现阶段必须坚持的基本刑事政策。①《修正案》(八) 虽然并没有将宽严相济的原则明确写入刑法条文当中，但此前出台的《草案》说明中已经明确指出《修正案》(八) 是以宽严相济的刑事政策为指导，对刑法作出的必要的调整和修改，无论是完善从宽处理的法律制度，减少适用死刑的罪名，还是增设恶意欠薪罪等危害民生的罪名，加大对黑社会性质组织犯罪的打击力度等都无不是贯穿着“宽严相济”的理念。

《修正案》(八) 的出台表明我国从刑事司法到立法都已经将宽严相济作为基本指导原则，其中最显著的体现莫过于对刑罚结构的调整。仔细分析《修正案》(八) 的内容，本次修法对刑罚结构的调整既有从宽也有从严，体现从宽的内容主要有：

第一，废止了刑法中13个罪名的死刑。根据《关于〈中华人民共和国刑法修正案（八）(草案）〉的说明》，本次删减部分死刑罪名的依据主要有二：一是我国现行《刑法》规定死刑罪名较多，可适当减少，对较少或者基本上从未适用过死刑的罪名可考虑废止死刑；二是根据我国现阶段经济社会发展实际，适当取消一些经济性非暴力犯罪的死刑，不会给我国社会稳定大局和治安形势带来负面影响。对于废止死刑的讨论已经在学术界持续了多年，对司法实践也产生了重大影响，虽然本次修法废除的13个死刑罪名都是实践中很少适用的非暴力性质的犯罪，但却是第一次真正在立法上废除部分罪名的死刑，而且这只是一个起步，从今以后，“死刑不再是一个或者说主要是一个存在是否合理的问题，而是一个怎么逐步废除的问题”。②

第二，对特殊犯罪人的从宽规定。首先，《修正案》(八) 完善了《刑法》中关于未成年人犯罪的从宽制度，比如《修正案》(八) 第6条将“不满18周岁的人犯罪”同“过失犯罪”一样排除出成立累犯的范围。《修正案》(八)

① 参加康均心：《定罪与宽严相济的刑事政策研究》，载《云南大学学报（法学版)》2009年第2期。

② 高铭暄、苏惠渔、于志刚：《从此踏上废止死刑的征途——〈刑法修正案（八）草案〉死刑问题三人谈》，载《法学》2010年第9期，第4页。

第11条第1款规定，对不满18周岁和已满75周岁的人犯罪，只要符合缓刑的条件就必须适用缓刑，而不是可以适用。此外，《修正案》(八) 第19条规定："犯罪的时候不满18周岁被判处5年有期徒刑以下刑罚的人，免除前款规定的报告义务。"这实际上是免除了未满18周岁的人犯罪的部分前科报告义务。其次，《修正案》(八) 首创了在我国刑法中对老年人犯罪的从宽制度。现代医学和心理学都表明，老年人由于年龄的增长，对身体和心理的控制能力实际上都是在不断减弱，因此，老年人同未成年人一样，都属于限制刑事责任能力的人。同时，对老年人的恤刑也是刑罚人道化的重要体现。但是自1949年以来我国刑法中却一直没有关于对老年人犯罪的从宽规定，这不能不说是一种立法上的缺陷，因此，本次修正案从以下三个方面初步规定了对老年人犯罪的从宽制度：(1) 规定了老年人犯罪的一般从宽原则。《修正案》(八) 第1条规定：已满75周岁的人故意犯罪的，可以从轻或者减轻处罚；过失犯罪的，应当从轻或者减轻处罚。(2) 限制对老年人适用死刑。《修正案》(八) 第3条规定："审判的时候已满七十五周岁的人，不适用死刑，但以特别残忍手段致人死亡的除外。"(3) 规定老年人犯罪适用缓刑从宽。对此，《修正案》(八) 第11条第1款对老年人犯罪适用缓刑作了和未成年人犯罪适用缓刑相同的规定，即只要符合缓刑的条件，对已满75周岁的老年人就应当宣告缓刑，而非可以宣告缓刑。此外，对怀孕的妇女也同样规定应从宽适用缓刑。

我国过去长期受到重刑主义观念的影响，因此，我们现在提出要转变观念，强调贯彻宽严相济的工作重点应当放在"从宽"方面，这也是本次刑法修正案的一个最大特点。但从另一方面说，矫枉不能过正，我们在对犯罪人"从宽"的同时，相应的也要有"从严"的规定，做到不枉不纵，宽严相济。《修正案》(八) 中对刑罚结构的调整从以下几个方面体现了"从严"。

第一，提高了有期徒刑的刑期。《修正案》(八) 第10条对刑法第69条数罪并罚的规定进行了修改，对因犯数罪被判处有期徒刑，总和刑期在35年以上的，将其有期徒刑的上限由20年提高到25年，就是考虑到过去司法实践中一人犯数罪，被判处有期徒刑的总和刑期较高，但最终的宣告刑却因为总则中规定的限制加重原则而不得超过20年，导致我国刑罚体系中有期徒刑和无期徒刑、死刑的差距过大，难以衔接，有违罪刑相适应的原则，因此，适当提高这种情况下数罪并罚时有期徒刑的上限。

第二，减刑的条件更加严格。过去我国《刑法》对减刑和假释的条件设置较为宽松，一个被判处死缓的罪犯如果有重大立功表现应当减为15年以上20年以下有期徒刑，理论上此后还可以再获得刑期，根据司法解释，"对死缓犯经过一次或几次减刑或者减刑后假释的，其实际执行的刑期不得少于12年。死缓犯实际执行的刑期自死缓2年期满第2日起计算。”从死刑到12年的有期徒刑，宣告刑与实际执行的刑期之间如此之大的落差，其后果一方面导致我国刑罚制度的“名重实轻”，另一方面也有损司法机关的威信。针对这一问题，这次修正对减刑和假释的规定进行了完善，《修正案》(八）第4条规定了对死缓确有重大立功表现的，减刑后的刑期提升为25年有期徒刑，对被判处死缓的累犯以及因严重暴力犯罪被判处死缓的犯罪人，人民法院“可以同时决定对其限制减刑”。并在第15条规定对上述限制减刑的死缓犯罪分子，缓刑执行期满后减为无期徒刑的，减刑后的实际执行刑期不能少于25年；缓刑执行期满后依法减为25年有期徒刑的，减刑后的实际执行刑期不能少于20年。此外，《修正案》(八）第15条还对判处无期徒刑的罪犯减刑后的实际执行刑期的下限由过去的10年提高至13年，进一步限制减刑的幅度。

第三，扩大了特殊累犯的范围。《修正案》(八）第7条修改了我国刑法中“特殊累犯”的范围，将“恐怖活动犯罪”、“黑社会性质的组织犯罪”的犯罪分子也同“危害国家安全犯罪”的犯罪人一样作为构成特殊累犯的主体，同时规定上述类型的犯罪人在刑罚执行完毕或赦免以后，在任何时候再犯上述任一类罪的，都以累犯论处。这既是针对近几年恐怖组织和黑社会组织不断发展，严重扰乱社会秩序而采取的措施，同时也是为了更好地同国际条约接轨而作出的对国内法的调整。

《修正案》(八）的上述规定，真正做到有宽有严、宽严相济，实现了从重刑主义到宽严相济的转变。

转变之二：从消灭犯罪到控制犯罪

我国在新中国成立以后一度在刑法理论上有一种认识，认同并且在实践中广泛宣传灌输“犯罪消灭论”，认为犯罪可以在根本上消灭掉，社会主义国家存在犯罪的根源在于剥削阶级和剥削思想的存在，只要剥削阶级消灭了就可以消灭犯罪。正是基于这种无视犯罪规律的指导思想，过去我们的刑法中将犯罪人作为社会的对立者，使其成为无产阶级专政和镇压的对象。虽然随着社会主义法制建设的发展，特别是对犯罪现象和犯罪规律的认识加深了，这种“犯罪消灭论”逐步退出历史舞台，而被“犯罪控制论”所取代，但由于长期受到以阶级斗争为纲的政治路线和法律中的重刑主义思想的影响，“犯罪消灭论”的阴影在我国立法和司法实践中仍然徘徊不散。

以我国刑法中对死刑的规定为例。死刑作为一种最严厉的刑罚制度，其最大的功效是在于对犯罪特殊预防上，通过剥夺犯罪人的生命，使其无法再危害社会，从某种意义上来说，只要消灭所有的犯罪人，即可以达到“消灭犯罪”的效果。对死刑等重刑的依赖，其实也是“犯罪消灭论”在刑罚领域中的表现，如果以消灭犯罪为目的来设定和适用刑罚，当犯罪非但没有被消灭反而有愈演愈烈之势时，只有依靠更加严厉的刑罚来打击犯罪，最终的结果却是犯罪没有被消灭，刑法本身却反而走进了重刑主义的囹圄。① 过去几十年间，我国刑法的数次修订，都伴随着增设死刑的强烈呼声，即便在2009年的《刑法修正案》(七）的出台过程中，仍然有人呼吁对巨额财产来源不明罪增设死刑，对死刑的依赖已经成为中国刑法的一种惯性思维。尤其是对于大多只侵犯财产法益或市场经济秩序的经济犯罪，我国1997年刑法中仅在分则第四章破坏社会主义市场经济秩序罪一章中就有16个死刑罪名，占我国死刑罪名总数的近1/4。对经济犯罪设定如此多的死刑，这明显是有违罪刑相适应原则的。之所以出现这种状况，是因为在我国改革开放之初，由于社会主义市场经济体制刚刚起步，法律制度不完善，导致各种新型犯罪层出不穷，尤其以各类经济犯罪的情况最为严重，为稳定社会秩序，同时配合20世纪80年代初开始的严打斗争，立法机关出台了多部单行刑法加大对这些犯罪的打击力度。如1982年3月8日《关于严惩严重破坏经济的罪犯的决定》，1988年1月21日《关于惩治走私罪的补充规定》，1993年2月22日《关于惩治假冒注册商标犯罪的补充规定》，1995年6月30日《关于惩治破坏金融秩序犯罪的决定》等。通过这些单行刑法，在刑法中尤其是对经济犯罪新增了大量的死刑，使我国刑法中的死刑罪名由1979年刑法典规定的27个增加到1997年刑法修订之前的71个。本次《修正案》(八）取消了对部分经济犯罪的死刑。经济犯罪发生的原因是多方面的，既与犯罪人的贪欲膨胀有关，也有监管缺失、经济体制不完善等因素的作用。事实证明，对经济犯罪的防治，严管胜于重罚，即使是通过剥夺犯罪人生命的方法也未能真正消灭这类犯罪，总是不断有人铤而走险试图逃过法律的制裁。只有当法律的确定性和及时性得到实现，罪犯的侥幸心理才能得到遏制。对经济犯罪，应当将治理的重点放在完善监管制度上，而不能过于依赖刑罚手段，更不能依赖死刑。②

---

① 康均心：《理想与现实——中国死刑制度报告》，中国人民公安大学出版社2005年版，第8页。

② 参见高铭暄、苏惠渔、于志刚：《从此踏上废止死刑的征途——〈刑法修正案（八）草案〉死刑问题三人谈》，载《法学》2010年第9期，第6页。

这种立法的转变反映出随着对犯罪规律的认识的不断深入，“犯罪消灭论”正进一步被“犯罪控制论”所取代，过去由于没有正确认识犯罪规律，没有意识到犯罪是伴随着特定的社会经济条件而存在着，当某些犯罪的犯罪率持续升高的时候往往就会陷入恐慌，将严刑峻法当作消灭犯罪的救命稻草，增设死刑的立法冲动往往难以遏制。现在正是基于对犯罪规律的理性把握，控制犯罪的手段与经验也更加丰富，不再仅仅只是依赖于刑罚手段，因此，立法者才有底气取消刑法中的死刑罪名，通过政治、经济、文化以及法律手段相互配合，以更好地达到控制犯罪的目的。①

从消灭犯罪到控制犯罪，不仅是一次犯罪观念的革命，是一次立法司法实践的飞跃，更是一次马克思主义犯罪观中国化的理论检视。经典的马克思主义告诉我们，犯罪是一种冲突，表现为人际冲突、人与社会的冲突、人与自然的冲突，只要有人的地方，就存在着冲突，有冲突就会有犯罪。是因为犯罪才产生了法律、警察、法庭、监狱等国家机器，是因为犯罪才有了法律职业群体、职业的法学教育。犯罪消灭论是建立在没有人际冲突的理论假设上的，忽视了法律是以人的行为作为研究对象的，把法律与人对立起来。按照犯罪消灭论的观点，要消灭犯罪，就只有消灭人类，因而犯罪消灭论得出的结论是错误的。犯罪控制论是建立在人际冲突是人类社会的常态现象的基础上的，它以人的行为作为研究对象，注重研究人的本性、社会、环境对人的行为的影响，把法律与人统一起来，主张犯罪是社会的常态现象，提出把犯罪控制在不危及人类整体利益和人的全面发展的最小范围内，倡导人与犯罪的“和平相处”。犯罪控制论是马克思主义犯罪观中国化的重要体现和实践。②

转变之三：从一般预防到特殊预防

《修正案》(八) 既有对刑罚结构性的调整，比如前面所论述的废除部分死刑，延长有期徒刑刑期，也有对刑罚的内容和执行方式的调整，《修正案》(八) 第 2 条修改了管制刑的规定，“判处管制，可以根据犯罪情况，同时禁止犯罪分子在执行期间从事特定活动，进入特定区域、场所，接触特定的人”。“对判处管制的犯罪分子，依法实行社区矫正”。《修正案》(八) 也对缓刑和假释的规定进行了调整，明确规定了对缓刑犯和假释犯应当依法进行社区

① 参见康均心：《现代化历程与大历史犯罪观》，载《江苏警官学院学报》2010 年第 2 期。

② 参见康均心：《重庆打黑除恶的样本意义》，载《人民检察》2010 年第 8 期。

矫正，并可以由法院下达禁止令。

《修正案》(八）适应了我国宽严相济刑事政策的要求，从刑罚的目的来看，意味着我国理论界对刑罚目的的认识的演进发展。目的刑理论通常认为刑罚具有工具性的目的，即预防犯罪。离开了刑罚预防犯罪的目的，刑罚就是盲目的，缺乏存在的正当性。① 刑事近代学派的学者大多持这种观点。“刑罚不是对犯罪行为的事后报复，也不是对其他人的恐吓，而是对那些‘危险状态的体现者’采取的预防措施，即防止具有社会危险性的人危害社会。具有对犯罪侵犯社会进行防卫的目的。刑罚的另一个目的在于改造和教育犯人，消除其危险性，使之重返一般市民生活之中。”② 从这段论述可以看出，刑罚具有两种目的，即对犯罪的一般预防与特殊预防。现代的刑罚理论中，通常认为刑罚兼具这两种目的，一方面刑罚通过其威慑性实现其一般预防的目的，另一方面刑罚通过其教育改造的功能，使犯罪人能够改过自新，重新适应社会，达到个别预防的目的。但是这两种刑罚目的之间却存在着一个顺序如何排列、谁先谁后、如何协调、彼此均衡的问题，在不同的社会条件之下，一般预防与特殊预防的目的在整个刑罚体系中的比重是呈变化趋势的。一直以来，我们总是寄希望予通过刑罚的特殊预防达到刑罚的一般预防，因而，刑罚中所体现出来的一般预防的色彩是较为浓厚的，主要表现为在刑事司法活动中对死刑和长期自由刑的依赖，而对短期自由刑、附加刑、非刑罚处罚措施等适用重视不够，这是我国在长期重刑主义思想影响下的当然结果。《修正案》(八）在宽严相济刑事政策的指导下，以更强调刑罚的特殊预防目的的实践理性主义立场，对刑罚执行方式进行了适当调整，主要体现在：

(1）实行社区矫正。根据最高人民法院、最高人民检察院、公安部、司法部2003年颁布的《关于开展社区矫正试点工作的通知》，社区矫正是与监禁矫正相对的行刑方式，是指将符合社区矫正条件的罪犯置于社区内，由专门的国家机关在相关社会团体和民间组织以及社会志愿者的协助下，在判决、裁定或者决定确定的期限内，矫正其犯罪心理和行为恶习，并促进其顺利回归社会的非监禁刑罚执行活动。《修正案》(八）第一次将社区矫正的内容规定到《刑法》中，过去我们注重对犯罪的一般预防，希望通过刑罚的威慑作用来预防犯罪，大量适用监禁刑，但实际效果并不理想。近年来我国犯罪数量呈不断

① 参见陈兴良：《本体刑法学》，商务印书馆2001年版，第643页。

② 马克昌主编：《近代西方刑法学说史》，中国人民公安大学出版社2008年版，第240页。

攀升的趋势，监狱里可谓人满为患。据不完全统计，目前我国监狱中关押的犯人已经达到154万人，监狱中关押人数的增加，给国家带来巨大的财政压力，同时犯人被关押在监狱中，与世隔绝，一方面增加了交叉感染的可能性，另一方面也为犯罪人顺利地回归社会带来了阻力，① 正是出于对这些问题的思考，我国理论与实务界一直在探索试点推行社区矫正制度，使犯罪人一方面能在一个较好的环境下重新改过自新，另一方面又不会因为对社会的不适应而重新走上犯罪的道路。除了前述“两高两部”联合下发的《关于开展社区矫正工作试点的意见》，许多地方也早已开始试点实行社区矫正工作，并取得了良好的社会效果。但由于社区矫正作为我国的一种刑罚执行制度，涉及公民的人身权利和国家的刑罚权，缺乏上位法律的规定始终是制约社区矫正工作全方位开展的瓶颈性问题。此次《修正案》(八）明确规定了社区矫正的适用对象，是我国社区矫正制度确立的一个重要标志。

（2）增设禁止令的规定。一般预防作为一种事前预防，针对的对象是社会上潜在的犯罪人，主要通过公布成文法典，惩处犯罪人，以刑罚的威慑作用来实现预防目的，因此，主要考虑的是刑罚适用的普遍性。特殊预防作为一种事后预防，针对的对象是已经实施了犯罪的犯罪人，以刑罚的教育和矫正功能使其不再犯罪，因此，更强调刑罚的个别化，在量刑与行刑的时候应当充分考虑犯罪人的个人特征。《修正案》(八）更强调刑罚的特殊预防，首次规定可以由法院对犯罪人下达禁止令，这是刑罚个别化的一种典型表现，因为不同的犯罪人犯罪的原因是各不相同的，比如对于因酗酒而经常虐待家庭成员的犯罪人，可以通过禁止其饮酒的禁止性判令防止其重新犯罪，这就是刑罚特殊预防目的的实现。

从一般预防到特殊预防，不仅是刑罚理念的转变，更是对刑罚目的理论的检讨，是法律实践理性的被认同和社会化的体现。从特殊预防到一般预防，立足于刑罚的威慑和恐吓，寄希望于通过刑罚的威吓达到抑制潜在的犯罪的目的，是“杀鸡给猴看”心理的制度化和现实化，它将全体国民假定为潜在的犯罪人，反映的是国家对自己国民的不信任，容易强化“宁可错杀一千，也不放过一个犯罪分子”的刑法工具性观念，容易引起国民对国家的反感情绪和对立情绪，导致国民对国家的不认同，不利于树立法律的权威和司法的公信力，不利于建立和谐的人际关系和和谐的社会。从一般预防到特殊预防，立足

① 参见黄京平、席小华主编：《社区矫正工作者手册》，中国法制出版社2007年版，第46页。

于刑法的规范性和预期导向性，主张通过刑罚设定，培养国民的法律意识，提升国民的法律素养，强化对国民行为的规范和预期引导，反对把人本身作为刑罚的对象，反对通过对人本身进行威逼恐吓来达到刑罚的目的。从一般预防到特殊预防，立足于建立国家和国民的相互信任关系，强调通过刑罚适用，对特殊的人即犯罪人适用刑罚，达到对犯罪个体可能再犯罪的预防，从而保障国民的权利，主张从人性出发、从犯罪心理学的角度来研究刑罚、设定刑罚、适用刑罚、评估刑罚的效果，建立起一体认同的相互信任的社会心理，相信并期待自己的国民实施的行为应该是合法行为，强调刑法的人权保障功能，体现“宁可放纵一千个犯罪分子，也绝不冤枉一个无辜的人”的刑法权利保障观念。①

转变之四：从国权主义到民权主义

刑法是一种公法，调配的是公权力与私权利之间的关系，国家与公民分别处在刑罚权的两端，在刑法中，只要行为人触犯刑律构成犯罪，即处于被司法机关追究刑事责任的法律地位。② 曾经有学者根据国家与公民在刑法中的地位划分为两种类型：国权主义刑法与民权主义刑法。以国家为出发点，以国民为对象的刑法，称之为国权主义刑法。国权主义刑法的基本特点是，刑法所要限制的是国民的行为，而保护国家的利益。以保护国民的利益为出发点，限制国家行为的刑法，称之为民权主义的刑法。③ 刑法理论界关于刑法从国家本位向社会本位转化、从国权主义刑法向民权主义刑法演进的说法，基本上都在诠释着一个共同的现象，即刑法这个原先血淋淋的以刑为主的惩罚法，正在日益变成一个温情脉脉的以保护为主的保障法！④

过去我国在计划经济体制的影响下，长期坚持国家本位的刑罚观，更多的强调对国家利益以及社会秩序的刑法保护，在一定程度上忽视了对公民个体利益的保护。随着我国市场经济的不断发展，公民的权利意识逐渐增强，特别是在构建社会主义和谐社会的大背景之下，党和政府在多次重要会议中都将民生

① 参见康均心、王敏敏：《论死刑适用标准》，载《法学评论》2010 年第 5 期。

② 参见陈兴良：《本体刑法学》，商务印书馆 2001 年版，第 14 页。

③ 参见李海东：《刑法原理入门（犯罪论基础）》，法律出版社 1998 年版，第 4 ~ 5 页。

④ 参见卢建平：《加强对民生的刑法保护——民生刑法之提倡》，载《法学杂志》2010 年第 12 期，第 11 页。

问题摆在前所未有的重要位置。与此同时，国家立法也更多地关注于普通民众的利益，加大对民生的保障，《修正案》(八) 就是以保障民生作为基本出发点之一，从以下几个方面体现了从国权主义刑法向民权主义刑法的转变。

(1) 增设部分危害民生的新罪名。从我国1997年《刑法》的制定到过去数次的刑法修正案来看，以往在《刑法》中新增加的罪名多是体现为保护国家利益或者社会秩序的犯罪，尤其是集中在破坏社会主义市场经济秩序罪和妨害社会管理秩序罪这两章当中，这是以国家利益为本位的国权主义刑法的当然体现。而这次对刑法的修正则体现了与以往不同的价值取向，针对近几年严重危害人民群众的生命财产安全，人民群众反响强烈的一些行为，《修正案》(八) 中增设了危险驾驶罪、恶意欠薪罪、组织出卖人体器官罪等新罪名，加强对公民的生命财产权的保护，体现了以个人权利为本位的民权主义刑法的立场。

(2) 顺应民意，加大对部分犯罪的打击力度。民权主义刑法以国民的利益为出发点，那么它的一个重要表现就是对民意的关注和顺从。在现代法治国家当中，立法机关都是由民选产生的，立法权也是实现公民对国家权力控制的主要手段，法律的制定必须以民众的意志作为根本依据。刑法作为国家法律体系中的保障法，对刑法的修改更是应该体现民众的要求。目前我国处在社会转型时期，社会矛盾较为突出，各种社会问题也是层出不穷，比如食品药品安全问题、环境污染问题等，人民群众对与之相关的犯罪行为更是深恶痛绝，民愤激扬。此外，近几年国内外的各种恐怖主义活动以及黑社会组织的活动日益猖獗，人民群众要求加大对这些犯罪行为的惩处力度的呼声也在不断增大。正是出于对我国当前社会治安形势和民意的考虑，本次在对刑法的修正中加大了对食品药品安全犯罪、环境污染犯罪、恐怖主义犯罪、黑社会性质组织犯罪等犯罪行为的打击力度。

从国权主义刑法到民权主义刑法的转变，不仅是一种观念上的更新，更是国家亲权主义在刑事立法上的重要体现，是立法上的进步。刑法不是治理社会的万能良药，无法包治百病，国家本位的刑罚权并不能事无巨细地保障国民个体的权利，如果国民个体的权利无法得到充分保护和保障，那么作为国民个体权利集合体的抽象的国家权利也就无法保护和保障，如果国民个体的公正诉求都得不到满足，那么实现社会的正义也就是一句空话。在诸多刑事案件中，国权主义刑法更多地注重的是被告人是否被定罪处罚，而对于保障和保护被害人的权利，则较少关注，往往导致立法保护欠缺，司法保护乏力，从而形成对被害人权利既无法保护，也无从保护，更无人保护的现状。在大多数场合，国权主义在高调表达惩处罪犯就是实现了社会的正义，维护了被害人的权利的时候，被害人却在为被犯罪人侵害而受到的人身伤害和财产损失得不到救治和补偿而流泪。在很多见义勇为的案件中，见义勇为的英雄“流血又流泪”的现象告诉我们，国家刑罚权本位有时候很容易伤害国民的正义情感，不利于树立整个社会的公平、正义感。因此，注重民权保护，倡导民权主义刑法，处理好国家刑罚权本位和国民个体权利本位的关系，是现代法治国家的必然要求。

转变之五：从政治关心到法律关怀

对社会弱势群体的保护是体现一个社会文明程度的重要标志，是社会正义得以实现的关键因素，正如罗尔斯所强调的那样，应当使社会和经济的安排“在与正义的储存原则一致的情况下，适合于最少受惠者的最大利益”。① 对弱势群体的保护不能仅仅停留在对个别人的救助上，而应当是通过法律制度上的安排为其创造公平的社会环境，作为重要的法律部门的刑法也应当体现对弱势群体的利益保护。

我国当前正处于社会转型的关键时期，经济改革和政治改革不断深化的同时也会带来一些新的社会问题，改革的社会成本和代价应当由全体社会成员共同承担，但在实际生活中，受到改革带来的社会风险冲击最大的往往是承受力最低的社会弱势群体，社会弱者为改革付出更多的成本，承受着来自经济、社会、心理等方面的更大压力。这时，利益被相对剥夺的群体可能对剥夺他们的群体怀有敌视或仇恨心理。当困难群体将自己的不如意境遇归结为获益群体的剥夺时，社会中就潜伏着冲突的危险，甚至他们的敌视和仇视指向也可能扩散，从而形成危及社会稳定、影响社会发展的巨大隐患。对弱势群体的关怀已经成为了构建和谐社会的应有之义。

这些年我国社会中各种群体性事件频发的一个重要原因就在于对弱势群体的利益保护不力，当缺乏正当的途径来表达诉求和保护自身利益的时候，人们就可能采用极端的维权方式。比如拖欠农民工工资的问题，这些年经常可以在新闻媒体上看到类似的报道，过去我们解决这些问题往往是通过政治途径，如领导批示，政府部门出面协调等方式解决，这种化解矛盾之道可以界定为“政治关心”解决机制。《修正案》(八) 增设了恶意欠薪罪②，“以转移财产、逃匿等方法逃避支付劳动者的劳动报酬或者有能力支付而不支付劳动者的劳动

① ［美］罗尔斯：《正义论》，中国社会科学出版社 2001 年版，第 61 页。

② 此罪名又有“拒不支付劳动报酬罪”之表述。

报酬，数额较大，经政府有关部门责令支付仍不支付，处3年以下有期徒刑或者拘役，并处或者单处罚金；造成严重后果的，处3年以上7年以下有期徒刑，并处罚金”。“单位犯前款罪的，对单位判处罚金，并对其直接负责的主管人员和其他直接责任人员，依照前款的规定处罚。”“有前两款行为，尚未造成严重后果，在提起公诉前支付劳动者的劳动报酬，并依法承担相应赔偿责任的，可以减轻或者免除处罚。”通过这一规定，将过去只需承担民事责任或行政责任的恶意欠薪行为纳入到刑法规制的范围，以刑罚的手段加强对社会弱势群体利益的保护。《修正案》(八）这种通过法律制度安排化解矛盾之道，我们把它界定为“法律关怀”解决机制。对弱势群体的“政治关心”体现的是一种政治态度，但只有通过法律的规范形式将这种“政治关心”转化成“法律关怀”，才能够使“政治关心”成为一种常态，《修正案》(八）为我们树立了一个对弱势群体进行法律关怀的典范，通过法律规范将弱势群体的利益转变成法律上的权利，才能从根本上缓和、化解社会矛盾，实现社会和谐。

转变之六：从法益保护到风险防范

当今社会经济与科技的飞速发展，在给生活在其中的人们带来极大的福祉、效率、便利的同时，也带来了一系列的社会风险。近年来发生的许多事件，如非典、松花江污染、假奶粉事件、冰灾、地震、煤矿溃坝事件等，涵盖了风险的方方面面，无不表明中国其实早已进入了风险社会的时代。随着风险社会的到来，刑法作为最严厉的国家反映，必然要作出相应的调整。当代社会的风险性质使得刑法变成管理不安全性的风险控制工具，风险成为塑造刑法规范与刑法理论的最重要的社会性力量。① 正是由于风险的突发性和不可预测性，如果寄希望于以刑法来控制风险，则必须依赖于刑罚的预防功能，即在风险变成实际上的侵害之前就通过刑法手段对其进行控制，这就对刑法中传统的法益侵害说提出了挑战。传统刑法体系中个人化的、物质性的、静态的法益范畴，无法涵盖新的权益类型。风险社会中，遭受威胁或损害的对象不限于特定的个人，也不限于传统意义上的不特定多数，还包括未出生的后代的权益与自然的利益。② 其结果是可能导致刑法中法益概念的虚化，以安全、秩序等抽象的法益来取代具体的法益，实质上是刑法的本质从法益保护转向了对风险的防范，我们可以将这种以风险防范为本质的刑法称之为安全刑法。

---

① 参见劳东燕：《刑法基础的理论展开》，北京大学出版社2008年版，第11页。

② 劳东燕：《刑法基础的理论展开》，北京大学出版社2008年版，第11页。

此外，在风险社会中，安全刑法所关注的重点在于行为人所制造的不被社会所容许的风险，而且通过对制造风险行为的刑法禁止来降低和避免这种风险的实现，从而实现刑法的安全保障机能。安全刑法的出现必然会导致刑事法网的扩张，为了防范社会风险，刑法可能会突破谦抑原则的限制，因而，安全刑法在规范上体现为立法者将刑法的防卫线向前推置，从犯罪类型上来说，安全刑法应当是以危险犯作为主要的处罚对象。

《修正案》(八) 客观上体现了安全刑法的发展趋势。比如由于近几年我国公共交通发展迅速，交通事故频发，为了降低交通运输风险，《修正案》(八)中增设了增设危险驾驶罪。虽然在我国刑法中已有旨在保护公共交通安全的交通肇事罪，但交通肇事罪的成立是以造成重大交通事故为成立条件的实害犯，尚不足以达到预防的目的，因此立法者将刑法防卫线前移，将本来只能算是交通肇事罪的前置行为的危险驾驶行为纳入到刑法规制的范围之内。再如《修正案》(八) 将《刑法》第143条规定的“生产、销售不符合卫生标准的食品罪”修改为“生产、销售不符合食品安全标准罪”，以及对销售假药罪、重大环境污染事故罪的修改，通过降低入罪门槛，强化司法操作，体现安全刑法的特征。

法益保护着眼于静态的社会关系，是一种相对静止的事后保护；风险防范着眼于社会的发展变化，是一种积极主动的动态的事前预防。从法益保护到风险防范，意味着刑法越来越注重自身对社会行为的预期导向性而不是注重惩罚性。

刑法的现代化不可能一蹴而就，也不仅只是对刑法典的修改，而是刑法理念、刑事政策、刑法文化的全方位的渐进式的演进，但千里之行始于足下，每一次的变革都孕育着新的发展方向，刑法《修正案》(八) 的出台是我们对刑法理念现代化的一次重要实践，相信随着刑事法治化进程的不断推进，我们对现代刑法理念的理解将会更加深刻和全面。

民法学专题

法学研究常用的理由和方法

主讲人：孟勤国教授

上次我讲了法学研究的目的。了解法学研究的目的，是法学研究生能力训练的前提。今天讲法学研究常见的理由和方法。法学研究或者思考法学问题时，用什么具体的方法，比如实证的方法、逻辑的方法、比较的方法。很多论文的摘要或绪论都说用了什么方法，绝大多数作者其实不知道这些方法的内涵，也不知道如何使用。

方法是用来解决问题的。用历史的方法，是意图通过历史的经验教训来证明某一问题，赞成或反对。在法学研究中，所有的方法都是一种寻找理由的努力，我们看到某一观点时，会注意这一观点是否有理由，如果是以历史经验为理由，我们就说提出观点的人运用了历史的方法。你和一个男孩子交往，觉得这个男孩子不错。这是个观点，你得有几条理由支撑。他从小学到现在都是三好生，这个孩子是爱学习的。这是以他的历史资料为依据的。如果发现他小学打架，中学上网，高中早恋，历史的经验证明孩子至少不品学兼优。男孩子很多，你选择了其中一个，这是你对不同男孩子各方面条件相互比较的结果，这就叫比较研究．不仅仅是法学研究，做任何事情都要寻找理由。我经常对炒股的人说，当你决定买某一只股票时，最起码要找出三条理由，否则，你永远是股票市场一赢二平七亏中的亏损族。

问题在于怎么找理由。很多同学不知道怎么找，问为什么，答书上就这样。现在，国内许多学者以德国、日本、台湾地区学者的观点作为自己的论据，不会用历史的方法、比较的方法和其他方法，只会模仿。德国学者的观点是一个理由，但不是全部理由，甚至是很不重要的理由。因为，第一，德国学者的观点本身是否正确需要论证。拉伦茨讲到权利客体分为第一性客体和第二性客体，第一性客体是物，第二性客体是权利，债权之所有权就是把债权当客体，是第二顺序的客体。这个观点，国内学者崇拜得不得了，所以就说权利可以作为客体如权利质押。但是，拉伦茨的理由呢？他在书里没有讲理由。没有理由怎么能成立？第二，中文译本的翻译会不会出错？翻译是最容易出错的，不同的语言环境、表达方式，都会出现翻译错误。翻译断章取义，有时候只讲一半，比如重庆那个钉子户事件，讨论拆迁兴建商业街属于不属于公共利益，有专家举了美国的一个案例，有一个地区方圆几十里没有一个超市，为了建超市征收私人房子，官司打到最高法院，最后判定是公共利益。过了几天，网上有人发帖子说，这个故事没有讲完，后面还有一截。美国最高法院是以 4 比 3 判决的，法官们争议很大，一些州因为这个判决，索性明确规定这类情形不属于公共利益。同样一个案例，同样一个故事，前半截，后半截，完全不一样。第三，即便拉伦茨说的没错，翻译没问题，我们是不是必须执行？有没有一个更理性的选择？权利质押与其说是权利为质押的客体，不如说是权利中的财产利益为质押的客体，只不过权利中的财产利益和权利凭证合二为一，比如 500 万元的汇票既是权利凭证也是 500 万元。这样的解释不比拉伦茨的让人头晕的第一性、第二性客体简单、直观、准确？国内许多所谓的法学研究成果都是垃圾，因为只用了一个理由，凡是德国学者、日本、台湾地区学者说的，不假思考地接受。

一个观点一定要有多重理由，多视角理由，而且是立体的不是平面的，多维的而不是单维的。你用一个角度或立场看是正确的，一定要从另一些角度和相反的立场再观察。我做案子从来不只从我的当事人的角度看案件，一定以对方的角度看分析案件以便确定我的当事人有几分道理和道理在哪里，如果我是法官，我的公平的平衡点在哪里。知道了自己应有什么样的公平结果，我就能和当事人确定合理的预期，所以，我很少输官司。我跟学生接触，看他人品如何，不是看他对我怎么恭敬，而是看他对他的父母是否孝顺。如果他对他父母的养育之恩都很冷漠，怎会对只不过教了他几年书的老师有深厚的感情？我们经常说逆向思维。逆向思维就是换一个角度观察和思考问题。本来的思路是从原因到结果，现在是从结果回原因。多角度去思考问题，这就是方法。

法学研究中，最重要的理由莫过于现实生活的需求。物权立法中，前后成型的专家建议稿三个，我的建议稿是其中之一。最后的中国物权法基本上没有采纳其他稿子的个性建议，因为其建议脱离中国社会生活实际。而我的许多个性建议被吸收了，就是因为这些建议都是从中国国情出发的。很多学者，不懂中国社会实际需要是支撑法律规则合理性、正当性、可操作性的最重要的理由，没有最起码的研究能力。很多人反感、讥笑中国国情这一提法，至少是傻。生活在中国必须了解中国，你要适应环境，而不是让环境适应你，这是大自然的规律。毛主席说人定胜天，是伟人的气魄，诗人的意境，不是真能胜天。人能胜天吗？永远不能，人只能在顺应自然的前提下对自然进行适当改造。人要适应环境，所以生活在中国要适应中国的环境。法律是一个规则，要让大家习惯这个规则，那必须符合大家的判断，中国的法律必须符合中国人的感觉。主张适应中国国情没有什么错，我们可能把封建糟粕当成了中国特色，可以清除，但不能倒洗澡水把婴儿也倒掉。有些学者非常偏激，憎恶中国国情，因为他的尺度是德国、日本、台湾地区的法律。中国有两种人特别崇洋媚外，一是从小就被洋人熏陶的比如江浙一带的买办。二是特别穷的地方出来一见国外的花花绿绿就昏了神志的。有个人不崇洋媚外，北大法学院的朱苏力，我西政同学朱苏人的弟弟，他的本土资源论很著名。什么是本土资源论？实际上就是中国国情论，但比我们说的中国国情论要陈旧一点，包含了一些封建糟粕。他在美国学社会学，我理解他，社会学注重国情。

法律适应中国社会的实际需要才会被中国社会所接受，不然，一定是个摆设。举个例子，中国有《合伙企业法》好多年了。为什么制定合伙企业法？学者和立法机关想当然认为是一种必须有的主体组织法，大陆法国家都有，我们也应该有。国外有中国也要有已经成为一个不需要智商的立法和法学研究的信条。他们从没有想《合伙企业法》是否适合中国的土壤，播下的种子会不会生长结果。你们可以去武汉工商局调查有几个合伙企业？我可以告诉你，很可能是零。2005 年，我在全国人大法工委召开的物权法草案修改专家论证会上阐述法律规则必须符合国情时提到《合伙企业法》是一个摆设，国家工商总局的王司长插话，合伙企业法实施三年多，没有注册成立一家合伙企业。原因很简单，合伙企业在中国只能在家族中形成。合伙企业以人际信任为基础，中国人只信家里人，不信外人。职业经理人这一套在中国根本没土壤，老板不信任职业经理人，职业经理人也从来不忠诚于老板。唐骏是职业经理人，可唐骏短短几年换了几个东家。陈晓是职业经理人，居然想让国美电器脱离大股东。中国是一个圈子社会，圈子的核心点是我本人，围绕核心的是我的亲属，再外面是学生、朋友，再外面一点的是同事、老乡。所以，在县里，同村是老乡；在省里，同县是老乡；走到外省，同省是老乡；走出国门，中国人都是老乡。你的老乡边界由你的位置决定。圈子社会的人际信任度，是按圈子的远近距离决定的。以我为核心的圈子根本不能搞合伙企业，而家族做事不需要合伙企业，协议性出资合伙就可以。如果不是家族做事，为什么要办合伙企业？无限连带责任，明摆着不如办一个有限责任公司。这就决定《合伙企业法》只能摆着看。中国有很多法律都是摆着看的，没用。

法学研究中接触到这样那样的学者的观点，如何辨别？首先看是否切合中国实际并且对改善中国社会是否有用。有些东西符合实际，但对中国社会没有积极意义，不能要。不少国家有合法的红灯区，台湾地区据说也在研究开放，中国的性产业也非常红火，我们不能因为红灯区在中国有实际需求而引进。反过来说，对中国有积极意义的，不符合中国国情的也不能要。基督教的教义对中国有价值，中国人普遍缺乏信仰，但基督教在中国没有广阔的市场，中国人信神，不像西方人那样是奉献性信神，而是交易性信神。吃斋、念佛、烧香，都是有对价的，保佑全家平安，还要升官发财，菩萨得了点香火承担了沉重的责任。中国人本质上是不信神的，中国是个无神论国家，不把神当回事。所以，中国有句老话：有钱能使鬼推磨。

是否符合中国国情，不能凭自己的一鳞半爪，浮光掠影的观察。现在许多学者动不动就说农民的愿望是什么，比如，渴望土地私有化，可从来没有数据和事例的支撑，这些是臆想出来的社情。了解和把握国情、社情需要通过社会调查取得实事求是的数据、具有典型意义的实例和广泛的主流民意。我们可以自己进行社会调查，也可以使用别人调查的数据，数据不一定能准确反映实际状况，甚至数据本身也未必精确，但能反映一种现象或行为的普遍程度，为更为深入和准确的分析研究提供了资料。典型事例也能反映出一定的实际状况。比如，虽然我们不知道中国每年公款消费数据，有人说一年6000个亿，国家严格保密无法证实。但我们看到只要是“长”都有车，一个街道办事处的主任也有个桑塔纳，就可以断言三公消费数额巨大。虽然无法知道全部的数据，但可从典型事例了解问题的严重性，比如最近中石化广东分公司动用百万巨款购买茅台酒并已部分用于公务吃喝，就可知道这决不是偶然的，查查中石化公款吃喝的账，数字一定惊人。再如民意。网上老有学者标榜自己一向独立于民意，脑子进水了。民意不会无缘无故形成，民意可能不精确，有时也有被误导，但总体来说反映民众的长期的观察，人生的经验。老百姓说：无官不贪。这句话肯定不准确，但反映的是贪官腐败的普遍，不是一个两个。民谣、民谚反映社会的一些状况，“大盖帽，两头翘，吃完原告吃被告”。如果结合典型事例，就能说明问题。把数据、典型事例和民意结合，基本上可以判断社会现状如何。

许多论文说本文用了实证的方法。实证无非就是统计数据、调查结论、调查资料、典型事例、民意等。法学研究历来不重视实证方法。中国有200多名法学名家，还有上百名十大中青年法学家，有几个搞过社会调查或者用社会调查的资料？举个例子，关于农村土地流转的探讨，搞法学的很少参与，法学家觉得这没什么可探讨的，因为他们早已论证清楚土地应该自由流转。他们的论证很简单：土地是农民的财产，财产应该自由流转，所以，土地可以自由流转。在全国人大法工委召开的物权法草案修改专家论证会上，很有几个著名法学家这样说，有的还说不能流通的财产不是真正的财产。中国很多法学家论证问题只会三段论这一招。这三段论不仅浅薄，而且本身前提也是错误的。谁说财产必须流通？罗马法里就有禁止流通物，说不能流通的财产不是真正的财产的法学家需要到武汉大学补补本科的民法，听听余延满的民法原论。法学研究中国土地问题，真正采用实证方法的书可能只有两本，一是陈小君的《农村土地法律制度研究——田野调查解读》，另一本是我的《中国农村土地流转问题研究》，法律出版社出版，被国家社科基金评为2008年优秀结题项目，当年1700多项结题课题，评了14项。我带着几十号人在广西选了三个县，每个县选一个村，每村选100户，入户调查。最后形成了《三村调查》，里面结论很多，有两个结论对现在法学界流行的观点是毁灭性的打击。一是70%的被调查农民没有土地私有的愿望，他们根本不考虑土地是国家的还是集体的，只是认为土地是老祖宗留下来的，子孙要用，所以他们没有土地私有的概念，也没有这样的要求。相反，他们对土地承包几十年不变各有各的想法。当时按人头承包，三十年过去了，有些农户的孩子考上了大学，土地不退。多数农户人口增加，土地不增。出现了人均占地悬殊的情形。占地多的拥护承包地不变的政策，占地少的希望土地承包期满重新划分土地，中国很多经济学、法学家总说农民要求土地私有，还有一个什么耶鲁大学的终身教授，为了论证农民多么迫切要求土地私有，说我弟就是务农的。你弟就是务农的能得出农民普遍土地私有的要求吗？最多只能说明你弟有这个要求。我最近在《北方法学》上发表了一篇文章问这些人：你凭什么说农民要求土地私有？你调查了多少户？如果你有数据，不论真假，至少在形式上有了实证的模样，可他们只有“我弟是务农的”。二是土地流转并不是像他们想象的那样迫切。中西部地区的农民出去打工，土地是不会流转给外人的，一般是亲朋好友代种。302户中，没有一个真正意义上的上地流转。通行的说法是土地流转有利于土地集中搞规模经营，还说办现代农业公司，问题在于现代农业公司能每个月给农民的生活费吗？调查一下每亩地的年产出就可以知道现在农业生产收益率不可能支撑农业工人的工资。土地流转是沿海地带的需求，农民打工或其他收入稳定，不种地了，才会流转土地。这样的实证才有说服力。如果承认法学研究是学术争论，不是靠人多打架，那就要讲道理，用事实说话，有个博士，现在好像在中国人民大学当老师了，一次会议上说："我就是农村的，我就希望土地私有。"你是农村的，难道你的观点就是整个农民的观点吗？在社会调查中，你只是被调查的一分子而已，不是全部。你们知道费孝通吗？中国社会学的鼻祖，他的成名作是《江村调查》。我在本科时读了这本书，受到很大的启发：研究一个问题要先了解社会的现状。

第二是历史资料。在历史中找理由，去找找历史资料。这就是历史研究方法。历史经验是一个理由，但不是绝对或主导的理由，只是辅助性的理由，其重要性不能与中国社会的实际需要相提并论。历史经验值得注意，历史教训需要吸取，研究历史，主要是这个目的。你们可以读读我在法学评论上的那篇《常识与事实的距离有多远——关于德国民法典、法国民法典的一个话题》。民法教授在课堂上通常会说法国民法典是自由资本主义的代表作，德国民法典是垄断资本主义的代表作，我以前上课也这样讲的，因为这话源自于德高望重的谢怀栻先生。有一次我上课讲到这里突然想，这是真的吗？我突然发现自己没有求证居然这样讲了二十多年，对学生很不负责任。我们知道，法国民法典基本上抄了罗马法，抄了罗马法的法典怎么就成了自由资本主义的法典代表作？罗马法时代是奴隶社会，只有简单商品经济，与自由资本主义社会完全不同。显然我上课讲的和我现有知识发生了冲突。要确定法国民法典是不是自由资本主义的代表作，必须确定法国制定民法典时是否已是自由资本主义时期。这只能查历史资料。我就让我的博士去找了世界通史、法国史、德国史等资料，最后得出结论：法国制定法国民法典时，连资本主义的门槛还没踏入，完全是一个小农社会；德国民法典制定时，德国的垄断刚刚出现了萌芽，主要是卡塔尔，而且是一种随着工业的发展形成的自然垄断如电力、火车。因此，法国民法典不是也不可能是自由资本主义的代表作，德国民法典不是也不可能是垄断资本主义代表作。用历史学家提供的资料以及历史学家的观点，证明了这个常识是错误的。研究中发现，国外已有其他学者指出法国民法典是小农社会的民法典。

很多学者将历史方法误解为历史沿革，总是在书和论文中不厌其烦地介绍历史沿革。每当我看到一本书或一篇论文有一节甚至一章是什么什么的历史发展时间，我就立即失去读下去的兴趣，因为作者缺乏基本的学术常识和能力。历史沿革是不需要介绍的，那是法制史教材的任务，除非从历史沿革中得出什么结论。所谓的历史研究方法，必须是从历史的某种史料中得出一个结论，支持某种观点、反对某种观点、发现某种观点。你了解你的朋友从小学到大学的表现不叫历史研究，只是知道他的历史状况。从他的小学到大学的表现中得出是否值得交往的结论，这才是历史研究。研究历史都是为现实服务的，所以毛主席说古为今用。通过研究历史，我们知道不能重犯历史的错误。通过研究历史，我们知道我们想做的事在历史的某一段时间已经做过。举个例子，公务员考试、领导干部公选，不就是以前的科举吗？隋唐开科取士创造了人类最有成效的文官制度。辛亥革命废了开科取士，过了一百年，我们发现开科取士真是个好东西。考公务员还没有达到历史水准，历朝历代的开科取士都很严格。上次我去南京看了科举考场，一平方米的考场铁笼子围着，三天不能出来，吃住都在里面。现在作弊容易，代考，漏试题，不行就上厕所看夹带。从历史中吸取教训和经验，按照这个标准，中国法学界没几篇文章是运用了历史研究方法的。

但运用历史研究方法要特别注意：第一，注意史料的准确性。这个很关键的。“风可进，雨可进，国王不能进”的典故，流传了很久，言之凿凿。但张里安教授证明那个例子纯属虚构，德国从来没有这个故事。为这，贺卫方的粉丝中有个叫杨支柱的在网上对张教授进行人身攻击，因为我在一些场合表示张教授在德国读书八年因而是我唯一信得过的德国民法博士，杨支柱还说水平很低的孟勤国所推荐的肯定也没水平。水平低就不能推荐水平高的？这显然不讲道理，人不能不讲道理，所以我警告我的同学贺卫方管好自家的狗。张教授不像我那样粗野，德国博士绅士，写了一篇详细论证文章，弄得贺卫方不好意思在网上道歉。贺卫方辩称故事来自于毛主席的丈人杨先生，这不厚道，因为贺卫方一遍又一遍对无数学子讲这个故事享受学子的掌声时没说明出处，所有之前听这故事的人包括我都以为这是贺卫方从德国原装进口的。历史资料的真伪是前提，当你运用一个历史资料，你必须考虑历史资料是否有误。如果没有把握，你不如说有那么个童话，不能说是一个真实发生过的事情。否则，无须反驳你的观点，只要指出这件事情是假的，你所有的论点论据全部倒塌。

第二，历史资料真实无误，还要注意同一个历史资料能否作出相反判断？一个历史资料，从不同的角度可以得出不同的结论，不同的价值取向也可以得出不同的看法。因为历史资料存在本身不是为了证明某种观点，只不过是一个历史事实。历史资料能证明什么与寻求证明者的目光有很大关系。很多人事先有了观点，为了证明自己的观点是正确的，才去找历史资料。这就是胡适说的“大胆假设，小心求证”。看上去很美，像武汉大学的樱花，实际上往往大胆假设很大胆，是否小心求证数不准。许多人不是小心求证，而是东拼西凑。能不能从相同的历史资料里面得出相反的结论，这非常关键。这像办案中你提交一个证据给法庭的时候，一定要注意这个证据会不会被对方所用。

善于把对方提供的证据作为自己的证据，是诉讼的一个绝招。7·17 广西南丹特大矿难案件，是我主持组织了 50 个律师为其辩护的。我们为被告去掉一个罪：偷税罪。当时，控方为了证明非法采矿出示了采了几万吨矿的司法鉴定，在证明偷税时又出示了虚构几万吨矿石抵扣增值税的司法鉴定——1993 年以前的存货可以抵扣增值税。我们就用控方的证据辩护：如果认定非法采矿，偷税罪不成立，如果认定他偷税罪，非法采矿不成立，他没挖矿。庭后，检察院把偷税罪撤回去了，避免了公司几个亿的罚没。

第三，要注意历史经验是否有基本相同的背景。只有在相同的或相似的背景下，历史经验才有借鉴的意义。历史上的某件事或者某种制度，基于什么条件成功，基于什么条件失败，我们现在是否具备相同或相似的成功或者失败的条件，历史背景就是环境背景。还是以开科取士为例。说实话，现在的公务员考试，是没有办法的办法，因为有太多的人想当公务员，考上的水平就高，考不上的水平就不高吗？不。当四千人争夺一个职位时，水平已没有什么意义了，有意义的是中奖的运气。四千个人，谁都不能说比所有人都强，起码有 100 人水平差不多，考试就那么几道题，范围漫无边际，再怎么复习也未必复习到，随便复习说不准也能碰上昨天晚上刚刚翻到的内容，这与买福利彩票没有多大的区别。如果我是国家主席，绝对不搞劳民伤财的公务员考试，在大学毕业生中摇号，摇中者上，公平公开。所以，开科取士的历史经验对公务员考试是没有任何借鉴意义的，开科取士在现在中国没有相同的历史背景。还有领导干部公选，说是选拔人才，纯属鬼扯。公务员就应像日本公务员那样逐年晋升，论资排辈。因为公务员的水平主要依赖经验和阅历而不是会考试。

第四是国外资料。由于历史的原因，中国的法律概念、原理和制度基本上从国外引进，因此，国外的资料对中国的法学研究具有重要的影响力。比较国外的资料，从中选择可为中国吸收借鉴的经验，这就是比较的方法。比较国外资料，我们可以知道不同的法系、不同的国家在处理相同的法律问题上有什么共性，有什么个性。共性通常反映法律规则的内在规律，具有普遍适用的价值，比如无论是大陆法系的所有权，或是英美法系的相对更有效力的财产权，其共性在于都承认财产有一种归属和排他的权利。个性通常反映一个法系、一个国家的具体的生活条件、特有的理念与传统、固有的思维表达方式等。比如，大陆法公司法通常设监事会监督董事会，而英美公司法通常不设监事会，而是在董事会中设独立董事。中国公司法既设监事会，又要求上市公司设独立董事，也反映了中国公司法的某种个性。对于共性，我们一般没有理由不借鉴不吸收，中国的法律不能是一个国际社会不能理解的怪物。对于个性，我们就必须仔细研究，哪个国家的做法合理、有效，比较适合中国，在引进时需要作什么样的修正。比较国外资料必须以问题为中心，有明确的目的性，必须落脚在分析利弊得失和结合国情作出取舍选择上，而不是介绍国外的一些情况。

现在，市面上比较研究的书和文章很多，可真正属于比较研究的很少。第一章概述，第二章各国立法例，这已成为一种恶习。我是不允许我的研究生这样写论文的。各国立法例的提法本身就是错误的，全球200多个国家，你也就介绍了法国、德国、瑞士、日本、美国等五六个国家，再加上台湾地区，能算是各国立法例吗？你知道索马里、肯尼亚是怎么样的吗？刚刚概述了问题的基本知识和背景，还没有进入问题探讨，各国立法例就端上来，除了显示你对国外立法有一定了解以外，没有什么意义。汽车有各种牌子，介绍了奔驰、雪铁龙、奇瑞QQ，不分析不同品牌的优劣短长，不提出基于性价比的不同购置方案，能叫比较研究吗？你应当告诉我，根据我的经济实力，选购那种牌子的汽车性价比最高。举例而言，中国人民大学和中国社科院的物权法草案专家建议稿都规定了物是有体物。中国社科院的稿子，以德国、日本和台湾地区的立法例作为建议条款的依据和理由，看上去底气很足。其实，这只说明物是有体物的条款来自于德国、日本和台湾地区，说委婉一点是移植、借鉴，说直白一点是模仿、抄袭。中国社科院的稿子如果能够说明德国、日本、台湾地区的物的定义只是一种模式而不是全球通用模式，能够在分析清楚有体物和财产的关系的基础上证明物定义为有体物是最合理的选择，能够阐述明白有体物可以概括和适应中国现代财产关系并有效解决财产问题，即便其选择不当也属于有价值的比较研究。然而，中国社科院的稿子中没有这些，事实上作者也从来没有进行过这样的比较研究。我的稿子将物定义为可直接支配的财产利益，是作了比较研究的。法国只有财产的概念没有物的概念，说明物的定义只具有技术意义。现代社会的财产不限于有体物，说明物的定义应倾向于财产的含义，除非我们准备另外搞一个无体财产的法律。物是有体物其实是德国民法典的时代局限和逻辑缺陷的产物，连德国自己也没能彻底贯彻。所以，我在物权法草案修改专家论证会上花了半个小时建议删去物是有体物的条款。物权法最后采纳了我的建议，而且确定了在财产的本意上使用“物”这个名词，物权法中的“物”和“财产”基本上通用，如担保法的抵押物、质押物、留置物在物权法中都改为抵押财产、质押财产、留置财产。

与历史资料一样，国外经验尽管很重要，也不是绝对或主导的理由，只是辅助性的理由，其重要性同样不能与中国社会的实际需要相提并论。许多学者无条件信任国外经验，动不动就说与国际接轨，这种态度和逻辑是月亮外国圆，不是比较研究。我们可以通过比较研究选出供中国同类立法参考的一种或数种方案，也可以是“国外就这样或也这样”作为支持中国某一立法方案的一个理由，但不能是国外这样中国也必须这样、国外有中国也必须有、国外没有中国也不能有。现在法学研究最省事的是提立法建议，德国回来的力主物权法采纳物权行为理论，美国回来的主张公司法接受法人人格否认理论，没出国的卖力地把台湾地区的这个法那个法搬来大陆。其实，运用比较研究方法是一个技术含量很高的活。首先，国外资料的收集和介绍是不容易完整的。至今为止，中国法学依赖的国外资料主要就是几个国家和地区，徐国栋教授的绿色民法典参考了十几个国家的民法典，已经很了不起了。这里有翻译成本的问题，徐国栋教授懂七八门外语，一般人也就懂点英语。也有比较研究者的偏好问题，俄罗斯民法典是一个很有特色的民法典，如其中的国有企业经营权是一个非常值得中国重视的制度，但民法学者提都不提。不仅如此，国外资料往往滞后，不是滞后一年两年，而是滞后一代两代，几十年。德国民法典已经一百多年了，台湾地区民法典也有八十年了，他们也在发展，也在变化，但我们不知道。在梁慧星教授的鼓吹下，中国物权法最终选择了古老的严格的物权法定原则，而台湾地区物权法修改的一个主流意见是放弃严格的物权法定原则，我在台湾就有台湾学者惊奇地问我大陆物权法怎么会选用明显过时了的原则。这对以接受台湾地区物权法为荣的中国社科院物权法草案建议稿而言很有点娱乐味道。同时，国外资料的分析和理解是不容易到位的。我们看到的只是国外法律制度和理论的现状或者结果，至于这种现状或结果是怎么形成的，受哪些因素影响，实际操作中有什么得失，往往是无法了解或了解不全，即便了解了也不一定能作出正确的判断。因为任何法律理论或制度都不是孤立存在的，而是一定社会制度、历史传统、文化背景、意识形态等的综合反映，要全面把握这些条件或背景是非常困难的。贺卫方教授给最高法院出了个法官穿法袍的主意，被采纳了，国家花了几个亿不说，害得基层法官大热天开庭汗流浃背。英国的法官穿着法袍，戴着假发，很威严，其内含是宗教的力量。英国的传统一直是神权高于王权，牧师是上帝在人间的信使，民众景仰牧师包括牧师布道时的服饰，穿上法袍的法官很像牧师。可中国历来是王权高于神权。皇帝是天子，有权册封关公大帝什么的；民众不惧神灵，经常茶余饭后调笑花和尚什么的。民众敬畏官府，敬畏大盖帽，所以中国到处是大盖帽，包括保安。中国法官戴大盖帽时，从没有听说当事人在法庭寻死觅活的事，现在不时有些当事人爆炸法庭之类的新闻。这当然不能说是法袍降低了中国法官的权威，但也说明以为借鉴国外的法袍能显示法官的公正无私和崇高权威的想法或理由是幼稚的。贺卫方教授似乎忽略了法袍后面的宗教传统——我猜测。

所以，国外资料的运用要特别慎重，也不要轻言使用了比较的方法。翻译国外资料和研究国外经验的难事就交给徐国栋教授去做，也只有他能做。中国民法真正称得上是学者的除了他没有第二个，我的学者标准是除了研究不做其他比如当官、打官司或者玩牌、下棋、唱歌。我们所有的业余学者或兼职学者也就只配在论证完问题后说一句“德国或者美国也是这样”以显得更有理由，让自己更自信一些，也堵堵那些天天讲与国际接轨的嘴。例如，我在论证动产上可以设立用益物权时就以罗马法有类似的先例作为理由之一，依据是黄风教授翻译的罗马法教科书。如果有错也是黄风教授的错——我窃以为。我很少使用国外资料，当然也谈不上比较研究，这不表明我不关注国外资料。现在无数书和文章中的所谓各国立法例，都是从比较民商法或美国合同法之类的教科书或普及读物中摘抄的，有些还是转了几手的，属于三道贩子、四道贩子、N道贩子。这些书我都读过，还记得是江平先生和王军教授主编的。

第五是逻辑知识。逻辑是一个公认的思维规则。人类几千年的生活经验逐渐形成共同的思维规则和形式。这些思维规则和形式本身存在着固有的内在的规律和特定的表达方式，从而有了逻辑学这么一门科学。辩证逻辑或形式逻辑，这些表达人类共同思维方式的知识具有普适性，符合逻辑知识的思维是人类可以理解和接受的，不符合逻辑知识的思维通常或被视为胡思乱想、异想天开。因此，逻辑知识是证明一种观点的重要理由。按照逻辑规则和定律证明一个问题，这就是逻辑的方法。逻辑的方法可以从有限的知识中推出无限的知识，从已有的知识推出未来可能有的知识，因而在人类进化中起着某种推动的作用。例如：面对全球能源消耗迅速，能源紧缺日益严重，我们知道石油、天然气等都由太阳能转化而来。那么，从一切能源来源于太阳能出发，新能源也只能来源于人阳能。石油、天然气等都是太阳能的一种储存方式，那么，我们就尝试寻找一种新的直接将太阳能转化能源并能储存的物质。

逻辑方法是任何科学不可缺少的方法，但在中国法学中尤其重要，因为中国的法学属于概念法学的体系。概念法学是一个按照一定的逻辑概念和逻辑规律构架的一个法学体系。具有以下几个特征：一是以概念概括和表述生活现象。例如：以“混同”来概括和表述不同权利主体的合一，以混合来概括和表述不同所有权客体的合一。学法律首先必须掌握概念，一个又一个的概念把一组或一类的社会现象组合在一起，形成一套系统的法律语言或符号，使得法律思维可以顺畅地展开和交流。许多人法学本科毕业依然是法盲或半法盲，很大程度上就在于考试完就记不得概念。二是以一些公认的理念或原则作为观察、分析和评介生活现象的前提。例如：人人生而平等、意思自治、罪刑法定等。这些理念和原则当初可能是某一个政治家或法学家提出来的，但经过较长时间的传播已被几代人所接受，从而具有某种先验性、天然性、无疑性，常常作为论证法学问题的起点和正确与否的尺度。学法律必须掌握这些属于法学领域的太阳从东边出的常识，这些常识只要没受到有力的挑战，就可以作为逻辑前提使用，从而使得法学思维直接进入下一步，无须思维前提本身，缩短法学思维的长度和提高法学思维的效力。三是以演绎的方法提出和求证各种规范生活现象的方案。概念法学很少使用也不擅长归纳的方法，因为通过归纳生活现象总结出相应规则，必须走出书斋走向地头街旁，而且有较多的不确定性。概念法学相信思维的力量，因此青睐演绎的方法。通过相互之间有联系的知识点，从一个知识点推理到另一个知识点，又从另外一个知识点推理到第三个知识点，不断推理，最终形成具备体系链条的观点或方案。例如，从财产权精确区分物权、债权开始，对物权和债权作性质和效力的界定，进而以此作为标准分析抵押、质押、留置，最终得出担保物权的结论和设计。四是以逻辑体系容纳和解释一切生活现象。以宪法统率的刑法、民法、诉讼法等部门法构成一个完整的法律体系，各部门法按照既定的逻辑功能成为法律体系中的某一职能部门。部门法内也按照一定的逻辑理由形成分工协作的体系，原则、制度、具体条款在各自的岗位上发挥特定作用。概念法学相信一切生活想象都能纳入这个逻辑秩序井然的法律体系之中。如果出现了异常现象，概念法学就以但书作为补丁从而维护体系本身及其功能。

逻辑的方法价值很高，也是缺陷很多、容易惹事生非的方法。法学学者都重视逻辑方法，也都会使用逻辑方法，但能不能正确运用就是另一个问题了。例如，探讨法人财产权是所有权还是经营权，尹田教授提出法人必须要有所有权，否则，法人销售自己的产品就成了无权处分。这是一种逻辑的证明。有处分权才能销售产品，所有权有处分权，其他权利没有处分权，所以，有所有权才能销售产品。既然承认法人可销售产品，说明其有处分权因而有所有权。这一论证没有超出逻辑的范畴，不涉及法人有所有权会产生什么政治后果、经济后果，也不涉及比较方法和历史方法。尹田教授就一条：没有所有权，法人如何销售产品？怎么处分财产？逻辑的理由应当以逻辑的方法反驳。法人每天都在销售产品，这个事实是公认的，但能否从销售产品中得出法人必须有所有权呢？不能。因为处分权并不是所有权的专属权能。我把问题的分析从法人有无所有权这个具体的问题转换为一个一般的问题：处分权是否只有所有权才有？

如果处分权是所有权的专属权能，那么法人销售产品必定依赖所有权。但如果处分权并非所有权的专属权能，尹田教授的论证就有问题。从逻辑层面上，有处分权不等于有所有权，可举三个例子，一是法院拍卖债务人财产也是一种有权处分，但法院的处分权不来自所有权，而来自于公权力即强制执行产生的对债务人财产的处分权。二是拍卖公司拍卖他人财产是有权处分，其处分权是委托授权产生的的权利，也不来自于所有权。三是用益物权人处分用益物权利益，其依据是用益物权而不是所有权。这三个例子说明处分权是所有权很重要的权能，但并非所有权所特有，其他权利也可以。因此，尹田教授的“有所有权才能够处分财产的”结论就垮了。这一垮也就推翻了尹田教授的整个推理。首先，我们承认法人可以处分财产。其次，我们证明法人处分财产的权利不一定是所有权，可能是所有权，也有可能是所有权以外的其他权利包括经营权。这个争议中，双方使用的都是逻辑方法，对与错就在于是否符合逻辑的规则。尹田教授犯了逻辑错误：将处分权当成所有权的全称判断。实际上处分权只是所有权的部分判断。

逻辑的方法一定要遵守逻辑规则。逻辑规则的抽象性决定了逻辑方法不是一般的人都能熟练运用的。只有经过严格的思维能力训练，对辩证逻辑和形式逻辑要了解深刻而且自觉运用的，才能避免下意识的逻辑错误。我读本科生时，形式逻辑是学位课程，现在很少有本科开这门课。硕士生研究生的能力训练一定要补这一部分的知识，因为思维能力的训练与逻辑密切相关。现代社会，没读过研究生的即便成了名教授也不过是一个末流学者，因为没有良好的思维能力根本没有能力处理信息爆炸时代的信息。当然，读了研究生也未必有良好的思维能力，现在大多数研究生不过是大五、大六或大七，没有经历能力训练。运用逻辑方法应当特别注意：一是以概念概括现象时表述不能偏差。否则，会出现概念不能概括全部现象或概念外延大于所表述事物的情形。前者如民法学者一方面承认物权法是财产的基本法，另一方面又坚持物是有体物。然而，有体物的概念不能涵盖除了债权、知识产权以外的其他财产。上海的汽车牌照四万多元一块，显然不是说那块铝牌值那么多钱，而是代表着上海市政交通资源一个份额的价值。这不是债权，不是知识产权，也不是有体财产，但确实是车主的一项财产。问题就出在有体物这一概念不能容纳所有物权法意义上的财产。逻辑错误只有用逻辑方法来解决。中国物权法最后删掉了物是为有体物的表述。后者如民法教科书对物的定义和特征的描述：自然界客观存在的、人力所能支配的、对人有用的、有经济价值和使用价值的。这个定义没有区分自然界的物和民法的物，将自然界的物的一些基本特征放到民法上的物来。讲民法上的物应该着眼于民法的物和物理的物的区别，从法律意义上的物定义物的概念和特征。民法上的物当然是自然界的物的一部分，与自然界的物的不同在于其法律意义，应该这样定义：民法上的物是指作为权利客体存在的能为权利人直接支配和利用的实物形态或价值形态的财产。你们经常看到同一概念有广义的狭义的不同表述，这是缺乏逻辑知识的人们随意表述概念的结果，是一种低级的逻辑错误，只不过大家习以为常而已。任何一个概念都不应有所谓的广义、狭义；广义和狭义是两种事物，两种不同表述，应该有两个概念。二是作为论证前提的理念和原则本身是否科学。能作为论证前提的理念和原则经过时间的磨练而成为常识，但因为时间的久远而具有某种局限性。随着时代的变化尤其是变化剧烈的时代，通用的理念和原则可能与社会现实不相适应。物是有体物的表述在农业社会是恰当的，农业社会的财富主要是通过有体物来表现的，那时有地、有房、有农具，没有汽车牌照、网络数据、金融衍生品。通用的理念和原则可能通过自身的调节而适应社会现实，如法国民法典的意思自治是真正的自由，几乎没有限制，德国民法典的意思自治是相对的自由，受诸多的限制。如果通用的理念和原则无法完成自我调节，就可能被社会所淘汰。如主权高于人权一直是国际关系的基本准则，但近一二十年来兴起了人权高于主权。虽然中国依然坚持主权高于人权，但在利比亚禁飞区决议上投弃权票说明坚持主权高于人权已不容易。从长远的眼光来看，人权的生命力是永恒的，主权是人类文明特定阶段的产物，按照恩格斯《家庭、私有制和国家起源的逻辑》中所述，生命力是有限的。三是并非所有公认的都科学合理。许多公认的不过是流行的结果，多数人的无知可以导致一个错误成为一种时尚。例如，在物权法草案修改专家论证会上，尹田和郭明瑞两位教授引用了经济学家的格言“财富在流通中增值”。问题是这句话错得彻头彻尾。财富在流通中可能增值也可能贬值，自由流通的竞争经常降低商品或服务的价格，你们的父母对计划经济时代的彩电有多贵一定记忆深刻。物权法草案第三稿采纳了我的建议删掉了物权优先债权原则，崔建远教授和我在全国人大法律委员会召开的物权优先债权专题研讨会上辩论。我从物权的客体是物，债权的客体是行为，物权和债权不在同一客体上没有机会相互冲突证明了物权和债权不存在谁优先谁的问题。我分析了崔建远教授用来支持物权优先债权原则的主要例子——一物二卖，证明崔建远教授举这个例子本身就是一个逻辑错误：一物二卖不是物权与债权的冲突，而是两个债权之间的冲突；解决的方式也不是物权优先债权，而是已履行的债权优先于未履行的债权。物权优先债权原则是民法学者臆想出来的流行和时尚，为中国物权法最终拒绝。四是推理过程是否合乎逻辑规则，推理出来的结论是否唯一。关于这一点，你们可以看两篇文章。一篇是梁慧星教授于1995年发表于《法学研究》的《电视节目预告表的法律保护与利益衡量》；另一篇是我于1996年发表于《法学研究》的《也论电视节目预告表的法律保护与利益衡量》。这两篇文章围绕着电视节目预告表是否具有著作权展开，梁慧星教授按照其民法解释学的方法解释出电视节目预告表是作品，我同样以梁慧星教授的民法解释学的方法解释出电视节目预告表不是作品。同一逻辑方法居然能够推理出截然相反的结论，既可能是逻辑方法本身有缺陷，也可能是推理过程违反逻辑规则，梁慧星教授两者兼而有之。现在无论理论上还是实践上，无论是国内还是国外，电视节目预告表不是作品已成为公认的知识。

今天我讲了四种法学研究常见的理由和方法。下次，我将讲其他一些法学研究的理由和方法。

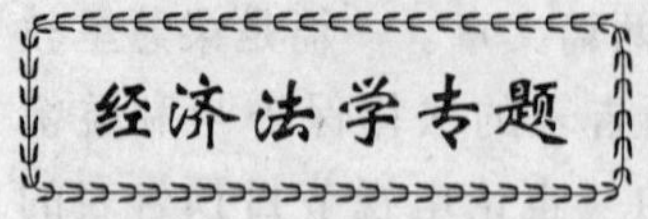

权力经济向法治经济的历史变革

——中国经济法制建设回顾与前瞻

主讲人：冯果教授

中国改革开放发端于经济领域，然而其影响却是全局性的、深远的。三十年改革开放的历程是经济领域市场导向不断强化和经济法制不断完善的过程。三十年来，经济法制经历了从无到有、从不健全到逐步健全，从不合理到逐步科学的演进历程。改革开放的三十年是市场机制与现代法治逐渐融合的三十年，是私权开始受到尊重，公权不断得到约束的三十年，是计划经济一步步让位于市场经济，法治经济渐渐取代权力经济的三十年。经过三十年的不懈探索和努力，法律开始渗透于经济生活的各个环节和领域，并发挥其有效的整合作用。尽管法治经济的终极目标在我国还未完全实现，但改革开放三十年的法制积淀为中国法治经济的最终实现奠定了坚实的基础，而构建法治经济，维护法治尊严，进一步确认私权，有效约束和制约政府权力，实现经济民主，仍是当前法制建设的根本任务，也是中国改革开放的必由之路。

一、经济体制改革就是法治经济对权力经济的否定，市场经济的演进与中国的法治化进程相同步

三十年改革，三十年风雨，尽管我们前行的道路充满坎坷，但我们在以邓小平等为代表的中国共产党人的正确领导下，披荆斩棘，成功地探索出了社会主义国家建设的新型道路，实现了由计划经济向社会主义市场经济的稳步转型。

经过三十年的不懈努力，高度集中的计划经济体制已经土崩瓦解，社会主义市场经济体制已初步确立；第一，市场经济的微观基础已经形成，绝大多数

的国有企业进行了公司制改造，并建立了现代企业制度，成为市场经济的主体，非公有制经济得到了迅猛发展，成为市场经济的主要力量①；第二，市场价格机制已经开始发挥基础性作用，市场价格已开始发挥主导作用；② 第三，产品和要素市场体系已基本形成；③ 第四，国家的指令计划已经被指导性计划和规划所取代，主要依靠财政政策和货币政策的宏观调控体系正在形成；最后，各种非劳动要素也可以参与价值的分配，多种分配形式并存的分配体制已形成。

事实雄辩地证明，改革开放是决定当代中国命运的关键抉择，是发展中国特色社会主义、实现中华民族伟大复兴的必由之路。中国经济体制的成功转型则使中国经济正在逐步告别权力经济而开始向法治经济时代的迈进。

计划经济是典型的以行政为主导的权力经济。权力经济是相对于民主经济而言的一种以权力为社会资源配置基础的经济模式，是以当权者的主观意志为主导的主观意志经济，一种无规则的非程序经济，其重视人的身份和地位，排斥竞争，无自由也无民主，更排斥法治。而市场经济本质上则是法治经济。即以法律作为调节社会经济生活中的各种关系的准绳的经济模式。现代市场经济须臾离不开法制的保障，市场的主体需要法律的确认，交易秩序依靠法律来维护，市场主体及政府的行为需要法治的规范，政府与市场之间的关系需要法律来界定。只有建立在法治基础上，一个规范的、制度化的市场经济才能够得以有效建立。现代市场经济的一个显著特征就是发达的市场经济和现代法治相融合，法律贯穿始终并深入于社会经济生活的各个环节和方面，从而使现代市场经济成为一种规范化的、制度化的市场经济。

中国经济改革的实质就是在不断减少政府对经济的直接控制，将市场归还于社会，将权力复归于民众。改革的过程就是推进经济社会由权力经济向法治经济转变的过程，市场经济体制建设历程必然与中国的法治化进程同步演进。

---

① 据统计，仅个体私营企业创造产值占工业增加值的比重就已占到1/3以上。

② 目前，除了利率、电价、油价、水价等金融、能源和城市公用事业领域的价格仍由国家计划控制外，绝大部分商品和服务的价格已由市场竞争决定。除了在通货膨胀严重时政府采取一些临时性价格管制措施外，大部分时候都由市场供求决定价格。

③ 目前除了土地要素市场、资金要素市场、产权交易市场尚未完全形成外，其余要素市场（如劳动力、人才、技术、信息等）已基本形成，我国经济的市场化程度已经超过70%。

二、改革开放三十年，中国经济法制不断完备，法治精神不断培育，法治经济已显端倪

改革开放后，随着我国工作重心的转移，经济法制的建设即被提上了议事日程。实际上，自改革伊始，经济立法就起着为改革开锣鸣道、保驾护航的作用。中国改革开放政策的推行几乎伴随着经济立法的强力推动，如同中国改革开放的大势一样，跌宕起伏、潮起潮落。经过三十年的努力与奋斗，社会主义市场经济法制日益完备，现代法治理念开始萌生，法治经济已现雏形。

（一）社会主义市场经济法律体系初步建立

1. 市场主体立法基本完备，立法标准日益科学。在改革开放之初，为了适应改革开放政策的需要，我们率先制定了《中外合资经营企业法》等外资立法、《全民所有制工业企业法》、《中华人民共和国私营企业条例》，从而形成了以所有制为划分标准且内外资分别并行立法的企业立法模式。1992 年市场经济的改革目标确定后，我国改变了按照不同所有制企业类型分别立法的模式，改采国际统一的立法标准，确立以企业的组织结构和责任形式作为划分企业法律形态的基本标准，形成以《公司法》为龙头，以《合伙企业法》和《个人独资企业法》为主干，以外资企业、商业银行、国有企业、农民专业合作社等特殊经济组织立法为补充的市场主体立法体系，并制定了统一适用于所有类型法人和经济组织的《中华人民共和国破产法》，完善了市场主体准入、治理、运行和退出的法律机制，为市场主体的法律主体地位的确立和市场化运营提供了法律支撑。

2. 市场行为立法愈加全面、市场秩序立法体系不断健全。早在 20 世纪 80 年代我国先后制定了《经济合同法》、《技术合同法》和《涉外经济合同法》三部合同法，为了适应建立社会主义市场经济秩序的需要，1999 年我们审时度势，对既存的三个合同法进行合并，按照市场经济的要求制定了统一的合同法，为市场经济提供了基本的交易准则。与此同时，我们先后制定了《海商法》、《担保法》、《期货法》、《证券法》、《保险法》、《信托法》等市场经济基本交易法。而《物权法》的颁布实施为市场主体的财产利用、流转和维护提供了更为基础性的保障。此外，为确保良好的竞争和市场秩序，我们还制定了《反不正当竞争法》、《反垄断法》、《消费者权益保护法》、《产品质量法》、《广告法》、《拍卖法》、《招标投标法》、《烟草专卖法》和《药品管理法》等旨在维护市场秩序的一系列市场规制立法，市场交易及监管立法已经比较

完备。

3. 宏观调控立法不断加强，已形成规模。国家对经济的管理和协调不断走上法制的轨道，在宏观调控领域越来越重视法律手段的运用，先后制定了《价格法》、《预算法》、《税收征管法》、《中国人民银行法》、《银行业监督法》、《审计法》，并调整统一了《企业所得税法》，修改完善了《个人所得法》，颁布了包括《农业法》、《种子法》、《渔业法》、《电力法》、《民用航空法》等一系列旨在促进产业发展、完善行业管理的经济立法，以及以促进科学技术推广、扶持科技创新为目的的《科学技术进步法》、《中小企业促进法》、《农业技术推广法》、《促进科学技术成果转化法》等法规群，宏观调控立法日臻完善。

4. 劳动与社会保障立法进程开始加快。劳动与社会保障立法是社会主义市场经济法律体系的有机组成部分。改革开放后，党和政府一直比较重视劳动者权益的维护，先后制定了《劳动法》和《工会法》，为职工民主管理提供了基本的法律保障，特别在“以人为本”和“和谐社会”理论的指导下，社会保障立法速度大大加快，《劳动合同法》、《就业促进法》等相继颁布实施，《社会救助法》、《社会保险法》等社会立法也已经纳入立法规划，并在积极制定中。

总体来看，改革开放以来，特别是党的十四大以来，我国经济立法的步伐大大加快，经过三十年的努力，我们不仅结束了“无法可依”的历史，而且围绕建立社会主义市场经济的目标，一个与社会主义市场经济体制相适应的法律体系已经基本形成，为法治经济这一目标的最终实现奠定了制度基础。

（二）权利本位、人格平等、经营自由、经济民主等与市场经济体制相适应的私法理念的开始生成

法治经济关键在于法治理念的支撑。我国经济改革带来的并非单纯的经济法制的健全和完善，更是法治理念和法律精神的更新和培育。经过多年的探索和积淀，不仅我国经济立法在立法原则、指导思想和法律理念上发生了根本性的变化，而且平等、自由、权利至上的法治理念开始深入人心。

1. 义务本位向权利本位的变迁。在中央集权的计划经济时代，个体和企业并不具有独立的人格和主体地位，作为权力经济的产物，个体和企业只有服从国家指令和计划安排的天职，个体的职业和企业的经营与其说是一种经济权利，毋宁说是一种经济义务。即便是在改革开放的早期阶段，虽然开始倡导和重视法制，但法律工具论的思想依然十分盛行，在经济领域颁行了的大量经济

立法（包括法律和行政法规）带有浓厚的管理法的色彩，在立法和实施中片面强调管理主体的管理权力和被管理者服从管理的义务，即便是本应属于私法典型的合同法也被蒙上了浓厚的管理法的色彩，合同登记机关可以审查合同决定合同的有效和无效。但随着我国市场化改革目标的最终厘定，立法观逐步开始发生转变，权利意识开始萌生。企业等市场主体的权利在立法设计中不断得到强化，特别是《物权法》的出台，《公司法》、《证券法》等法律法规的修订都深刻地反映出国家立法指导思想的变化，权利本位在私法领域不断得以强化。

2. 经济平等观念的确立。计划经济是一种主观意志经济，同时也是一种特权经济和不平等的身份与歧视经济。在计划经济体制下，国有经济一统天下，个体和私营经济遭到无情地排斥和封杀。在经济转型的过程中，尤其是在有计划的商品经济阶段，市场主体也被贴上了不同的身份标签，具有不同的社会地位。随着改革的不同深入，我们不断地打破身份限制向平等的竞争经济转型，平等观念已经确立。①

3. 经营自由思想的勃兴。作为计划经济的对立物，市场经济是自主和自治型经济。伴随着行政经济铁幕的打破，市场自治的呼声愈演愈烈，营业自由，企业自治成为市场经济的强烈诉求。正是在社会各界的强力推动下，我国的经济立法不断地为企业松绑，使企业自由和自治的空间得以不断的拓展。②

4. 经济民主思想的发育与生成。计划经济向市场经济的转型必然伴随的经济专制的结束及经济民主思想的兴起。伴随着改革的实践，经济民主思想已经生根发芽，在经济立法、司法中都得到了不同程度的体现和反映。首先经济

① 首先，我国市场主体立法彻底摒弃了过去按照所有制性质分别立法的不合理做法；其次，随着所得税法的改革，内资企业和外资企业的待遇也日渐趋于同一；再次，平等竞争的理念更是深入人心，《物权法》关于国有财产和私有财产平等地一体化保护之所以能够得到社会的普遍理解和支持，与改革开放带来的人们思想观念的解放不无关系，而《反垄断法》的出台所引起的广泛关注更是反映出人们对特权经济的厌恶和对平等经济的企盼，也充分说明经济平等的理念已经深深嵌入人们的心坎。此外，党和政府对城乡、区域经济发展均衡、平等参与和分享经济改革成果的重视及社会公众对此所拥有的无限期盼，无不是经济平等理念在现实生活中的集中体现和反映。

② 我国公司法关于公司设立制度、公司资本制度以及公司治理结构等制度与规范的调整都使企业拥有更大的自主权；我国合同法对传统合同法的修正使契约自由的精神得以彰显；我国破产法关于破产界限及申请程序的修改，证券法关于证券发行审批制度的调整都进一步体现和反映了企业自治和经营自由理念。

立法民主主要体现在中央和地方立法分权、公众立法的参与和立法的公开化。关于经济立法分权在2000年的《立法法》中已有明确规定，而公众参与立法也已不鲜见。其次，经济司法民主的步伐也在不断加快，民主参与审判、审判公开、举证责任公平配置等体现司法民主的改革举措正在稳步推行。再次，从微观层面来看，在公司等经济组织内部投资者、员工、债权人等多员主体参与公司治理的机制开始形成，资本民主与劳动民主在制度层面上如何实现有机结合，成为社会极为关注的话题，这一切必将进一步推动我国的经济法制走向科学和合理。

（三）以法律制约权力的现代法治理念开始培育，政府经济行为开始得到有效规制

“法治的关键问题在于控制权力。”① 经济法制必须解决和处理国家与市场、政府与企业之间的关系。三十年的改革最为突出的成就是国家与市场、政府与及企业的关系在法制的框架下得到了重新定位，政府干预和管理经济的行为开始纳入了法制化的轨道。

1. 政府经营性投资行为纳入了法制化的轨道，政企关系被重新定位。企业管理体制的改革一直是我国经济体制改革的核心内容。在经历了政府放权让利、所有权和经营权分开以及建立现代企业制度三个阶段的不懈努力和探索，政府和企业之间的关系开始逐步理顺，政府成立专门的国有资产管理机构行使国有资产出资人的角色，而一般政府机构则承担公共管理职能。国有资产管理部门也只能按照公司法的规定，通过公司内部股权运作的方式对自己持有股份的企业实行间接影响企业而不能对企业实行直接干预。政府的经营投资行为依法纳入了法制化的轨道。

2. 政府经济管理行为逐步得到约束，国家与市场关系不断理顺。其一，政府干预经济的方式发生了根本的变化。② 其二，政府经济行政行为不断规范。为了市场经济体制建设的需要，政府提出了要“推进依法行政、建设法

---

① 漆多俊：《转变中的法律——以经济法为中心视角》，法律出版社2007年版，第150页。

② 在计划经济体制下，政府对经济生活主要采取的是以行政命令式的直接干预，但随着我国经济体制改革，特别是货币、财税、预算体制的改革，我国已经初步具备了规范的货币、财政政策工具，对国民经济的调节更加注重发挥价格、税收等经济杠杆的作用，经济调控手段发生了根本性的变化。

治政府”的目标，国家先后取消了一系列不合理的行政许可和行政管制，以1996年《行政处罚法》和2003年旨在约束和规范政府行政许可行为的《行政许可法》开始颁行为标志，我国经济行政行为开始步入法制化的快车道。其三，政府责任不断被强化。1989年《行政诉讼法》的通过正式确立了行政诉讼制度，促成了“民可告官”观念的形成，1994年《国家赔偿法》出台，在国民经济管理领域已经开始运用国家赔偿制度，是我国人权保障制度的一大进步，体现了现代法治精神。

三、权力经济向法治经济的转变在中国将是一个艰难的变革过程

中国经过三十年的改革实践，在保障私权、控制政府权力，推动由权力经济向法治经济转变方面取得了显著的成就，但这一过程远未结束，将持续很长一段时间。因为包括法治经济在内的法制社会的形成绝不仅仅在于法律制度的形成，还有赖于全社会法治意识和修养的提高，加之我国采取的是渐进式的改革，新旧体制的转换，使我国的经济制度，包括法律制度难免不带有明显的转轨痕迹，甚至浓厚的旧体制的烙印。经济改革的复杂性、艰巨性决定了我国的经济体制改革只能走渐进式的道路，而经济改革的渐进性以及诸如立法技术不完备、法律运作体制不健全、法律运作成本过高等法制改革自身的诸多制约因素必然导致法治化进程沿着渐进式轨迹展开。因此，法治经济在我国还刚刚起步，权力经济的印记并没有从根本上消除，通向法治经济之路还充满艰辛。

（一）法律至上的社会意识尚未形成，制约法治建设的进程

“法律必须被信仰，否则它将形同虚设。”法治社会必须建立法律至高无上的权威，使法律成为人们的信仰，融入血液中，落实在行动上。然而在我们的传统文化中没有对法律的信仰。即使在今天，法律至上的社会意识还没普及，法律并未被严格信奉，对法律不信任的现象比比皆是。在我们的经济生活领域，基本的法律制度并非没有，问题的关键在于这些法律制度很多并没有得到严格的遵守和实施。加之，由于立法民主参与渠道不畅，立法中部门利益和团体利益色彩还比较浓厚，使人们一开始就对法律持抵触或不信任态度。①

要想真正确立法律的权威，必须着力从两个方面入手：一是进一步倡导和

① 中国《公司法》、《劳动合同法》在实践中的走形，纳税申报制度推行的艰难以及破产法规定轻易地被政策所取代，假冒伪劣产品的盛行等都充分说明，法律的尊严还没有真正树立。

推进立法的民主参与，只有民众对立法的广泛参与才能创制符合最大多数人利益和愿望的"良法"，这样才能使法律成为为大众所认同的、能够身体力行的行为规范。二是严格法律落实。目前中国立法薄弱的状况已经有所改变，而法治的薄弱环节在于法律的实施。要扭转"重立法，轻实施"的局面，在改进立法技术，增强法律的可操作性的同时，要严格执法和司法，而政府自身的法治意识的提升则是关键。

（二）政府本位的观念还需进一步扭转

尽管三十年来政府行政角色已经发生了根本性的变化，政府法制化进程在不断加速，但我们更应该清醒地认识到，计划经济时代和中国几千年遗留下来的权力本位和官僚本位思想仍然根深蒂固，并在我们的立法和执法及司法中顽固地存在着。地方经济保护主义和部门经济保护主义仍然不时地见诸报端，寻租现象还非常严重，权力与资本不断地在寻找新的结合点，在不断制造为世人所痛恶的新的权贵经济，这一切不仅严重地阻碍市场经济的建立和法治经济的实现，而且会动摇人们的改革信心，甚至会葬送改革的成果。因此，进一步规范政府经济行为，强化政府责任应成为下一阶段法治建设的重心，构成经济法治的基石。

（三）经济自由、经济平等、经济正义和经济民主观念需要进一步强化和落实

经济自由是市场经济的标志也是法治经济的要求。虽然改革开放三十年，我国已经打破了计划经济下的严苛的政府管制，经济自由的空间不断拓展，但就目前的状况来看，经济自由的目标还远未实现。① 因此，就经济法治而言，我们还有很多艰巨的任务要做，其中非常重要的一点就是要进一步树立经营自由的理念，改进政府作风，并健全立法，进一步扩充人们的择业自由权和迁徙自由权、落实企业的经营自主权。

经济平等同样是市场经济的根本要求。经济平等首先是起点的平等，即实现资源和经济机会的平等，我国经济改革就是要扫除特权经济，给人提供一种公平竞争的环境。虽然改革成效显著，但客观地讲，目前经济平等依然是人们

① 例如：职业自由还有很多限制，户籍、性别等是制约人们职业自由的因素依然存在；营业自由也受到不少制度性的制约，企业自治、经营自主还会不时地遭遇到公权的侵扰。

的一种期盼。国有企业，特别是垄断行业的特殊身份并未被破除，就业歧视和城乡歧视的现象依然十分严重。因此，如何构建一个公平竞争的经济环境必然仍然是我国经济法制建设中非常重要的一环。反垄断法的完善和实施，就业歧视等的进一步消除均刻不容缓。其次，经济平等，还包括经济决策和经济过程的平等。应当看到在转轨经济现实中，由于多种多样的原因客观上出现了经济结果的不平等，导致了弱势群体在经济共同体中丧失了平等话语权，经济结果的不平等导致利益的天平进一步向一些掌握着经济话语权的利益集团倾斜，因此，经济决策和经济过程的平等也是我们在立法中必须予以考虑的内容，这也是经济民主的必然要求。

经济正义是社会主义市场经济的建设目标。社会正义应是建立在社会每个成员都能够充分发展的基础之上，如果我们将某些人的幸福建立在另外部分人的痛苦之上，这样的社会很难说是一个正义的社会，这样的经济制度也很难说是一个正义的经济制度。我们追求的市场经济是人人都能得到充分发展的社会主义的市场经济，这就更需要我们将经济正义体现在我们的经济制度中，使改革成果真正惠及于广大社会成员。我们必须清醒地认识到，在经济起点平等和经济过程平等的基础上，社会成员仍然会因各种原因而出现结果上的不平等，这就需要通过国家的分配正义来弥补。目前社会保障制度的极端缺失已经在一定程度上制约我们改革的纵深发展，而社会保障制度的完善与否是能否实现经济正义的一个主要标尺，也是构建和谐社会的客观要求。①

经济民主要求社会主体能够平等广泛地参与经济共同体的经济决策，分享经济共同体的经济成果。从宏观方面看，其关键在于正确地处理民主在国家经济管理事务中的角色；就微观层面来看，具有不同经济利益的经济组织成员能够真正参与经济事务的决策和管理，其核心是要处理好资本所有者与劳动者在经济共同体之间的关系。这既涉及国家政治体制改革的推进，也涉及具体制度的科学设计。改革的三十年是经济民主不断推进的三十年，但在社会广泛参与经济决策，充分调动和保障企业职工参与企业民主管理等方面我们仍存在不少欠缺，许多制度还需要不断改进。

---

① 当然，就我们目前的现状来看，因人的能力导致经济结果的不平等仅仅是导致贫富分化的一个原因，而经济机会分配上的不平等可能是加剧贫富分化的更为关键的原因，因此要改变经济结果的不平等，并非是要建立毫无差别的均等的大同社会，根本的措施仍在于将经济机会交给那些本应享有机会的人，这就要求我们必须首先实现资源初次分配的正义，在此基础上建立国家的二次分配制度，这样才能体现真正的经济正义。

（四）经济的全面、协调、可持续发展需要宏观调控立法的进一步加强和完善

市场经济是建立在资源的市场化配置的基础之上的，市场调节是第一位的，但市场调节机制具有其自身的局限性，因此现代市场经济并非绝对的自由经济，为解决市场的外部性，政府必须在关键的领域有所作为。我国经济发展过程中存在着严重的地区和城乡及经济结构发展不平衡的问题，存在着资源短缺及不少经济安全隐患，这都需要我们在科学发展观的统领之下，大力改进经济手段，提升经济调控能力，为社会经济的平稳和可持续发展提供良好的制度保证，为此，宏观调控立法亟待进一步加强和完善。与其是要实现宏观调控决策的民主化和科学化，完善宏观调控决策中的查错机制、纠错机制以及责任追究机制。从长远来看，宏观调控立法应该成为经济法体系的主要内容和核心。

结语：法治经济——任何人无法抗拒的历史潮流

“青山挡不住，毕竟东流去。”三十年前的今天，我们打破计划经济的坚冰，扬起了改革的风帆。三十年来，改革势如破竹，恰似滚滚东去的江水，破石穿岩，跌宕起伏，呼啸奔腾，奔向浩瀚的大海。改革带来了人们观念的更新，推动着社会经济的转型。经过三十年改革大潮的冲击和洗涤，权力经济正在悄悄隐退，法治经济已经显现，并由涓涓细流汇成了任何人无法抗拒的滚滚洪流。当然，权力在经济领域的退出并非一件容易之事，控制与反控制的各种较量必然会存在，但我们可以坚信，由改革三十年的法制积淀和社会的进步，加之我们不懈的坚持和努力，这一目标一定能够实现。

行政诉讼法学专题

中国转型社会中的公益诉讼

主讲人：林莉红教授

公益诉讼是目前理论界和实务部门多方参与、热烈讨论的一个话题，而由于公益诉讼实践的蓬勃开展，这一问题也早已为社会所关注。由于研究者视野和角度的不同，对何为公益诉讼以及某一个案件，是否属于公益诉讼，仍然存在颇多争议。公益诉讼作为一种广受社会关注的新的法现象，法社会学视野的研究或许有助于我们厘清思路，消除分歧，构建对话与交流的平台。

一、公益诉讼的含义

（一）对公益诉讼含义的不同理解

直观地说，公益诉讼是指为了维护社会公共利益而进行的诉讼。虽然目前学界、媒体和实务界关于公益诉讼的定义大同小异，但学术研究成果在谈到公益诉讼时往往表述为当事人"提起"的诉讼，这实际上隐含了对参与诉讼、代理诉讼的排斥，在讨论公益诉讼的不少场合也时见观点之交锋。因此，尽管认同公益诉讼是为了维护公共利益而进行的诉讼，但由于使用者的出发点不同，在公益诉讼的范围与表现上，还是表现出了较大的差异。在认同公益诉讼基本定义的前提下，争论的问题是公益诉讼的外延是什么的，哪些情况属于公益诉讼。反复讨论的问题有二：其一，什么是公共利益？其二，谁可以提起诉讼？也有其他争论，如公益诉讼一词最早产生于哪里？国外究竟有无公益诉讼？后者如日本的居民诉讼是不是公益诉讼？德国的公益代表人诉讼究竟有无发挥作用等①。

对某一个概念，有共同的理解，是我们对话的基础。有不同理解，是争论存在的原因。探究不同理解之所在，是消除争论、进一步对话以及建构相关制度的保证。笔者认为，当今中国学者、律师和媒体在使用公益诉讼一词时，出现了三种理解。

1. “公共利益+诉讼”意义的公益诉讼

“公共利益+诉讼”意义的公益诉讼，意指从字面上理解公益诉讼，将含有“公共利益”内容的诉讼都称为公益诉讼。“公益诉讼是任何组织和个人根据法律授权，就侵犯国家利益、社会公益的行为提起诉讼，由法院依法处理违法的司法活动。”② 因此才会认为，公益诉讼，古罗马即已有之，以及检察机关提起的刑事公诉也属于公益诉讼。这一点，可以从对公益诉讼进行研究的若干研究成果中将外国法中的类似制度作为公益诉讼看待而得到证明。一些关于公益诉讼的研究都将德国行政法上的公益代表人制度、日本行政法上的民众诉讼等作为公益诉讼，更追溯公益诉讼的起源认为其在罗马法上就存在③。这显然仅仅是在“公益”与“诉讼”的意义上理解与使用之。

2. 诉讼法意义的公益诉讼

这是从诉讼法角度理解和研究的一种诉讼形式。也可以说是客观诉讼的一种新的类型，即由于原告起诉并非由于自己的权利受到某种直接的侵害，而是为了客观的法律秩序或抽象的公共利益，因而从诉讼法的技术层面，特别是从原告与案件之间的利益关系层面出发而指称的某种新的诉讼类型。在这种诉讼类型的案件中，原告与案件利益关系的特殊性（主要是因为缺乏足够的利益关系之联结），导致在传统诉讼中原告的诉讼存在起诉资格之障碍，并进而产生一些诉讼法技术上的问题，如诉讼中的处分权、法院裁判之拘束力等问题。作为一种新型诉讼，这类公益诉讼的形成，需要立法对相关问题予以规定和明

---

① 章志远：《行政公益诉讼热的冷思考》，2005 年 10 月 15—16 日苏州大学“公益诉讼、人权保障与和谐社会国际学术研讨会”会议提交论文。

② 颜运秋：《公益诉讼理念研究》，中国检察出版社 2002 年版，第 52 页。

③ 韩志红：《公益诉讼制度：公民参加国家事务管理的新途径》，载《中国律师》1999 年第 10 期；颜运秋：《公益诉讼理念研究》中国检察出版社 2002 年版，第 53 页；杨海坤：《公益诉讼基本论及其制度构建设想》、肖太福：《公益诉讼：宪法实施和人权保障的重要程序》、孙文俊：《构建我国公益诉讼制度的思考》、史长青：《民事公益诉讼原告资格扩张论》，2005 年 10 月 15—16 日苏州大学“公益诉讼、人权保障与和谐社会国际学术研讨会”会议提交论文。

确，尤其是要赋予某些主体对并未直接侵犯自己权益的行为提起诉讼的权利。在这个意义上理解，如果案件没有起诉资格之障碍而可以利用现有的制度加以解决，则不被认为是公益诉讼。正因为如此，有学者在讨论公益诉讼时毫不迟疑地将“进津费”、“进沪费”、“如厕费”、“列车发票”等案件排除于公益诉讼之范围①。

3. 民权运动意义的公益诉讼

民权运动意义的公益诉讼发端于美国，并伴随美国20世纪中期兴起的民权运动而在六七十年代得以兴盛，以后在英国、印度等国有良好的运用。今天中国大多数的律师、民间组织、媒体是在这个意义上使用公益诉讼一词。不过，这里说民权运动意义的公益诉讼，并不意味着笔者认为当今中国已经出现民权运动，而只是在公益诉讼一词的使用上，具有民权运动之意义。这个角度理解的公益诉讼，关注社会转型时期之利益多元化背景下尚未被主流意识关注的问题，强调案件对于社会的影响，基本理念是公共利益、人权保护、社会变革和公众参与。其外延范围非常宽泛，可以包括为了维护公共利益而提起或者参与诉讼的所有情形。

尽管可以将目前关于公益诉讼含义的理解分为三种，人们是在不同的含义上使用公益诉讼一词，但实际上，对公益诉讼的三种理解之间并非有截然之界限，更不应该说有不同的公益诉讼。首先，使用者往往并未明确地意识到这一点，很多时候也是混合用之。比如在比较研究时将各国不同历史时期之相关制度作为公益诉讼对待，而在研究我国的制度建构时又使用诉讼法之意义。其次，毕竟各种理解都是建基于公益诉讼乃对公共利益的维护之诉的基础上，因而，从范围上看，也不可能有外延上的截然区分，需要突破起诉资格之障碍的案件更具有民权运动意义之公益诉讼的典型特点。而对外国法的研究，对于论证中国需要建立公益诉讼制度似乎也是必要的。

（二）对公共利益的理解

公共利益是一个非常难以界定的概念。一般认为，公共利益是指为社会全

---

① 胡夏冰：“近来我国法院受理了一些诸如‘进津费’、‘进沪费’、‘如厕费’、‘列车发票’等案件，有人将这类案件称为公益诉讼，其实是欠妥的。原因在于，这些案件的当事人都是因自己的权利受到侵害而以自己的名义向法院提起诉讼，其目的在于保护个人的权利，虽然案件的判决结果可能有利于公共利益的改善，但是，这与严格意义上的公益诉讼存在着本质的差异。”2005年12月13日《检察日报》，记者曾献文所做的访谈：《我们需要怎样的公益诉讼制度》。

部或者多数成员所享有的利益，公共利益具有整体性和普遍性的特点，涉及不确定的多数受益人的利益。

限于研究重点，本专题无意对公共利益的所包含的极其复杂的内涵进行研究。但在已有研究成果的基础上，要说明以下三个观点：

1. 公共利益是指社会公共利益，不同于国家利益和政府利益

公益诉讼中所指的公共利益是指社会公共利益。社会公共利益不同于国家利益。国家利益是一个对外的概念，是相对于外国或者国际组织而言，国家作为一个整体具有的利益。社会公共利益也不同于政府利益。尽管理论上由于政府是社会公共利益的代表者，因而政府利益应当与公共利益保持一致。但是政府一旦组成，就有自己任期、选举以及政党背景的考虑，因而不可能在任何时候任何事情上都保证能够代表社会公共利益。尽管很多时候，公共利益与国家利益、政府利益是交织在一起的，但是，基于我们研究问题的角度和制度建构的需要，不能认为公共利益就是政府利益或者国家利益。

2. 公共利益与私人利益相对称，但又具有密切关联

公共利益与私人利益，即公益与私益是相对称的。二者之间的关系是一般性与特殊性的关系，既是相互关联又是有矛盾的，但同时也是可以转换的，而非截然区分的。"公益是由私益组成的，故不能绝对的排除私益。依 Leisner 之见，有三种私益可以升格为公益：第一，是'不确定多数人'的利益。这个'不确定多数人'之利益，必须是由民主的原则来决定，这个民主原则，必是经过'立法程序'不可。第二，具有某些性质的私益就等于公益。这种特别性质的私益就是指私人的生命及健康方面的私人利益，国家保障私人的生命、财产及健康，就是公益的需求。第三，可以透过民主原则，对于某些居于少数的'特别数量的私益'，使之形成为公益。如工会的利益、贫民的利益等。第一种'公益'是最通常的公益内涵，第二种'公益'的解释对于理解公法，尤其对理解刑法和刑事公诉制度有一定的指导意义，第三种'公益'的内涵实际上在社会法中被广泛采用。"①

3. 不同的公共利益之间也可能存在矛盾和冲突

如环境保护与经济发展之间的矛盾、公民迁徙自由与社会治安之间的矛盾、公民言论自由与名誉权保护之间的矛盾等。就具体事例而言，在我国，政府、企业与民间各方面人士广泛参与、热烈讨论的莫过于 2005 年度的一个热门话题——怒江大坝是否兴建。在该问题上，环保主义者与社会发展论者之间

① 颜运秋：《公益诉讼理念研究》，中国检察出版社 2002 年版，第 19 页。

发生激烈争议，导致大坝兴建之事搁置①。应当说环境保护与社会发展都是公共利益的需要，二者之间的矛盾是正在并且还将继续困扰我国甚至整个人类的重要问题。如何协调这些重大的公共利益之间的矛盾和冲突，是对人类智慧的巨大考验。因此，对公共利益的理解不能极端化，不能只强调某一公共利益而完全忽视另一方面的公共利益。

二、公益诉讼的范围和形式

尽管可以从不同角度对公益诉讼进行范围上的区分，如从诉讼性质上可以分为民事公益诉讼、刑事公益诉讼和行政公益诉讼；从案件性质上可以将公益诉讼区分为环境、拆迁、土地、劳动权、教育权等若干不穷尽的分类。但这仍然是一种从法律到法律的规范分析方法，对揭示公益诉讼之社会现象并无多大实际意义。笔者认为，法社会学视野下的公益诉讼，应从更广泛的社会参与角度分析公益诉讼之社会现象，探讨与此现象相关的社会生活主体对于公益诉讼的运用。从当事人参与诉讼的情况来分析公益诉讼之范围，似乎更能够揭示公益诉讼之内涵与特征，以及展示公益诉讼之种类与范围。盘点一下当下公益诉讼发生的各种情况，从参与诉讼的方式和主体来看，大致有以下不同情形需要加以分析。

（一）当事人作为原告提起的诉讼

就原告与被诉的行为是否具有直接的利害关系，公益诉讼的原告还可分为两种情况。

1. 他益形式的公益诉讼

原告起诉，完全是为了公共利益，无关个人利益或者说无直接的个人利益。当然，由于私益与公益的不可分性，任何公益都可能包括有私益。但是，这类案件中，原告的私益往往存在于过于宽泛的公益之中而基本上被法律所忽略。因此，其诉求或者针对抽象的规定，或者被告没有依法履行自己的义务，

① 相关情况可见若干媒体报道。主要有张可佳：《怒江水电开发与生态保护如何协调》，载《中国青年报》，2004 年 1 月 8 日。王冲编译，美国《纽约时报》文：《13 座水坝开发东方大峡谷腰斩怒江是耶非耶》，载《青年参考》，2004 年 3 月 16 日。慕毅飞：《怒江建坝与代表说话 》，载《南方周末》，2004 年 3 月 18 日。刘畅：《怒江——旋涡里的发展观之争》，载《中国青年报》，2004 年 4 月 19 日。记者时捷：《怒江大坝决策中的三方利益博弈》载《国际先驱导报》，2004 年 4 月 20 日。记者唐建光：《怒江大坝工程暂缓背后的民间力量》，载《新闻周刊》，2004 年 5 月 20 日中国。

或者是社会整体的利益遭受侵害，甚至法治受到破坏的情况。这种情况下的公益诉讼我们可称其为“他益形式的公益诉讼”。由于提起诉讼的原告与被诉的行为或者决定没有直接利益关系，或者不被认为具有利益关系，案件往往因为法院认为原告无起诉资格而被驳回。这类案件比较有名的如严正学诉浙江省椒江市文体局不作为案，金奎喜诉杭州市规划局违法规划案，施建辉、顾大松诉南京市规划局违法审批案。可以提起他益形式公益诉讼的原告，从制度设计上说，可以是公民个人，也可以是公益法组织，还可以是检察机关。

2. 自益形式的公益诉讼

这类案件中，原告是违法行为的受害者，但只是人数众多之同样情况的受害者之一。作为受害者，原告与案件具有利害关系，但起诉的目的不是为了自己的私益，而是为了维护公共利益。为了解决起诉资格之现行法上的障碍，自己作为一个受害者而提起诉讼，或者使自己成为一个受害者而起诉。因此，就直接的利益关系而言，特别是就经济利益而言，原告提起和进行诉讼往往是得不偿失的。这种情况我们暂且称其为“自益形式的公益诉讼”。这类案件最早见诸媒体的大概是邱建东诉福建省龙岩市电信局收费案。1996 年，福建龙岩市民邱建东因为一公用电话亭未执行邮电部夜间、节假日长话收费半价的规定，多收了他 0.6 元钱而把邮电局告上了法庭，诉讼请求为判令被告因多收长途电话费向原告赔偿 1.20 元（两处公用电话亭共多收 0.6 元，加罚款 0.6 元）。后来陆续出现的这类案件中，比较早的如乔占祥诉铁道部春运价格上浮案、葛锐诉郑州铁路分局如厕收费案，以及近年来发生的郝劲松诉铁道部火车出售食品不给发票案、黄金荣诉铁道部火车票强制保险案（以及诉保监会不作为案）、喻山澜诉中国工商银行北京市分行牡丹交通卡补卡手续费案、李刚诉天津市市政工程管理局收取“进津费”、徐建国诉湖北省麻城市铁路公安处违法查验身份证案等。这些案件中原告都表现为直接的“受害者”，与被诉的行为之间具有利害关系，这些案件都已经被法院受理。

自益形式还是他益形式的公益诉讼，都是当事人以自己的名义提起的诉讼。由于公益与私益的不可区分性，从这类案件之公益性目的而言，二者并无本质区别。但现实情况是，由于起诉资格问题，法院在是否受理问题上确有不同做法，因之而有加以区分并进行研究的必要。

（二）律师或公益法组织工作人员作为诉讼代理人参加的诉讼

律师或者公益法组织支持权利受到损害的当事人提起诉讼，一般由律师或者公益法组织派员充当原告的诉讼代理人。当事人确实是为了自己的利益参与诉讼，与案件具有利益关系。但由于案件中所涉及的法律争端的特殊性，或者所反映问题的普遍性，而受到关心公共利益保护的律师或者公益法组织的关注和支持，律师个人或者组织的工作人员作为当事人的诉讼代理人参与诉讼。这类诉讼引起广泛的社会关注，往往一方面由于案件本身的性质和特点，另一方面也由于诉讼代理人的特殊身份例如大学教授、著名律师等，以及不同于一般商业性律师的、不以收取办案报酬为目的来参与本案代理之公益法动机。这两方面是相互联系的。由于案件的性质和特点，代理人代理案件的目的不是为了赢利；而这些有一定地位和影响的人代理案件，又扩大了案件的影响，突现了案件的特点。这类案件类似美国的有影响的诉讼（impact litigation）。① 2005年末我国法律界也开始评选所谓年度最有影响的案件②，尽管有影响的案件并非都是公益诉讼案件。法律援助形式的公益诉讼中比较典型的案件，如四川大学周伟教授所代理的“身高歧视案”、“乙肝歧视案”等。中国目前很多民间公益法组织在受理案件时就考虑了本案件对于同类案件的影响，或者案件对于改变法律、影响社会的作用，因此也应该属于此类公益诉讼案件。如武汉大学社会弱者权利保护中心所代理的很多案件③。由于律师或公益法组织代理的这类案件一般采取法律援助的形式，故称之为“法律援助形式的公益诉讼”。

法律援助形式的公益诉讼，律师和公益法组织所代理的大多是原告。但应当不限于原告。某些情况下也有可能代理被告或者第三人等诉讼主体参与诉讼，如认为被冤屈的刑事被告，或属于特定弱势群体的被告等。

法律援助形式的公益诉讼，与自益形式、他益形式的公益诉讼之间并没有明显的区分，而经常可以采取混合的形式。某些采取自益形式的公益诉讼案件，原告也聘请公益法组织或者著名学者、律师担任代理人。从策略上考虑，为了能够形成诉讼，公益法组织或者律师、学者有时候“需要”一个当事人

① 所谓有影响的诉讼，是指个案的审理对国家的立法、司法、观念等方面产生积极影响的诉讼。其实，影响性诉讼是社会对某个诉讼案件的评价。对于公益法组织而言，可能以战略性诉讼（strategic litigation）称谓之更准确和达意。

② 《中国青年报》与清华大学法学院宪法与公民权利保护中心联合主办“评选2005年中国十大影响性诉讼”活动，载《中国青年报》，2006年1月5日。《法制日报》与中华全国律师协会联合主办，若干大学协办，新浪网提供网络支持，由读者、网友和专家共同评选的“2005年中国十大影响性诉讼”。

③ 武汉大学社会弱者权利保护中心代理的徐建国诉湖北麻城市铁路公安处关于警察在火车站随意查验身份证案件，涉及国家权力与公民权利之关系。武汉大学社会弱者权利保护中心代理的吴试矛诉芜湖市公安局信息公开案，反映了市民对于政府公开信息的要求。

去提起诉讼，而这个当事人提起诉讼，其目的也是为了维护社会公共利益，个人因为诉讼活动的开展甚至在某些方面还要作出一定的牺牲，因此，既是自益形式，也有法律援助性质。

（三）检察机关作为公益代表人提起的公益诉讼

在讨论公益诉讼的过程中，特别是在诉讼法学界讨论他益形式的公益诉讼的困境以及如何构建我国的公益诉讼机制时，人民检察院在公益诉讼中可能的作用被人们屡屡提起。近年来，理论界和实务部门有不少学者提出应当由检察机关作为公共利益的代表人提起公益诉讼①。实践中，虽然法律上尚缺乏相关规定，但检察机关在一些关乎国家、社会、集体利益的案件中提起或参与诉讼的事例也时有报道。②

（四）民间组织提起的公益诉讼

尽管缺乏法律规定，但一些民间组织提起的公益诉讼案件开始被法院受理。破冰之举大概要算中华环保联合会提起的一起案件。2009 年 7 月 27 日，中华环保联合会向贵州省清镇市人民法院提起环境公益行政诉讼，请求判令清镇市国土资源管理局收回某风景区一块土地的使用权及地块上全部建筑物或其他附属物，以保护百花湖的环境不受侵害。2009 年 9 月 2 日，“中华环保联合会诉贵州省清镇市国土资源管理局一案在清镇市法院开庭，被告清镇市国土资源局当庭表示他们已于 8 月 28 日作出了撤回有潜在污染环境危险的百花湖风

① 参见《检察日报》近年来所发表的若干文章和报道的若干会议情况。尤其是其中有关会议情况的报道，可以看到很多著名学者对此的看法，绝大多数学者对检察机关提起公益诉讼持赞成态度。我所收集的有：2003 年 3 月 15 日，张仁平：《福建：着力倡行公益诉讼——去年起诉 26 件 法院受理 25 件 挽回损失千余万元》；2004 年 5 月 5 日，《全国政协委员提出 建立公益诉讼制度 检察院可以作为提起公益诉讼的原告》；2004 年 7 月 4 日，褚贵炎：《支持提起公益诉讼 实现未成年人特殊保护》；2004 年 11 月 17 日，刘卉：《公益诉讼是保障社会弱势群体权益的有效途径》；2005 年 9 月 9 日，刘卉：检察机关介入公益诉讼 必要且可行——“民事行政诉讼中检察权配置问题”研讨会论点撷要（下篇）》；2005 年 12 月 13 日，曾献文：《我们需要怎样的公益诉讼制度》；2005 年 12 月 16 日，崔伟：《检察机关是公益诉讼的适宜主体》。

② 《检察日报》2003 年 12 月 19 日，胡晓光、向永：《四川阆中：检察院提起环境公益诉讼胜诉》；又如广受媒体报道的南阳市检察院诉方城县独树镇工商所国有资产流失案，2007 年 12 月 3 日方城县法院作出一审判决，认为“原告依法实施法律监督，为维护国有资产不受侵犯的起诉行为是正确的”，并判决“二被告买卖契约无效”。

景区冷饮厅加工项目土地使用权的决定，中华环保联合会当庭提出撤诉，全国首例由社团发起的环境公益行政诉讼案就此尘埃落定”。“此次清镇法院率先将社团纳入扩大行政诉讼原告主体资格的做法，创造了中国社团行政公益诉讼的先河。”①

（五）其他形式公益诉讼的讨论

近年来，除了诉讼活动，一些公益法组织和个人还在开展一些其他形式的公益活动。由此提出另一个问题：公益诉讼是否只限于诉讼活动？代理行政复议、仲裁，进行游说、上书全国人大要求对违宪的法律进行审查等，是否公益诉讼？笔者认为，显然，这些行为不是诉讼，将这些行为称为公益法活动似乎更为贴切。公益法活动是一个包含公益诉讼在内而不限于公益诉讼的更为宽泛的概念。除了包括前述活动，还可以包括普法宣传、政策推动、人权教育等多种形式的活动。而公益诉讼，既然使用诉讼一词，应当意味着还是运用现有的诉讼机制解决相关问题。

此外，具有公共利益因素和社会影响，却非法律援助性质的案件，即诉讼代理人收费案件是否可以属于公益诉讼，则更因涉及复杂的价值判断和路向引导而尚需研究。笔者认为，在中国目前社会转型时期，基于市场经济形势下舆论对社会风气的引导作用，支持权利受到侵害的当事人提起的公益诉讼，应当是作为法律援助案件的形式出现，即诉讼代理人不应当从中营利。因为，这类案件，如果被认为是公益诉讼案件，其判断标准就只有案件的公益性。而公益性本身是一个很难认定的标准。由于公益与私益的不可区分性，如果将之作为公益诉讼，那么公益诉讼之范围就难免过于宽泛。而过于宽泛的概念也就失去其意义。如代理拆迁案件，尽管可能从每一个当事人收取的费用不高，尽管可能也是在为弱势群体服务，但由于当事人人数众多，因此代理这类案件的律师的收入往往还是很可观的。这种情况，不能称其为公益诉讼。再如为农民工追讨工资的诉讼，律师采取风险代理形式收费，也不是公益诉讼。对此，我认为：第一，尽管办理这类案件还是可以赚钱，但并不是每一个律师都愿意为低收入人群服务的，因此这种情况是要提倡的。但是，不能称其为公益诉讼。第二，这类案件大多可以采取集团诉讼的形式，但集团诉讼与公益诉讼是两个概念，表述的是不同的对象。

① 马雷：《中国社团行政公益诉讼第一案尘埃落定》，载《检察日报》，2009 年 9 月 2 日。

以上若干情形，之所以被表述为公益诉讼，或者与公益诉讼相提并论，显然是由于这些案件标示着某些共同的理念。

三、公益诉讼的理念

公益诉讼关注社会转型时期之利益多元化背景下尚未被主流意识关注的问题，强调案件对于社会的影响，基本理念是公共利益、人权保护、社会变革和公众参与。公益诉讼的重点在于社会弱势群体的权益保护，其方式是在现行法律框架下，通过个案的受理、审理和裁判，引起社会对侵犯公共利益现象的关注，期待司法对弱势群体权益加以保护，并以此促进法律和政策的改进以及社会观念的变革。

（一）公共利益

从公共利益角度分析，公益诉讼的提起者、参与者都不是为了一己的利益。这类案件中，动机可能不同，但都是为了实现抽象的公共利益，维护客观的法律秩序。一般而言，当事人为诉讼的进行而付出的经济成本往往大大超过胜诉可能获得的经济收益。也就是说当事人提起诉讼的目的并不是为了维护自己的个人经济利益。某些案件中，为了解决起诉资格问题，也是由于个人利益与公共利益之不可分性，有可能采取以自益为形式，以他益为目的的诉讼策略。

（二）人权保护

从人权保护角度说，公益诉讼始终以关注人权保障与弱势群体保护为视角。人权保障涉及的是一个普遍的泛化的问题，很多时候并不以人数的多少为标准。公益诉讼中的公共利益涉及人权保障，是每个人都会遇到的问题，代表每个人的人权保障问题。当前中国出现的公益诉讼，多是在环境保护、消费者权益保护、未成年人权益保护等领域，所关注的都是社会的弱势群体。强和弱是相对的概念，公益诉讼关注的对象都是在社会变革时期相对于强势的政府、组织、企业而言，处于相对弱势一方人群的利益。

（三）社会变革

公益诉讼最重要的理念是社会变革。公益诉讼的提起者和参与者一般都有着强烈的改变现行法律或者制度的意愿。最直接的原因是案件可能在某个领域产生影响。产生的影响包括：平等与人权理念得以张扬，现行法律得到执行、政府义务与职责得以实现、社会问题得到关注、有缺陷的法律规定得以修改、公共政策与措施得以改进，等等。也有一些案件中，当事人遇到的不是法律问题，不是某一项具体的法律规定或者法律制度需要修改或改进的问题，而是体制和法治环境问题。对体制和法治环境的触动，更加困难，更具有促进法治、影响社会的作用，因而也更加具有社会变革的意义。

（四）民主参与

传统民主主要是议会民主。公众通过议会参政议政，通过议会监督行政、控制行政。但这是一种间接民主的形式，正如卢梭所言："人民只有在投票时才是主人，投票完毕便成为权力的奴隶。"① 随着社会发展和文明进步，尽管议会民主仍然是民主的主要的和最为重要的形式，但公众越来越多地要求直接民主，而物质条件的改善也使得直接民主的实现变得更加具有现实性②。公益诉讼的实质是公民通过日常的司法制度和诉讼活动，参与社会管理，介入公共利益维护。因此，是司法民主的体现。这种直接民主，应该是当代社会民主参与的一种重要形式。

四、公益诉讼的条件

公益诉讼的形成，需要具备一定的社会历史条件。所谓形成，不仅是指其出现，更重要的是指其能够被法院受理、审理、裁判并产生实际的社会影响。

（一）维权自觉性

公益诉讼的形成首先需要有愿意为了社会正义挺身而出的当事人和律师。公益诉讼的关键词是"公共利益"和"诉讼"。所谓诉讼就是需要有人提起的，否则不成其为诉讼。而提起诉讼的人不是为了自己的利益，或者参与诉讼的人付出劳动不是为了自己的私利，而是为了客观意义上的公共利益，这就需要有维权的自觉以及行动的勇气。所以，我们看到，言谈举止间，公益诉讼尤

---

① ［法］卢梭：《社会契约论》，何兆武译，商务印书馆 1980 年版，第 125 页。

② 行政法上规定的听证制度是公众直接参与行政管理和行政决策的典型。我国 1996 年修改后的《刑事诉讼法》第 145 条、第 170 条扩大了自诉案件的范围，赋予了刑事案件被害人在一定情况下提起诉讼的权利，这是在刑事诉讼中体现民主参与的表现。而行政诉讼法的司法解释"要求主管行政机关依法追究加害人法律责任的"可以提起行政诉讼，则是行政诉讼中扩大公众参与的例证。

其是他益形式的公益诉讼中原告都有点替天行道的意味。

（二）司法能动性

公益诉讼的形成需要有具有独立性的司法体制和具有正义感的法官，司法要能够能动地应对社会发展的需要和积极地探索个案在法律框架内的合理解决。传统的“诉讼利益”理论要求只有那些自身权利受到威胁的人才有资格获得救济，其他任何人在法院面前都没有这种资格。而公益诉讼显然需要对传统的诉讼利益理论进行适当的调整并作出新的解释。就中国目前的情况来说，可能最主要的是放松对原告主体资格的限制，结合案件情况作出适当的处理如确认判决、变更判决的合理使用，以及扩张判决的效力等。法律是相对静止的，而社会是发展的。为了维护公共利益，需要司法站在社会正义与公正的一面，能动地应对社会的需要。在“让司法获得变革社会的力量”① 之前，首先需要司法具有变革社会的力量。

（三）主题社会性

公益诉讼主题的社会性，意味着这类诉讼能够引起社会的强烈关注，其所包含的公共利益、人权保护和社会变革的含义能够引起社会的广泛共鸣，从而促成诉讼目的的实现。这包含两个方面的意思。其一，公益诉讼案件本身就包含极其鲜明的社会性，所揭示的往往是转型时期带来的社会问题，涉及广泛的群体；其二，这类诉讼要达致预期目的和良好效果，必须有社会公众的广泛介入和积极参与，包括媒体的宣传。

（四）学者、律师积极性

学者和律师在公益诉讼中的作用总是不能忽视的。这种作用表现在学者和律师敏锐地意识到公共利益保护的重要性，为其出谋划策、摇旗呐喊，提供理论支持。更表现在学者和律师身先士卒，积极投身其中，或依托公益法组织，或以个人身份，为具有公共利益性质的案件提供代理和咨询服务。没有学者与

① 蒋安杰：《公益诉讼 让司法获得变革社会的力量》，载《法制日报》，2003 年 9 月 4 日。不过我觉得，通过公益诉讼，司法可以实现社会变革。但是，公益诉讼首先需要司法具有变革社会的力量，而公益诉讼本身无法让司法获得力量。换言之，司法要具有变革社会的力量，不可能依靠公益诉讼，而是需要司法独立，需要司法改革以至国家整个政治体制的改革。

律师的参与，公益诉讼是很难形成实际社会效果的。

五、对不同形式公益诉讼的评析与运用

（一）自益形式的公益诉讼

自益形式的公益诉讼，利弊明显。这类案件实体法上的内容各异，在此我们不做评述。在诉讼法上，这类案件目前可以说是没有障碍的。这类诉讼符合传统的诉讼理论，原告与案件具有利害关系，对于提起的诉讼，法院不得拒绝审判。但是也正因为符合传统的诉讼理论，其判决之效力拘束于具体的个案，因此，这类诉讼往往当事人付出的成本很高，效果却很难评估。有的案件即使原告获得胜诉，但原告的诉讼目的仍然难以实现，如葛锐诉郑州铁路分局收取如厕费一案，虽然法院判决原告胜诉，然而被告郑州铁路局火车站候车室厕所收费依旧①。这类案件能否达到公益诉讼的目的，取决于很多因素，被告的态度、媒体的倾向、法院的权威，都具有极大的影响。不过由于媒体的报道，很多案件还是产生了积极的社会影响。如葛锐诉郑州铁路分局案中，尖锐地提出了消费者权益的范围，对全国类似情况都产生了影响。再比如邱建东诉福建省龙岩市邮电局收费案，原告起诉后，被告认识到自己的错误而进行大力整改，原告于是撤回了起诉，该案也产生了良好的社会影响。所以，这类案件如果原告实体上正确，一般能够得到法律支持，因而在某种程度上促进了社会进步。

采取自益形式的公益诉讼的领域非常宽泛。其典型特征是个人受害即群体受害，群体受害也即个人受害。如消费者权益保护、环境保护、公共服务领域等。由于他益形式的公益诉讼目前所遇到的法律障碍尚没有解决，因此，我们建议，如果可能，应当尽量采取自益形式的公益诉讼，以自益为形式，以他益为目的。诉讼法包含着大量的技术规范，因此也就必须进行技术分析。“以身试法”，使自己成为受到违法行为的受害者，进而状告这种违法行为，方可以形成为一个诉讼，进而达到公益维权的目的。

对这种形式的公益诉讼，需要探讨的一个重要问题是判决效力的扩张问题。作为案件当事人的原告提起诉讼的目的是为了维护处于相同情况下一大批人的利益，那么在原告获得胜诉判决后，判决的效力是否可同样及于相同情况？换言之，相同案件的当事人是否不必要再行起诉就可享有判决的内容？如不合理的收费被法院判决确认违法并责令返还后，是不是可能具有两层含义后

① 滕朝阳：《候车室如厕收费何时休》，载《法制日报》，2001 年 4 月 2 日。

果，一是意味着该案被告不得继续此项收费；二是其他未起诉的受害人也可以以法院判决为依据主张返还。

（二）法律援助形式的公益诉讼

法律援助形式的公益诉讼，目前在法律上障碍也不大。由于我国司法制度上没有实行强制律师代理制度，在民事诉讼、行政诉讼中都允许公民代理。因此，一些公益法组织，如民间法律援助组织，大学或者研究机构的人权法中心等可以派员代理这类案件。这类案件有些引起媒体和社会关注，具有一定的社会影响，而成为影响性诉讼；有些案件则主要是法律援助案件。实际上，法律援助形式的公益诉讼是我们应当着力提倡的。

不过，律师和公益法组织在这类案件中的作用，我们界定为提供诉讼代理服务。这基本上还是基于现实法律规定而对律师和公益法组织采取行动策略的建议。对于公益法组织是否可以代替私益受到侵害的当事人提起诉讼，则是需要加以讨论的另一个问题。比如从直观上看，某些案件中的利益关系明显表现为私益受到侵害，并且案件有直接的受害者，比如刑讯逼供案件，但是受害者本人没有起诉或者不愿意起诉，其他人或者公益法组织是否可以代替受害者起诉？这种情况下，案件本身所包含的利益关系是非常复杂的。这种情况下少数弱势人群的利益，可能是特定的。但是，从社会法的角度上，基于我们每个人都可能成为弱者，案件背后也包含着前面我们所说的公益与私益关系转换的第三种情况，因而也可以说是公共利益受到侵害。问题是，如果其他人或者组织可以代替直接受害者提起诉讼（以自己的名义或者以当事人的名义），那么，所遇到的法律问题则似乎更加复杂。除了起诉资格问题以外，实体权益的处分、诉讼结果的承担等都需要在理论上和法律制度上作出合理的解决。所以，我个人认为，对于这种情况，法律制度的建构应当慎重。而由于尚无法律加以规定，因此，公益法组织和律师也不宜办理这类案件。

（三）他益形式的公益诉讼

他益形式的公益诉讼，由于需要诉讼法的规范，期待诉讼法上解决相关技术问题，因而属于前述诉讼法意义的公益诉讼。诉讼法意义的公益诉讼，是指当事人纯粹是为了维护客观的法律秩序以及维护公共利益的需要，对无关自己利益的事项，认为行为人的行为违法而提起的诉讼。这是最为狭义的公益诉讼，也是目前学界讨论较多的公益诉讼形式，目前在诉讼法上的法律障碍明显。从诉讼法角度研究的公益诉讼，具有以下特征：第一，不要求原告与被诉的行为之间具有主观的利害关系；第二，提起诉讼的目的是实现客观的法律秩序和公共利益；第三，提起诉讼的原因是认为被告的行为违法。

实践中，确实存在这样一些争端，其典型特征是违法的行为有直接的受益者，而没有直接的受害者。如城市规划领域行政机关违法审批行为、公有资产流失中某些机构或者组织违法失职行为、土地开发中的不合理利用、公共工程的审批招标发包等。在传统的诉讼法理论与规范之下，这些争端如果不解决诉讼法上的障碍，就不可能形成为诉讼案件以及难以解决审理中的问题。这类案件中，原告确实并非被诉行为的直接受害者（因为这类争端中根本就无直接受害者)，起诉不是由于因为与被诉的行为之间具有主观的利害关系，而是为了实现客观的法律秩序和公共利益。因而，案件往往由于法院认为原告无起诉资格而遭驳回。

依照《布莱克法律大辞典》的解释，原告资格是指某人在司法性争端中所享有的将该争端诉诸司法程序的足够的利益。传统诉讼法理论认为原告起诉必须与争端具有一定的利益关系，其目的是为了避免滥诉、避免司法资源浪费，以及避免被告受到无端纠缠以及社会资源浪费。但是，立法是否应当考虑在社会转型时期，赋予某些主体为维护社会公共利益而提起诉讼的权利？这就是诉讼法学界关于公益诉讼问题讨论的缘由。

目前理论界特别是诉讼法学界多是在此意义上理解公益诉讼之含义并进行讨论。这个意义上的公益诉讼需要解决的诉讼法上的理论问题很多，目前在法律上的障碍明显。因此，从立法上消除这类案件在起诉资格上的障碍是很有必要的，解决这类案件相关的法律问题也是必须的。归纳起来，未来在民事诉讼、行政诉讼立法中，需要解决以下问题。

1. 起诉资格问题

起诉资格问题实际上是一个涉及不同主体之间利益衡量的问题。例如在政府权力行使的领域，起诉资格条件的合理运用，一方面可以阻止法院受理无利害关系的当事人提起的诉讼，来保护行政权免受法院的任意干涉；另一方面也是给予普通民众监督权力的权利，实现司法民主，以此与滥用行政权力的行政机关相抗衡①。因此，立法上和实践中如何对待起诉资格问题，是一个需要理论探讨与制度设计的问题。显然，公益诉讼中原告起诉资格需要放宽，可是放

① 在美国，最高法院对待司法审查的态度在19世纪以来的若干判例中有明显的表现，并体现了适应时代发展的变化轨迹。参见王名扬：《美国行政法》第十五章第二节“合格的当事人”部分的论述，中国法制出版社1995年版，第616～640页。

宽到何种程度？是对特定类型案件放宽还是对特定主体放宽？是否需要设置一个可以过滤和筛选一部分案件的诉前程序？① 需要立法作出明确规定。

2. 诉讼请求与处分权问题

这类诉讼中，由于原告非直接利害关系人，不存在私益诉讼中基于当事人意思自治原则而具有的处分权，至少是处分权应当受到极大的限制。与处分权相关的首要问题是，由于争议的诉讼标的关乎社会公共利益，原告提出的诉讼请求是否应当有所限制？诉讼类型是否应当只限于确认诉讼、形成诉讼，而非给付诉讼？而与诉讼请求相关，原告对案件争议的实体性问题有无处分权？可否撤诉？能否和解？在公益诉讼中，“原告不仅仅是为自身起诉，而是为集体，为一个集团或亚集团起诉；正是这一集团而不只是当事人必须恢复其‘集体性权利’的享有。因而，观念上的当事人的义务以及法院监控的责任就变得更加严格了。一方面，当事人不能自由地‘处分’争议的集体权利；另一方面，法官有责任确保：当事人的程序行为是，且在整个诉讼程序中皆保持为公共事业的‘胜任的捍卫者’。”② 因此，显然，公益诉讼中当事人尤其是原告的处分权应当受到限制。

3. 司法审查的力度

与当事人的处分权相关联的司法审查的广度和深度或者说裁判权的范围与大小。在审理过程中司法权能动性的大小如何掌握？

4. 诉讼费用

公益诉讼案件是否依然收取诉讼费用？可否缓减免？败诉后的诉讼费用负担如何？

5. 激励机制

是否需要设置对于提起或者参与公益诉讼的当事人的激励机制？是否可以将胜诉后所得到的赔偿额按照一定比例奖励给当事人？如美国联邦民事欺诈索赔法案规定的告发人诉讼，允许个人代表美国政府起诉任何收到或使用政府资金并从中获利的个人或实体（包括州和地方政府）的欺诈行为，并按照所得

① 最近关于《民事诉讼法》和《行政诉讼法》修改的讨论中不少学者建议如此。笔者反对设置这样的诉前程序，原因在于，一个显见的事实是在我国几乎所有这样诉前程序实际上都演变成徒增程序而不利于弱势一方当事人权益保护的规定，如劳动争议仲裁，甚至行政复议，尽管当初制度设计的初衷可能是良好的。

② ［意］莫诺·卡佩莱蒂：《比较法视野中的司法程序》，徐昕、王弈译，高鸿钧校，清华大学出版社 2005 年版，第 412 页。

赔偿额的一定比例给予奖励。①

6. 滥诉的预防机制

原告资格条件的放宽，在形成公益诉讼的同时也可能发生滥诉，造成司法资源的浪费；还可能使得无辜的被告陷于诉讼的麻烦之中，从而带来社会资源的浪费。在今天新闻媒介日益发达的背景下，滥用诉权甚至可能成为不正当竞争的一种手段，造成被诉企业和组织名誉、信誉的重大损失。如何在鼓励人们为维护社会公共利益挺身而出的同时，设置预防滥诉的机制？

由于立法者的倾向与选择，某些问题可能是不存在的。比如立法可以考虑将公益诉讼类型限制为非给付诉讼，则原告的诉讼请求就只能是确认违法、停止侵害、消除危害等，不可能提赔偿损失之诉讼请求，因此也就没有对赔偿问题的处分权之应用，司法审查的力度以及诉讼费用的负担等问题也可能迎刃而解。从诉讼法角度看，这其实是有必要的。之所以需要立法解决起诉资格问题，是由于传统诉讼法上利害关系之限。而针对抽象的公共利益提起的诉讼，显然不存在对提起诉讼的个人进行赔偿的问题。如遇需要赔偿之情形，就应当认为具有利害关系，而可以采取传统诉讼法上之普通诉讼或集团诉讼形式。限于本专题的主旨，关于公益诉讼制度设计的这一观点或许应当另外专门为文加以研究。

（四）检察机关提起形式的公益诉讼

从技术上说，检察机关提起公益诉讼同样需要诉讼法加以规范和授权，在此不赘述。关键是在赋予提起公益诉讼之权时，立法如何在普通民众与检察机关之间作出选择。笔者认为，即使立法规定检察机关作为公共利益的代表者和维护者有权提起公益诉讼，也要考虑赋予普通民众提起公益诉讼的权利。这是因为，第一，检察机关作为国家机关，本身也是可能滥用权力和懈怠职守的，正如我们说行政机关是公共利益的代表者和维护者，但他们同样可能滥用权力和懈怠职守一样。第二，检察机关作为国家机关，天然地会更多考虑国家利益，而在某些情况下，国家利益与社会公共利益并不一致。目前实践中检察机关提起公益诉讼，关注的往往是国有资产流失等问题，这类诉讼虽然也关涉公共利益，但其中公民权利保护的意义却非常微弱。第三，就中国目前的情况来说，在变革的局势和多元化的时代背景下，比较保守的检察机关，普通民众对

① 刘卉：《美国公益诉讼全方位保护公众利益》，载《检察日报》2004 年 11 月 23 日。

于维护自身权益的强烈愿望，某些社会精英所具有的敏锐观察力和社会正义感，使得他们更可能站在维护社会公共利益行动的第一线。对于负有社会正义感和责任心的公民来说，正如笔者在几年前就发出过的感慨和呼吁："把权力监督机制的启动权赋予他们比赋予那些手握权力而无关自身痛痒的专门机关将更有实效。"①

关于他益形式公益诉讼、检察机关提起形式公益诉讼与诉讼法意义的公益诉讼的关系问题，人们的观点和立法的态度可能存在相当大的不同，即诉讼法意义的公益诉讼可能仅指我们这里所说的他益形式的公益诉讼，也可能仅指检察机关提起的公益诉讼，还可能将这两种形式的公益诉讼都包含在其中。确实，对此由于立法尚未明确而有讨论之余地。目前，学者特别是诉讼法学者多是在这个角度上进行研究，包括近年来多篇硕士学位论文和博士学位论文，研究和探讨的也主要是这类问题，尤其是原告资格问题。②

事实上，从维护公共利益之诉讼目的角度而言，什么是公益诉讼或者公益诉讼是什么，并非是一个需要过多加以讨论的问题。具有公共利益、人权保护、社会变革和公众参与意义的诉讼，都是公益诉讼。尤其重要的是，公益诉讼需要的是积极行动，而不是坐而论道。但是，毕竟出现对公益诉讼的其他理解，也需要进行相关的制度建构。正是由于有不同理解，并事实上出现争论，才需要我们作出相应研究，所以它是一个问题（而非伪问题）。这其中，需要积极行动的公益诉讼与期待制度建构的公益诉讼，既有各自之重点，又有密切之关联。

六、余论：公益诉讼的理想与现实

就中国的现实情况而言，社会问题的出现和社会发展的现实，催生了公益诉讼的实践。蓬勃发展的实践却面对相对滞后的立法与理论研究。公益诉讼须

① 《一个神圣的字眼——监督权力的权利》，载《法学评论》2001 年第 3 期。

② 笔者所知道的有：李刚：《公益诉讼研究》，清华大学 2004 届民商法学博士学位论文。朱晓飞：《公益诉讼研究》，中国社会科学院法学研究所 2005 届法理学博士学位论文。龚雄艳：《行政诉讼原告资格研究——兼论对行政法上公共利益的救济》，武汉大学 2002 届诉讼法学硕士学位论文。以"公益诉讼"为检索词在期刊网上还找到以下 4 篇学位论文：谢颖虹：《民事公益诉讼研究》，中国政法大学 2005 届硕士学位论文；成宏峰：《我国民事公益诉讼研究》，山西大学 2005 届硕士学位论文；孙永军：《公益诉讼研究》，河南大学 2002 届硕士学位论文；吴小隆：《公益诉讼研究》，中国政法大学 2003 届博士学位论文。

在理想与现实之间寻求联结的路径。对于广大关心公共利益保护的律师、学者和公益法组织而言，清醒的认识和理性的分析尤为重要。

因而，行文至此，需要说明，我们讨论问题，应当在两个层面上进行，一是现有法律规定层面，即实然角度，讨论我们可以如何做，应当如何做。二是在理论层面，即应然角度，讨论我们应当如何作出制度设计，如何提出立法倡议。如果在实务操作中，不顾现行法律的规定去追求应然的效果，提起所谓公益诉讼，是不能够达至目的而解决现实问题的。如有报道复旦大学博士生导师谢百三教授状告国家财政部案。其案情是根据财政部的公告和有关通知，2001年第七期记账式国库券“发行结束后可在上海证券交易所和深圳证券交易所上市流通”。而在该国库券发行结束后的第二天，财政部却以便函的形式通知中央国债登记结算有限责任公司以及沪深证券交易所本期国债“上市时间另行通知”。为此谢教授起诉要求撤销财政部的便函通知，并判令财政部向全国投资者道歉。当被问及自己是否购买以及购买多少国库券，谢百三教授的回答是“这（起诉）跟我买与不买，买了多少关系不大”①。这话虽然言之凿凿，听似有理，但实际上在法律上却是站不住脚的，是否购买恰恰是关系很大。不仅如此，此案还有另外的问题。依我国现行的行政诉讼法，原告应当是认为行政机关的具体行政行为侵犯自己合法权益的公民、法人或者其他组织。因此，第一，原告状告的应当是被告的某一个具体行政行为，而财政部的通知基本上是一个对内的抽象行政行为，依《行政诉讼法》的规定，抽象行政行为不属于人民法院司法审查的范围；第二，原告是由于被告的具体行政行为侵犯了自己的合法权益而提起行政诉讼的，如果被告的具体行政行为确实侵犯了原告的合法权益，法院可以判决被告向原告道歉，却不能要求被告向全国投资者道歉。因此，案件所呈现出来的情况仍然是，虽然轰轰烈烈，给媒体提供一个“爆炒”的材料，却还是落得个不了了之的结果。没有人打官司却希望得到败诉的结果。然而，现实是不少公益诉讼案件却以原告败诉而告终。惋惜之余，我们也要分析一下为什么。诉讼是运用法律之道，正如有网友在评论谢百三状告财政部案件时所说：“人有行动的自由，但人不能驾船行驶在公路上。”②

当然，就中国公益诉讼的实践而言，具体的个案胜诉与否，有时并非人们

① 记者雷静：《博导 VS 财政部：一纸便函与 WTO 规则》，载《三联生活周刊》2001年第50期。

② 中法网“行政法论坛”文章：《财政部违法且无耻 谢百三有理但无知》，http：//www.1488.com/china/，2001年12月23日访问。

关注的重点。很多时候，人们是抱着“法院受理就是胜利”的心态提起或者参与诉讼。案件的提起和进行所起到的往往也确实不是个案效果，而是个案引起的社会效应。很多时候，虽然案件没有被法院受理或者受理后原告的诉讼请求仍然被驳回，但个案中所反映的对公共利益的关注，对被诉行为的反思以及对权利意识的倡导，却给我们这个处于转型中的社会不断注入清新之风气。但是，也必须指出，并非所有的“将被告告上法庭”之个案的社会效果都是正面的、积极的，也有案件在让原告体味败诉滋味的同时，使得相反一方的势力更加嚣张，而让整个社会看到公益维权之艰难以及其他更多无法言说的东西，从而产生消极的、负面的影响。

值得高兴的是，尽管在立法权限问题上可能会有争议，但一些地方性法规中开始出现放宽原告资格的规定。如 2009 年 10 月 16 日贵阳市第十二届人民代表大会常务委员会第二十次会议通过，2010 年 1 月 8 日贵州省第十一届人民代表大会常务委员会第十二次会议批准的《贵阳市促进生态文明建设条例》第 25 条明确规定：“检察机关、环境资源管理机构、环保公益组织、生态环境和规划建设监督员，为了环境公共利益，可以依照法律对污染环境、破坏资源的行为提起民事诉讼，要求有关责任主体承担停止侵害、排除妨碍、消除危险、恢复原状、消除影响等责任。检察机关、环保公益组织、生态环境和规划建设监督员，为了环境公共利益，可以依照法律对涉及环境资源的具体行政行为和行政不作为提起行政诉讼，要求有关行政机关履行有利于保护环境防止污染的行政管理职责。”第 24 条第 2 款虽然不是对起诉资格的规定，但也与公益诉讼有关：“审判、检察机关办理环境诉讼案件，应当适时向行政机关或者有关单位提出司法、检察建议，促进有关行政机关和单位改进工作。”“鼓励法律援助机构对环境诉讼提供法律援助。”这种尝试，对于将来国家层面从立法上制定相关制度，促进社会转型时期相关问题的解决，应当说是具有积极意义的。

刑事诉讼法学专题

中国刑事司法改革（1996—2011）述评

——以《刑事诉讼法》的再修改为视角

主讲人：洪浩教授

自1996年《刑事诉讼法》修改以来，社会、经济和政治形势都已发生了重大变化，旧的《刑事诉讼法》与现有社会关系之间存在一定程度的脱节，暴露出诸多缺陷，对其进行再次修改的必要性和迫切性也日益凸显。因此，时隔十五年后，《刑事诉讼法》迎来了它的第二次大修。这次修改是我国刑事司法改革的重要一环，对于明确《刑事诉讼法》在法律体系中的地位，为刑事司法改革确定方向和奠定基础具有重要意义。笔者认为，《刑事诉讼法》的再修改以及刑事司法改革，应当以对公权力进行合理配置为核心，改变我国“多中心主义”的刑事司法现状；应当以实现对“国家安全”和“个人自由”的统筹保护作为合理配置公权力和改革诉讼模式的标准；应该注重两类利益——政府利益与人民利益，被害人利益与被告人权益——的对抗与平衡。对此，笔者将以1996年《刑事诉讼法》修改以来刑事司法改革进程为主线，评析其得失；并以《刑事诉讼法》的再修改为视角，对中国刑事司法改革的几个热点问题进行前瞻性分析。

一、1996年刑事诉讼法修改背景

我国首部《刑事诉讼法》制定通过于1979年，并于1980年1月1日起施行。该法产生于特定的历史时期，高度集中的计划经济体制和极不完备的法制背景决定了其存在某些先天性的缺陷，而高速发展的社会经济状况也使得该法难以适应社会主义法制建设的需要。因此，第八届全国人大四次会议于1996年3月17日通过了《关于修改〈中华人民共和国刑事诉讼法〉的决定》，并

于 1997 年 1 月 1 日起施行并沿用至今。

《刑事诉讼法》的第一次修改，是我国民主与法制道路上的重要一步，也是刑事司法制度建设道路上的一座里程碑，标志着我国的刑事诉讼制度发生了重大的变化。就当时的历史条件来看，1996 年的《刑事诉讼法》修改是成功的，在刑事诉讼的民主化、科学化和人权保障等诸多方面都取得了较大的成绩。但另一方面，本次修改中一些本应作为刑事司法改革核心的内容尚未触及，很多重要原则并未真正确立，刑事诉讼结构特征不够彰显，许多必要的技术性措施也没有跟进。这些不足导致了 1996 年的《刑事诉讼法》修改在理论上并不完善，有所遗留；同时影响、甚至妨碍了刑事诉讼功能的正常发挥，使得其在贯彻实施过程中存在很多问题。对此，笔者拟从取得的成果和存在的问题两方面对 1996 年的《刑事诉讼法》修改进行评析。

（一）主要成果

1996 年《刑事诉讼法》的修改，重点集中于庭审制度的改革。具体而言，主要有以下成果：

（1）庭审方式上改“法官一问到底”为“控辩双方当庭举证质证，法官居中审判”的形式，这就改变了法院审判人员将一切“包揽”的做法，强化了控、辩双方在庭审中的对抗性，弱化了控方与审判方的配合；废除“先定后审”，改开庭前的实质审查为形式审查，将实体问题放在法庭审理中解决，避免法官的“先入为主”和庭审“走过场”。

（2）明确规定人民法院依法独立行使审判权，人民检察院独立行使检察权。

（3）废除免予起诉制度，扩大不起诉范围，对原来免予起诉制度中部分合理因素加以吸收，形成三种不起诉形式。这一修改既对检察机关公诉权力起到了制约作用，也符合“无罪推定”的精神。

（4）完善强制措施，取消收容审查制度，对逮捕条件、拘留条件和时限、拘传、取保候审、监视居住等内容做了修改和完善。

（5）增加了对简易程序的规定，体现诉讼效率原则。

（6）健全辩护制度，律师提前介入，更有利于维护当事人合法权益，也在一定程度上对侦查和起诉起到了监督和制约的作用。

（7）加强对被害人权益的保护，扩大其自诉范围；同时保护受刑事追诉者权利，变更对其称谓，废除“人犯”一词，并废除“9.2决定”①。

可见，这次修改是我国刑事诉讼制度发展史上一次质的飞跃，标志着刑事诉讼立法目的从传统的单一惩罚犯罪，向惩罚犯罪与保障人权并重转变；一些基本原则的确立，也使得刑事诉讼法律体系更加完备。

（二）存在的问题

1996年《刑事诉讼法》的修改，改动达110多处，条文也从164条增加至225条。修改规模虽大，但其本质是对1979年刑事诉讼法的“修订”，而非“大改”，修改并不全面，一些核心环节并未触及，遗留了很多问题：仅仅对庭审方式进行变革，并不能满足控辩式诉讼模式的要求；司法独立原则和无罪推定原则虽有确立，但并未得到根本贯彻，难以真正实现；对强制措施的改革未能真正确立司法审查和令状主义；仅增设简易程序，诉讼结构仍欠完善；辩护人权利缺乏制度性保障，辩护制度改革收效甚微。

以上问题体现在司法实践中，造成《刑事诉讼法》实施上的偏差和目的的难以实现，加之社会经济背景的变化，《刑事诉讼法》的贯彻实施工作中出现了一些不容忽视的问题。2000年9月，全国人大常委会开展了一场《刑事诉讼法》实施情况大检查，时任全国人大内务司法委员会主任委员的侯宗宾同志列出了《刑事诉讼法》实施过程中存在的主要问题②，包括超期羁押现象，刑讯逼供现象，律师依法履行职务权利得不到保障的现象，以及执行过程中的减刑、假释、保外就医等问题。这些都是刑事诉讼司法实践中十分典型的现象。究其原因，既有实施过程中的偏差，更多的是制度设计上的缺陷。归纳起来，刑事诉讼法实施过程中暴露的新问题主要包括三个方面：一是控辩式诉讼模式缺乏实质配套内容；二是侦查体制和审判体制不相契合；三是程序分流难以实现，诉讼效率有待提高。

二、1996年至2011年刑事司法改革的尝试及评析

1996年《刑事诉讼法》修改中存在的不足，以及其实施中出现的问题，随着社会政治经济的变化以及刑事诉讼理论和实践的发展，暴露得越来越多，

---

① 《关于严惩严重危害社会治安的犯罪分子的决定》，1983年9月2日第六届全国人民代表大会常务委员会第二次会议通过，同日公布施行。

② 侯宗宾：《全国人大常委会执法检查组关于检查〈中华人民共和国刑事诉讼法〉实施情况的报告》，载《全国人民代表大会常务委员会公报》2001年第1期。

消极影响也逐渐增大。对此，我国进行了刑事司法改革的一系列尝试。这些尝试对完善刑事司法制度起到了一定的效果，但仍有所局限。

（一）刑事司法改革的局限性

1. 部门本位的改革方式

就对公权力的配置而言，刑事司法的现状是“多中心主义”，即宪法上的“检察中心主义”，刑事诉讼法上的“审判中心主义”，实践中的“侦查中心主义”。这种“多中心主义”既造成了公、检、法关系的不清不楚并因此带来实务中的一系列问题，也使得司法改革过程中各部门立场、角度的较大差异，造成观点分歧：最高人民法院坚持审判中心主义；公安机关维持侦查中心主义；检察机关力图构建完整的法律监督权来巩固其宪法地位；而司法行政机关通过狱企分离、社区矫正、监所改革来突破现有刑事执行体制。观点分歧的背后隐含着对于部门利益的追求，这种部门本位观念制约了刑事司法改革的发展。

在2003年，司法改革达到了一个高潮，成为当年中国最为活跃、最受社会瞩目的改革焦点之一。在这一年里，中国相继出台了包括法律援助、社区矫正在内的一系列具有亲民、便民色彩的司法改革措施，公民权利日益受到关注。该年也因此被众多媒体和司法界人士称为“人性化司法年”。然而，这些举措仍可以看作各部门为完善自身职能所作出的，依然没有触及司法改革的核心，实际效果有限。

1996年《刑事诉讼法》修改的缺陷及实行中的问题，以及2003年下半年一度出现的司法改革的高潮，让我们清楚地认识到，传统的部门本位的刑事司法改革已经无法实现。《刑事诉讼法》修改的核心命题，即是对公权力的合理配置和对公民权利的切实保障，举动之间都涉及公、检、法、司等机关的权力分配，而这有赖于司法改革从国家全局出发对司法权力的科学调配，有赖于司法改革对一些体制性障碍的修埋或清除。但我们的司法改革除了使死刑复核回复到现行《刑事诉讼法》的规定外，其他涉及刑事诉讼的改革则很少见。

2. 法律观念的滞后和司法制度的不完善

法律观念的滞后，为改革措施的实施设定了障碍；而司法制度的不完善，使得一些举措得不到制度上的保障，甚至与法律规定相矛盾。以律师辩护权利为例：1996年《刑事诉讼法》规定了律师提前介入的权利，但由于中国缺乏律师提前介入的经验，这一立法上飞跃式的进步却给实践带来一系列障碍。基于必须制约律师妨碍侦查的认识，修改的同时，也设定了许多“框”：如《刑事诉讼法》增加第38条：防止律师引诱证人作伪证；《刑法》增加第306条，

"辩护人、诉讼代理人毁灭证据、伪造证据、妨害作证罪"。据最高法院的统计表明，1996 年《刑事诉讼法》公布后，全国范围内律师参与辩护的案件，比起修改前不但没有增加，反而减少了很多。新修订的《律师法》作为司法改革过程中重要的一步，因其解决了困扰刑事辩护律师多年的会见难、调查取证难、阅卷难这一"三难"问题而受到赞誉，但《刑事诉讼法》关于律师刑事辩护权的规定却仍与新修订的《律师法》上述规定不一致，直接导致司法实践中律师刑事辩护权行使的"三难"问题得不到有效解决。

3.《刑事诉讼法》不具有可诉性

今天中国《刑事诉讼法》的一个最大的问题就是侦查公诉行为的司法审查面临着瓶颈效应。整个《刑事诉讼法》成了不可诉的《刑事诉讼法》，因为它不存在一个途径，把侦查行为、检察行为纳入司法审查的领域。当事人对程序性裁判有异议的，缺乏有效救济方式；而即使是申请复查，公安机关、检察机关作为程序性争议的一方当事人，在处理纠纷过程中难免更注意保护本部门的利益，而疏于保护当事人的利益。这就导致当事人的合法权利得不到有效的保护，更使得公安司法机关及其工作人员的行为在法律上几乎处于失控状态。这也成为我国司法改革进程中的一大桎梏，必须从程序上进行系统的重构。

（二）刑事司法改革局限性的成因

我国的刑事司法改革取得了一定成果，但十分有限。究其原因，是在当前的社会环境和司法现状这一背景下，司法改革的进程遭遇了瓶颈，既使既有的成果难以得到贯彻，也限制了其进一步发展。具体而言，主要有以下四个方面的阻碍：

1. 立法中的部门本位主义及精英主义

部门本位的思想使各部门忘了自己作为刑事诉讼程序一环的角色，忽视同其他部门的协调互动；而精英主义使得对《刑事诉讼法》修改的意见和看法局限于专门机关和专家学者，缺乏对基层民众声音的倾听和吸纳。

2. 转型期"稳定压倒一切"的政治需求

刑事司法改革的初衷在于遏制警察权等公共权力，但在社会敏感时期，"维护社会秩序"与"保障公民权利"的平衡点难以寻求，对"社会稳定是高于一切的最大利益"的片面理解，导致公民权利的保障不可避免地遭到忽视。

3. 宪法上的障碍

宪法是我国的根本大法，诉讼模式的改革必然受制于宪法的规范。如《宪法》第 129 条规定"中华人民共和国人民检察院是国家的法律监督机关"，

第135条确立的“分工负责”原则以及第37条“检察机关的批捕权”的规定，都使刑事司法改革受到了很大的限制。

4. 现代化与后现代化的两难

我国既要实现司法公正的“现代化”，又要实现诉讼效率的“后现代化”。现阶段这两者往往难以兼得，在处理两者关系时难免会出现失衡。

以上四个方面是司法改革进程中的瓶颈所在，《刑事诉讼法》的修改乃至整个刑事司法改革，应当针对这些阻碍，层层突破，才能获得最佳的效果。

三、中国刑事司法改革前瞻

2009年3月17日，最高人民法院公布了《人民法院第三个五年改革纲要(2009—2013)》，作为今后五年人民法院司法改革的指导性文件。该文件是在之前两个“五年改革纲要”的基础上制定的，对司法改革应遵循的原则和要完成的任务做出了指示。

2011年8月24日全国人大常委会发布了《中华人民共和国刑事诉讼法修正案（草案)》，向全体公民征求意见。

笔者认为，2009年最高法院纲要及2011年《刑事诉讼法修正案（草案)》所确立的未来五年司法改革应遵循的原则，有以下两点尤其值得关注：一是要坚持统筹协调。司法体制和工作机制改革必须立足于提高人民法院履行法律赋予的职责使命的能力，统筹协调中央和地方、当前和长远的关系，统筹协调上下级法院之间、人民法院与其他政法部门之间的关系，确保各项改革措施既适应我国经济社会发展、民主政治建设、公民法律素养的要求，又适应人民法院和法院干警的职业特点，积极推进人民法院事业科学发展；二是要坚持遵循司法工作的客观规律。司法体制和工作机制改革必须结合审判和执行工作自身特有的规律，注重探索司法规律在特定国情、特定环境下的具体应用和体现。坚持以科学发展观统领司法改革全局，建立符合司法规律的科学的审判制度和有效的执行工作机制，完善司法管理体制，努力提高人民法院的司法能力，确保人民法院各项改革措施适应我国经济社会发展和社会主义民主政治建设的要求。

而对于该纲要所确立的司法改革的主要任务，笔者将其总结为以下三个方面：其一，职权配置与审判独立。具体包括：①改革和完善人民法院司法职权运行机制。②改革和完善刑事审判制度。规范自由裁量权，将量刑纳入法庭审理程序，研究制定《人民法院量刑程序指导意见》。③改革和完善审判组织。完善审判委员会讨论案件的范围和程序，规范审判委员会的职责和管理工作。

④改革和完善人民法院接受外部制约与监督机制。⑤加强司法职业保障制度建设。⑥建立和完善依法从严惩处的审判制度与工作机制。其二，宽严相济。具体包括两个方面的内容：①建立和完善依法从宽处理的审判制度与工作机制；②建立健全贯彻宽严相济刑事政策的司法协调制度与保障制度。其三，司法为民。同样包括两个方面的内容。①加强和完善审判与执行公开制度：完善庭审旁听制度，规范庭审直播和转播；完善公开听证制度；研究建立裁判文书网上发布制度和执行案件信息的网上查询制度。②改革和完善司法救助制度：建立刑事被害人救助制度；配合有关部门推进国家赔偿制度的完善；建立执行救助基金。

在此，笔者拟对刑事司法改革中几项重要内容进行前瞻性的分析，包括人权保障、制约平衡、无罪推定和禁止双重危险，这也是《刑事诉讼法》2011年提出再次修改中需要着重解决的几个问题。

（一）人权保障——权利与权力的平衡

《刑事诉讼法》意义上的权利与权力，可以分别概括为“法无禁止即许可”和“法无许可即禁止”。要实现刑事诉讼中的人权保障，保证权利与权力相平衡，应当以对强者的控制、对弱者的保护（包括律师权利）为根本。《刑事诉讼法》的作用在于调节控、辩、审三方的关系。在刑事诉讼中，控诉方是强大的，辩护方是弱小的。根据刑事诉讼的原理和规律，又要求做到控辩平等和对抗，以便发现事实真相，实现司法公正。调节的方法其实非常简单：通过规则限制控诉方的权力，使其受到应有规制；通过赋予被告方相应权利，使其诉讼地位和对抗能力得以提高。

2007年2月11日，《法制日报》发表了武汉大学法学院博士生柯良栋的文章①，作者的另一个身份是公安部法制局局长。他在文章中提到，在当前研究提出修改《刑事诉讼法》的意见和建议时，有些观点自觉或不自觉地存在着一种倾向，即过于注重保护犯罪嫌疑人、被告人的权利，而忽视、轻视保护被害人及其他诉讼参与人的权利；过于注重强化、扩大律师的权利，而限制、削弱执法机关有效打击犯罪的手段。时值《刑事诉讼法》修改的关键阶段，这篇文章的发表在法律圈内引起了相当程度的关注。它透射出长期困扰《刑事诉讼法》修改的根本问题：打击犯罪和保障人权的关系之争。

---

① 柯良栋：《修改刑事诉讼法必须重视的问题》，载《法制日报》，2007年2月11日。

笔者认为，刑事诉讼目的的最低标准，应当是中国特色与普世价值的融合。我们修改《刑事诉讼法》的目标并不在发现、揭露、证实、惩罚犯罪这个目的的修改，而是对刑事诉讼程序进行完善，以使之达到更高程度的文明、科学、公正，那就是保障人权。

（二）制约平衡——理论与实务的背离

如前文所述，在公权力的配置问题上，我国的刑事司法现状是“多中心主义”，即理论以审判权为中心、立法以检察权为中心、实务以侦查权为中心。这种现象使得司法资源的配置不合理，也不符合诉讼规律。

我国《宪法》第129条规定：“中华人民共和国人民检察院是国家的法律监督机关。”在当前中国特定的政治体制下，人民检察院的法律监督性质是不能质疑和改变的，而且应当加强。检察监督的重点，应当是行政权力的依法行使。至于传统的诉讼监督，确有改革和完善的必要。在改革法律监督的同时，如何保障人民法院依法裁判，是摆在我们面前的重大课题。现有的中国法官体制和审判权行使方式，是必须接受监督的，关键是怎么处理司法独立与监督的关系、谁来监督以及如何监督。

在公、检、法三机关关系问题上，我国《宪法》第135条确立了“分工负责、互相配合、互相制约”的原则。这一原则严重违反刑事诉讼规律，分散了国家司法资源。“三机关分工负责”使得公安机关的地位被不当提高，与检察机关平等，不符合控诉的职能要求，即“侦查是为起诉服务的，侦查是服从和服务于起诉的”。

议行合一的宪政体系决定检、法都是司法机关，一个是独立行使检察权，一个是独立行使审判权，我们的公安机关体系上属于行政编制，属于政府的一个组成部分，但又介入到刑事诉讼活动当中来。一府两院的体制使我国的刑事司法机关极具中国特色：一方面，检察机关是国家专门法律监督机关，理论上和法院平起平坐，它的职权范围和它担负的任务很大；另一方面，在这一体制下，法院存在“先天不足”。

分工负责原则从法律上确立了我国“流水作业式”的刑事诉讼构造，这与刑事诉讼三角结构（双方当事人平等对抗，法官作为第三方居于其中，踞于其上，公正裁判）是相冲突的。在有明确的职责分工的前提下，在诉讼过程中已有明确的案件移交、逮捕的报批、移送起诉等这些具体规定的前提下，还要再“互相配合和互相制约”，显然是想进一步强调和说明三家相互的配合和相互制约的其他特殊含义。这个特殊含义是否意味着不仅容忍、而且希望三机关之间的法外配合呢？至少在实践中这种情况并不罕见。

笔者认为，“分工负责，互相配合，互相制约”原则应当废除，理由有三：

第一，其与现代刑事诉讼的基本理念不相吻合。该原则作为三家实为一家的思想体现，表明我们实际上没有真正摆脱公、检、法三机关均是专政机关的基本思维。而现代刑事诉讼三机关关系的基本理念却是控辩平衡、不偏不倚的法院居中裁判、法院和控方并非一家，这在联合国刑事司法准则中有明确要求。

第二，这一原则不能满足司法机关对于侦查活动尤其是使用各种强制措施司法控制的需要，其中以对公安机关机关采取强制性侦查措施的限制最为典型。

第三，由于该原则所存在的上述“言外之意”，刑事被告人在刑事诉讼中并不能确立其可以与控方平等的诉讼主体地位，辩护人难以获得足以和控诉方相抗衡的能力。而按照联合国刑事司法准则的规定，控辩平衡、平等武装是刑事诉讼的基本原则。三机关实为一家的关系，是以排斥犯罪嫌疑人、刑事被告人与控方的平等地位、否定辩护律师在刑事诉讼中的重要作用为前提的，因而对进一步加强辩护律师在刑事诉讼中的重要作用、强调保障犯罪嫌疑人、刑事被告人的权利极为不利。

因此，笔者认为，应当废除这一原则，同时按照诉讼规律来重新配置司法资源，理顺公检法的关系。落实控辩制，克服侦查中心主义，引入司法审查，用审判权来控制侦查权；调整警检关系，树立侦查服务起诉的理念，推行起诉领导、指挥侦查，至少是起诉引导侦查的机制。

（三）无罪推定——实然与应然的错位

1996 年刑事诉讼法修改后增加了有关无罪推定的内容。第 12 条：任何人未经法院判决有罪之前不得确定有罪。第 162 条第 3 项：证据不足，不能认定被告人有罪的，应当作出证据不足、指控的犯罪不能成立的无罪判决。这两条规定符合无罪推定精神，但却并非是无罪推定原则的经典表述。《法国人权宣言》将无罪推定表述为“在未经法院依法判决以前应该当假定（或推定）被告人是无罪的”；而《国际人权公约》的表述为“任何人都有权在法院未经依法裁判以前被视为无罪”。这与我国刑事诉讼法中的表述有明显的差异。

我国 1996 年修改《刑事诉讼法》所确定的第 12 条的内容，从历史上来看是一个进步，因为在此之前《刑事诉讼法》还没有这个内容，但这是一个有限的进步。其进步之处在于该规定确定了只有经过法院的裁判，才能确定一个人有罪。为了体现或贯彻落实第 12 条规定所反映出的无罪推定原则的精神，《刑事诉讼法》第 162 条专门规定了对指控证据不足的应当作出无罪判决的要求，也就是疑罪从无。但正如当时的全国人大法工委主任顾昂然 1996 年 1 月 15 日在《刑事诉讼法》修改座谈会的发言中说："封建社会采取有罪推定的原则，资产阶级针对有罪推定，提出了无罪推定。我们坚决反对有罪推定，但也不是西方国家那种无罪推定，而是以客观事实为根据。"由此看来，我们国家既否定有罪推定，也不承认无罪推定，或者说有罪推定和无罪推定都是错误的，我们都不同意，所以第 12 条的规定并不表示对无罪推定的肯定。

那么，应当如何正确理解无罪推定原则呢？笔者认为，对无罪推定原则的完整理解，应当包含以下三个方面：

第一，不能像对待罪犯那样对待犯罪嫌疑人和刑事被告人。两百多年前意大利的刑法学家贝卡利亚提出（他也是罪行法定原则的鼻祖）：不能像对待罪犯那样拷打、关押被告人，这就是无罪推定原则最初的基本含义。也就是不能像对待罪犯那样对待被告人，因为他还是没有被法院依法判决为有罪的人。

第二，应当把被追诉的人作为诉讼的主体来看待，他应当享有一系列的诉讼权利，刑事被告人不是诉讼的客体。

第三，证明被追诉之人为罪犯的责任在控方，被指控的人没有责任、没有义务证明自己无罪。如果控方不能证明，那就应当做无罪处理，犯罪嫌疑人、被告人享有沉默权。

因此，关于无罪推定原则的明确，应当按照《国际人权公约》的规定来表述，我们既没必要创造，也不需要创新，《国际人权公约》的规定直接用来作为《刑事诉讼法》的表述就可以了。不应再采用半遮半掩、不清不楚的方式来规定无罪推定原则了。当然，明确规定无罪推定原则之后，由此我们在修改《刑事诉讼法》的其他各章节时，如何贯彻无罪推定原则的各项具体要求，将是一个重要任务。

在一个具体的案件中，按照无罪推定原则，公安机关应该说的是"因为你涉嫌某种犯罪"或者"我们指控你犯什么罪"，而不是"你知道你为什么被抓进来吗?"刑事诉讼的目标和任务不应仅限于准确打击犯罪和保障无辜者免遭刑事追诉，更应保护被追诉者的主体性权利。不仅要把被追诉者区分为犯罪嫌疑人、被告，更应杜绝刑讯逼供。疑罪从无必须落到实处，佘祥林的悲剧不能重演。

（四）禁止双重危险——价值与程序的冲突

禁止双重危险的原则（一事不再理原则）是修改《刑事诉讼法》时需要确立的原则。我国现行《刑事诉讼法》未规定这个原则，但《公民权利和政治权利公约》第7条对此作了明确规定：“任何人已经依照一个国家的法律和刑事程序被最后定罪或者宣告无罪的，就不得以同一罪名再予审判和惩罚。”根据该原则的要求，同一个人因为同一件事或者同一个行为不得遭受两次审判或者惩罚。

禁止双重危险原则的含义主要包括两个方面：第一，对同一个人的同一个行为，不得重复追究，即使是换一个罪名也不得重复追究。比如，对被告人开始以抢劫罪起诉，后被宣告无罪，然后对同一个行为又以抢夺罪再一次起诉，根据该原则的规定就不允许。第二，对于被告人的最终定罪或者宣告无罪，都意味着诉讼的终结，都不允许再追诉。

这一原则也存在例外，包括以下三种情形。一是不同的主权国家对同一个犯罪行为人的同一犯罪行为可以重复追诉。根据国际公约的规定，这样的重复追诉不违背一事不再理原则，因为这是基于不同的主权而进行的追诉。二是为了被告人的利益可以例外。三是在刑事诉讼过程中，如果原来的定罪宣告尤其是无罪宣告是因为有人故意犯罪而作出的，有部分国家的《刑事诉讼法》规定可以再行启动刑事诉讼。有的国家规定得比较宽泛一些，既包括伪证罪，也包括贪赃枉法罪，这种因故意犯罪而导致的放纵情况，再予追诉在许多国家法律规定中可以作为例外。虽然有的国家对这类例外也予以严格禁止，但这样的例外规定应被确定为并不违背一事不再理原则。

我国的审判监督程序与禁止双重危险原则有明显的冲突，主要体现在再审程序的以下四个特点上：

1. 终审不终

根据审判监督程序的条件，终审裁判只要发生了错误，那就没有终局，任何时候都可以再次进行审判。而根据禁止双重危险原则，终审的判决一旦作出，诉讼就终结了。只是发现生效裁判有错误，并不能成为启动再审程序的充分条件。

2. 有错必纠

我国的审判监督程序强调的是有错必纠，不论这种错误是什么原因造成的、性质是什么。而禁止双重危险原则所强调的是纠正错误只能在特定情况下可以允许。

3. 错案追究

再审程序的指导思想是有错必纠，通过职权机关对以往的错误一个个予以纠正的方式来减少错误。禁止双重危险所强调的是权利保障和规范职权行为，禁止职权机关在纠正错误时的任意性。

4. 法院主动纠错

审判监督程序可以由法院自己主动提起来，而法院主动提起来的再审往往又是对被告不利的，这不仅是双重危险，还严重违反了控审分离的原则。

可见，要在我国的刑事诉讼中落实禁止双重危险原则，就必须对现行的审判监督程序进行改造。要改造审判监督程序，主要存在两个方面的困难，一是禁止双重危险原则与我们的有错必纠的观念是严重冲突的，二是存在放纵犯罪的可能。然而笔者认为，这两个困难都是可以解决的。

对于前者，在民众普遍的观念和这个原则相冲突的时候要确立这个原则，确实面临着巨大的困难。但是我们可以在技术上作处理，以缓冲二者的矛盾。一方面，技术性协调，我国《刑事诉讼法》规定该原则的时候，不要像西方法治发达国家那样规定得过于严格，例外情况可以稍微规定得宽一些；另一方面，司法实践应当尽量减少错案，以使观念和现实的冲突不至于经常发生，或者，即使发生冲突，也不至于过于严重。

而对于后者，因为不允许进行再审从而导致放纵罪犯，将很难被普遍认同。因此，如果放纵罪犯的现象普遍存在，禁止双重危险原则将很难确立，该原则将很难被理解，更难于在规定后得到有效的执行（美国某些州存在这种情况）。然而，目前我国刑事诉讼的实践表明，移送起诉的案件定罪率极高。所以，这个困难实际上不存在。

因此，确立禁止危险原则是建立法治化、民主化、科学化的刑事诉讼制度所必需的，也是可行的。我们应当在立法上真正确立、实践中严格履行，并且进一步完善审判监督程序，使刑事法律与司法实践都能够与刑事诉讼国际准则相协调，从而更有效地保障公民权利和司法公正。

当然，刑事诉讼中的技术侦查与司法审查、涉案财产的处理的正当程序、未成年人犯罪的特别程序等问题的提出及其解决的法律化都将成为《刑事诉讼法》再修正中的重要问题。这些问题与前述的相关问题的逐步解决将是中国刑事司法改革进步的标志，也契合了中国政治文明建设中人权发展的必然诉求！

民事诉讼法学专题

民事审判监督程序的修改

主讲人：刘学在教授

2007年10月28日，第十届全国人大常委会第30次会议通过了《关于修改〈民事诉讼法〉的决定》(以下简称《修改决定》)，对《民事诉讼法》作了局部修订。实际上，《民事诉讼法》的修改，涉及的问题非常多。究竟如何进行修改，是理论界、立法部门和实务部门都非常关注的。这次修改主要是两个部分，即审判监督程序和执行程序的修改，另外，删除了“企业法人破产还债程序”这一章，并对妨害民事诉讼的强制措施作了修改。① 首先介绍一下《民事诉讼法》修改的背景、概况，然后重点讲一下审判监督程序修改的主要内容。

一、《民事诉讼法》修改的背景、概况

(一) 修改的必要性

现行《民事诉讼法》是1991年4月9日颁布实施的。这部法典对于解决民事纠纷、保护当事人的诉讼权利和民事权益、规范民事诉讼秩序、维护交易安全无疑发挥了不可磨灭的巨大作用。这一点是应当加以肯定的。

但是，由于当时主客观条件的限制，《民事诉讼法》颁布之初，就具有一些“先天性不足”。特别是自1991年4月9日颁布实施以来，我国的经济、文

① 《修改决定》共19个条文。妨害民事诉讼的强制措施，2个条文；审判监督程序，7条；执行程序，9条；另有1条，删除“企业法人破产还债程序”(法典原第19章第199~206条)。

化、法律制度和理论等各方面社会条件发生了深刻的变化，各地法院也进行了多年的民事审判方式改革，致使该部法典与诉讼实践的客观要求之间已呈现出严重的不适应性。各种“后天性缺陷”不断地暴露出来。因此，及时对该法进行修改就成为一个尤为迫切的现实问题。①

（二）修改议题的提出

《民事诉讼法》的修改这一主题，多年前就已经提出来了。2002 年暑假，在浙江金华召开的第六次全国民事诉讼法学研讨会上，首次把会议的议题确定为《民事诉讼法典的修改》。

2003 年 12 月初，在南宁召开的诉讼法学年会上，把三大诉讼法的修改作为年会讨论的主题，中国法学会诉讼法学研究会名誉会长江伟教授在年会上提交了一份关于《民事诉讼法》修改的专家建议稿（草稿），尽管这部稿子还很不成熟，但它揭开了中国《民事诉讼法》修改的序幕。同年 12 月底，《民事诉讼法》的修改被正式纳入十届全国人大常委会的立法规划。

中国法学会诉讼法学研究会，2004 年在广州召开的年会，2005 年的天津年会，2006 年的杭州年会（刑、民分家），2007 年的上海年会，继续将《民事诉讼法》的修改列为讨论的主题之一。2008 年的兰州年会，则主要讨论本次修改内容的适用问题。

（三）《修改决定》的仓促出台

尽管《民事诉讼法》的全面修订列入了十届人大常委会的立法规划，但官方的行动是缓慢的。2003 年底制定“立法规划”，由于十届人大的任期是 2003—2007，故该项时跨 5 年的“立法规划”颁布之时，其有效实施日期即已在无形之中“缩水”为 4 年。即便如此，直到十届人大 5 年任期的最后一年，《民事诉讼法》的修订工作才姗姗来迟而且非常匆忙地提上了常委会的议事日程。这样一来，本应进行全面修订的《民事诉讼法》便不得不仅仅进行局部修订。而且仅仅在 2007 年 6 月的第 28 次会议、8 月的第 29 次会议和 10

① 经过多年的实践，1991《民事诉讼法》修改的必要性主要表现在：（1）对很多问题的规定过于简单或者不合理。（2）立法机关基本上没有颁布有关《民事诉讼法》的立法解释。（3）司法解释的不当扩张急需得到应有的遏制。（4）民事审判方式的改革需要健全、完善的民事诉讼立法加以规范和引导。

月的第30次会议上先后经过几个工作日的审议即通过了《修改决定》①，不可谓不高效！但从另一个角度来看，对于这样一部极其重要的程序立法，此次修订又显得有点仓促。

其仓促的表现：(1) 修订程序明显“前松后紧”，到后来匆匆忙忙、慌慌张张；(2) 没有经过广泛讨论，没有向社会公开修订草案，在相当程度上体现了“闭门造法”的色彩；(3) 未能充分吸收理论研究成果，也没有充分吸收审判实务中积累的实践经验和规则雏形。

尽管如此，这次修订对于破解诉讼实践中的“申诉难”和“执行难”这两大难题，并借以促进和谐社会的构建，仍然具有重要的意义，应当加以肯定。②

需说明的是，2008年10月29日，第十一届全国人大常委会召开了立法工作会议，出台了本届人大常委会的立法规划，共列了64件立法项目，其中要求在本届任期内提请常委会审议的一类项目49件；需要进行深入研究、条件成熟时安排审议的二类项目15件。《民事诉讼法》的修改列入一类项目。

在审判监督程序方面，修改的主要意图是解决申诉难的问题。当事人反映的“申诉难”问题（申请再审难），主要集中在其认为应当再审的案件未能再审、应当及时再审的但长期未能再审。修改主要体现三方面：一是完善申请再审的法定事由，以便增强申请再审的可操作性。二是完善申请再审的程序，使其更加公开、合理和完善。三是完善人民检察院的民事抗诉制度。

其实，对于审判监督程序的修改问题，按照理论界的主流观点和最高人民法院的本来意思，应当严格加以控制，以便加强法院裁判的既判力，提高司法的权威性和公信力；但这次修改并不是按照这个思路进行的。

《修改决定》对审判监督程序的修改仍然是粗线条的，为了便于实务操作，最高人民法院于2008年11月25日发布了《关于适用〈民事诉讼法〉审判监督程序若干问题的解释》(以下简称《解释》)，自2008年12月1日起施行。

二、关于申请再审的法定事由

按照我国《民事诉讼法》，提起再审的主体有三：当事人、法院和检察

① 这几次会议并非仅仅审议《民事诉讼法》的修改。

② 当然，这种肯定，主要是从“改了总比没改好”这种层面上来讲的，至于其在实践中到底有多大的意义和价值，现在还不能没有根据的高估。

院，此次修改没有变化，并保留了1991年《民事诉讼法》对不同主体提起再审的理由分别对待的做法：人民法院只要发现案件“确有错误”，就可以启动再审程序；当事人申请再审和人民检察院抗诉需要满足法律列举的事由之一。按照《修改决定》，人民检察院抗诉的法定事由与当事人申请再审的法定事由相同。

对申请再审的法定事由的修改主要体现在：一是统一了当事人申请再审和人民检察院抗诉的理由；二是增加了很多新的再审事由；三是内容上也有很大改动和完善，例如以前对再审理由的规定过于原则，而且具有明显的重实体倾向，此次修正则是从实体和程序两个方面对再审理由加以明确的列举，更加具体化。总体而言，这些再审事由可分为以下四类：

（一）关于证据和事实认定方面的事由

具体是指《民事诉讼法》第179条第1款所规定的13项再审事由中的第1~5项。包括：

（1）有新的证据，足以推翻原判决、裁定的；

（2）原判决、裁定认定的基本事实缺乏证据证明的；

（3）原判决、裁定认定事实的主要证据是伪造的；

（4）原判决、裁定认定事实的主要证据未经质证的；

（5）对审理案件需要的证据，当事人因客观原因不能自行收集，书面申请人民法院调查收集，人民法院未调查收集的。

在理解和适用这些事由时需注意的问题是：

1. “新的证据”界定问题

上述第1项再审事由与原规定同，但如何理解该项事由中“新的证据”仍然是一个问题。尽管《最高人民法院关于民事诉讼证据的若干规定》(以下简称《证据规定》）第44条将该条中“新的证据”界定为“原审庭审结束后新发现的证据”，并配以举证时限和举证失权制度相制约，但由于该条款的内容并无直接的立法依据，加之法官如适用该规定可能面临着较大风险等因素，因而其在实践中并未严格执行。这样一来，实践中如何准确适用该项再审事由，将仍然是一个较为模糊的问题。

为便于这一再审事由的适用，《解释》第10条规定，申请再审人提交下列证据之一的，人民法院可以认定为《民事诉讼法》第179条第1款第1项规定的“新的证据”：（1）原审庭审结束前已客观存在庭审结束后新发现的证据。（2）原审庭审结束前已经发现，但因客观原因无法取得或在规定的期限内不能提供的证据。(3) 原审庭审结束后原作出鉴定结论、勘验笔录者重新鉴定、勘验，推翻原结论的证据。(4) 当事人在原审庭审中提供的主要证据，原审未予质证、认证，但足以推翻原判决、裁定的，应当视为新的证据。

2. "基本事实"的界定问题

上述第2项事由，即"原判决、裁定认定的基本事实缺乏证据证明的"，是根据原第2项的内容（即"原判决、裁定认定事实的主要证据不足的"）修改而来。这个变化虽然避免了原条文中的"主要证据不足"的模糊性表述，但是对于"基本事实"这一表述，同样存在认识上的模糊性，在实践中也容易产生争议。从理论上讲，这里的"基本事实"应当是指涉及双方当事人争议的法律关系的主要事实（即诉讼理论所说的"法律要件事实"）。另外，"缺乏证据证明"是指没有当事人自认的情况下；如果当事人对基本事实有自认的情形时，即使没有相应的证据证明，也同样不能提起再审。

《解释》第11条则规定，对原判决、裁定的结果有实质影响、用以确定当事人主体资格、案件性质、具体权利义务和民事责任等主要内容所依据的事实，人民法院应当认定为《民事诉讼法》第179条第1款第（2）项规定的"基本事实"。

3. 上述第3、4、5项为新增加的再审事由

其中第3、4项再审事由中均有"主要证据"的表述，在实践中同样存在如何理解和认定的问题。所谓"原判决、裁定认定事实的主要证据是伪造的"、"原判决、裁定认定事实的主要证据未经质证的"，应理解为该证据是对基本事实的认定起关键作用的证据。尽管如此，如果当事人依据上述第3项或第4项事由申请再审，法院在判断是否属于"主要证据"时，仍然有着相当大的自由裁量权，如果操作不当，则有可能导致当事人的再审申请权得不到保障，或者使一些本不需要进行再审的案件进入了再审，影响生效裁判的权威性、既判力。对于第5项再审事由中的所谓"对审理案件需要的证据"，根据《解释》第12条的规定，是指人民法院认定案件基本事实所必需的证据。

另外，第4项事由具有程序和实体双重意义的保障功能：主要证据未经质证的，可申请再审，在要求认定事实的准确性之同时，强调了质证的程序价值。

（二）法律适用方面的事由

修改后的《民事诉讼法》第179条保留了原第3项之规定，即"原判决、

裁定适用法律确有错误的”，现为第179条第1款第6项。

根据《解释》第13条的规定，原判决、裁定适用法律、法规或司法解释有下列情形之一的，人民法院应当认定为《民事诉讼法》第179条第1款第6项规定的“适用法律确有错误”：（1）适用的法律与案件性质明显不符的；（2）确定民事责任明显违背当事人约定或者法律规定的；（3）适用已经失效或尚未施行的法律的；（4）违反法律溯及力规定的；（5）违反法律适用规则的；（6）明显违背立法本意的。

（三）诉讼程序方面的事由

原《民事诉讼法》第179条第4项再审事由，即“人民法院违反法定程序，可能影响案件正确判决、裁定的”，在认定时弹性较大，不容易操作。此次修改将其具体化为5项再审事由，即修改后的第179条第1款第7～11项。包括：

（1）违反法律规定，管辖错误的；

（2）审判组织的组成不合法或者依法应当回避的审判人员没有回避的；

（3）无诉讼行为能力人未经法定代理人代为诉讼或者应当参加诉讼的当事人，因不能归责于本人或者其诉讼代理人的事由，未参加诉讼的；

（4）违反法律规定，剥夺当事人辩论权利的；

（5）未经传票传唤，缺席判决的。

这些再审事由一改过去程序附属于实体、程序问题不能单独作为进行再审的事由的立法与实践，更加强调了程序法定原则和程序正当性原理，体现了程序法治意识的增强，对于规范法官的审判行为，促使其遵守法定程序具有重要意义。这也是此次修改的重要特点和一大亮点。

但上述有些再审事由的规定，其科学性、合理性有待进一步斟酌。例如：

1. 关于“违反法律规定，管辖错误的”事由

对于这一再审事由，存在的问题有：其一，依此事由申请再审时，提起再审的对象是法院对当事人提出的管辖异议作出的生效裁定，还是针对本案作出的生效判决？或者包括此二者？特别是在一审或二审期间，当事人能否对管辖权异议的裁定申请再审？其二，受诉法院依照法律规定无管辖权，但当事人没有提出管辖异议，受诉法院也未依职权移送，判决生效后，能否依该项事由申请再审？其三，管辖虽然不符合法律的规定，但案件的实体处理是正确的，甚至说非常正确，是否仍有必要再审？对于这些问题，都有必要进一步予以明确。

从理论上讲，将违反管辖规定作为申请再审的法定事由并不科学，因为，管辖问题本质上是一个在法院系统内部如何具体行使审判权的分工问题，相对于法官没有依法回避、违法对案件作出缺席判决等事由来说，其对诉讼公正的实质影响要小，如果仅仅以“管辖错误”为由即可提起再审，则判决的既判力和对纠纷的处理所应具有的终局性就会遭受破坏，特别是如果案件的实体裁判没什么问题时，仅以“管辖错误”为由对案件进行再审，显然是得不偿失的。从比较法的角度看，基本上没有哪个国家或地区规定有此项再审事由。

《修改决定》之所以将“违反法律规定，管辖错误的”作为应当进行再审的事由，目的在于试图以此来防止司法中的地方保护主义。但企图通过此项再审事由的设置去实现防止地方保护主义的目标，恐怕难以实现，因为只要管辖法院为一方当事人所在地的法院，而不是双方所在地的法院时，司法地方保护主义就可能发生作用。换句话说，即使管辖正确，司法地方保护主义也仍然可能存在。地方保护主义的消除，实际上取决于司法体制改革以及其他相关配套制度的改革，而此项再审事由的设置，难以达到这一目的。

因此，考虑到我国的实际情况，即使认为有必要将“管辖错误”作为再审的法定事由，也不应当是《修改决定》所作的这种宽泛式的规定，而应当规定一定的限制条件。一方面，在可以申请再审的时间方面，应当仅限于本案实体判决生效之后。因为，如果允许案件审理过程中可以对管辖权异议裁定申请再审，将会严重阻碍诉讼程序的正常进行。另一方面，在可以申请再审的范围方面，可考虑将其限定于以下两种“管辖错误”的情形：第一，违反专属管辖的规定。第二，当事人已经提出了管辖异议，而一、二审法院均予以驳回；如果当事人未提出管辖权异议或者对驳回管辖异议的裁定未提出上诉，则不应允许以管辖错误为由申请再审。

《解释》第 14 条试图对所谓“管辖错误”进行如下界定：违反专属管辖、专门管辖规定以及其他严重违法行使管辖权的，人民法院应当认定为《民事诉讼法》第 179 条第 1 款第（7）项规定的“管辖错误”。但这并不能够很好地解决问题。

2. 关于“违反法律规定，剥夺当事人辩论权利的”这一再审事由

这一再审事由实际上是较为抽象的，实践中不易操作。辩论权利本身是一个比较抽象的概念，在我国民事诉讼理论中，认为其对象包括诉讼中的各种问题（既可以是实体问题，也可以是程序问题；既可以是证据与事实问题，也可以是法律适用问题），贯穿于诉讼的各个阶段。何种情况下属于本项再审事

由所规定的情形，在认定上可能具有很大的模糊性。例如，法庭辩论时，法官认为某当事人的陈述与本案无关而加以制止，而该当事人认为与案件有关，事后能否以此为由申请再审？又如，法院认为存在延期审理或诉讼中止的情形而决定延期审理或中止诉讼，但并未召集双方就此展开辩论，是否属于剥夺当事人的辩论权利？再如，法院适用某项法律条款对案件作出裁判，但并没有召集双方对该项法律规定进行辩论，是否允许适用上述再审事由进行再审？诸如此类问题，在认定和处理上均存在较大的模糊性。其实，依笔者个人的见解，这项再审事由的规定，是一个立法败笔，不应作为法定的再审事由。

为弥补该项再审事由过于宽泛的弊端，《解释》第 15 条规定：原审开庭过程中审判人员不允许当事人行使辩论权利，或者以不送达起诉状副本或上诉状副本等其他方式，致使当事人无法行使辩论权利的，人民法院应当认定为《民事诉讼法》第 179 条第 1 款第（10）项规定的“剥夺当事人辩论权利”。但依法缺席审理，依法径行判决、裁定的除外。

（四）其他事由

具体包括《民事诉讼法》第 179 条第 1 款第 12、13 项以及该条第 2 款的规定，即：

（1）原判决、裁定遗漏或者超出诉讼请求的；

（2）据以作出原判决、裁定的法律文书被撤销或者变更的；①

（3）违反法定程序可能影响案件正确判决、裁定的，或者审判人员在审理该案件时有贪污受贿，徇私舞弊，枉法裁判行为的。

需要注意的问题：修改后的第 179 条第 2 款中规定，具有“违反法定程序可能影响案件正确判决、裁定的”之事由时，人民法院应当进行再审，那么，这一再审事由与第 1 款中所规定的违反法定程序的再审事由（例如“审判组织的组成不合法或者依法应当回避的审判人员没有回避的”）之间是什么关系？

从条文的表述和逻辑来看，似乎其区别在于：只要存在第 1 款中规定的违反法定程序的情形时，就应当进行再审，而不论该情形是否“影响案件正确判决、裁定”，而其他违反法定程序的行为，只有达到“影响案件正确判决、

① 针对此项再审事由，《解释》第 16 条规定：原判决、裁定对基本事实和案件性质的认定系根据其他法律文书作出，而上述其他法律文书被撤销或变更的，人民法院可以认定为《民事诉讼法》第 179 条第 1 款第（13）项规定的情形。

裁定”时，才能够申请再审。①

但若进一步分析，第 2 款中规定的“违反法定程序可能影响案件正确判决、裁定的”这一再审事由，其实是没有必要规定的，理由在于：第一，这是一项弹性极大、不易操作的再审事由（“口袋”性规定），处理过程中随意性较大。第二，如果是严重违反法定程序的行为，达到应当据此否定判决的既判力的程度，则应当直接纳入该条的第 1 款之中（事实上该条第 1 款已经作了较为详细的列举）；如果并非是严重违反法定程序的行为，则不应当据此否定判决的既判力和终局性。第三，所谓“影响案件正确判决、裁定”，其含义无非是指案件在实体裁判上可能存在错误，而该条第 1 款对实体方面的再审事由（包括事实认定、法律适用等）已经作了详细的规定，故“违反法定程序可能影响案件正确判决、裁定的”这一再审事由的设定，是没有必要的重复，即使删除这一再审事由，当事人的实体权利也完全能够得到保障。

对于第 179 条第 2 款中关于“审判人员在审理该案件时有贪污受贿，徇私舞弊，枉法裁判行为”之规定，《解释》第 18 条规定其是指该行为已经相关刑事法律文书或者纪律处分决定确认的情形。

另外，关于再审事由，值得思考的问题：

（1）有几项再审事由时，申请时是否应一并提出？我们认为有必要作出规定，这是维护司法裁判的稳定性、权威性的必然要求。

（2）实体性的再审事由之规定是否科学。对于我国《民事诉讼法》所规定的上述申请再审的事由，值得探讨的一个问题是，实体性的再审事由（证据不足、事实认定错误、适用法律错误）之规定是否科学？

对此，不少学者认为，将实质性事项列入再审事由是《民事诉讼法》修改的一个失误，其理由在于，再审的功能应当定位于恢复裁判的公信力，而不是所谓的“纠错”，且德、日等国《民事诉讼法》均将再审事由限定为形式上的瑕疵。还有人认为，案件的实体问题没有绝对的对错之分，不应当将案件的实体性问题作为申请再审的事由。这些观点虽有一定道理，但就我国的情况而言，完全否定再审程序的“纠错”功能并不合适。

基于中外法律和社会环境的差异，我国的民事再审程序仍有必要秉承有限

① 从《解释》第 17 条的规定来看，也采取的是此种理解。该条规定：《民事诉讼法》第 179 条第 2 款规定的“违反法定程序可能影响案件正确判决、裁定的情形”，是指除《民事诉讼法》第 179 条第 1 款第（4）项以及第（7）项至第（12）项之外的其他违反法定程序，可能导致案件裁判结果错误的情形。

纠错的功能。换句话说，德、日等国规定的再审事由之所以主要是诉讼的形式问题而一般不涉及事实认定与法律适用之实质问题，是因为其有着特定的制度基础和法律文化基础，而我国并不充分具备这些基础条件。这些基础条件是：

第一，形成了由精英法官组成的法官共同体，他们有着相同的或类似的法律教育背景，并且应当受到良好的法律教育，具有丰富的法律知识和实践经验，审理案件时基本上能够做到“相同情况，相同对待”。

第二，法官对职业道德具有高度的认同感，他们十分珍惜自己的法官职业生涯和职业荣誉，会小心谨慎、恪尽职守地履行审判职责，而绝少有枉法裁判行为的发生。

第三，三审终审制之审级制度的设计，可以最大限度地保证法律适用的准确性。

第四，既判力观念深入人心，司法裁判具有极大的权威性和公信力。即使是在法律条款本身含义有分歧且有两种以上认识时，无论法官根据哪种理解作出裁判结论，当事人仍然会接受裁判的终局性、既判力；或者在认定案件事实时，即使由于确实无法查清事实而需要运用举证责任规则或优势证据规则作出认定时，当事人也会接受这种认定及据此所作裁判的既判力。

在我国，由于并不充分具备上述制度基础和法律文化基础，因而如果绝对地排除实体性的再审事由，可能具有很大的危险性。

另一方面，从诉讼实践来看，案件的实体性问题也并非像有些人所主张的那样“无法判断对与错”。虽然有些情况下“对错”的判断存在模糊性，此时应当通过人们对法院裁判既判力的尊重、对司法权威性和公信力的尊重来解决问题；但有些时候，我国一些法官对案件的裁判的“对”与“错”还是容易判断的。

三、关于申请再审程序的完善

（一）关于提出再审申请的形式、材料和送达

此前，《民事诉讼法》没有明确规定。实践中存在一定的混乱现象。是口头还是书面形式？需要提交哪些材料？法院送达的期间有何要求？

修改后的第 180 条为新增的条款，规定：“当事人申请再审的，应当提交再审申请书等材料。人民法院应当自收到再审申请书之日起 5 日内将再审申请书副本发送对方当事人。对方当事人应当自收到再审申请书副本之日起 15 日

内提交书面意见；不提交书面意见的，不影响人民法院审查。人民法院可以要求申请人和对方当事人补充有关材料，询问有关事项。”

1. 再审申请书应记载的内容

根据《解释》第3条第2款的规定，人民法院应当审查再审申请书是否载明下列事项：(1) 申请再审人与对方当事人的姓名、住所及有效联系方式等基本情况；法人或其他组织的名称、住所和法定代表人或主要负责人的姓名、职务及有效联系方式等基本情况；(2) 原审人民法院的名称，原判决、裁定、调解文书案号；(3) 申请再审的法定情形及具体事实、理由；(4) 具体的再审请求。

2. 其他“材料”包括哪些

《解释》第4条规定，当事人申请再审，应当向人民法院提交已经发生法律效力的判决书、裁定书、调解书，身份证明及相关证据材料。

3. 应在5日内完成受理登记和送达手续

《解释》第7条规定，人民法院应当自收到符合条件的再审申请书等材料后5日内完成向申请再审人发送受理通知书等受理登记手续，并向对方当事人发送受理通知书及再审申请书副本。

（二）关于再审申请的受理、审查法院和进行再审的法院

1. 受理再审申请的法院

对于受理再审申请的法院，修改后的《民事诉讼法》第178条规定：“当事人对已经发生法律效力的判决、裁定，认为有错误的，可以向上一级人民法院申请再审，但不停止判决、裁定的执行。”而原条文，规定“可以向原审人民法院或者上一级人民法院申请再审”。

删去可以向“原审人民法院”申请再审的理由在于：由原审法院受理、审查当事人的再审申请并裁定再审，以纠正自己作出的错误裁判，实践中有一定障碍；而且，当事人对原审法院也可能信不过。同时，仅规定可以向上一级人民法院申请再审，也体现了上级法院对下级法院的审判监督。

但修改后的条款也存在一定的问题：(1) 有些时候，可能不利于当事人再审申请权的行使，增加诉讼成本、影响诉讼效率。一般而言，上下级法院处在同一城市时，不会存在这一问题。但上下级法院不在同一城市时，特别是针对农村基层法院审理的案件的申请再审，则很可能存在这一问题。

(2) 由上一级法院受理再审申请和进行审查，会大大增加上级法院的工

作负担，使上级法院在现有的人员结构下难以及时完成大量的审查任务。为解决这一问题，最高人民法院对高级法院和中级法院的级别管辖标准作了调整，普遍调高了其争议标的金额的下限。①

（3）依照该条规定，再审申请应向上一级法院提出，显然，这一规定忽视了一种重要情形，即对最高人民法院作出的生效判决、裁定，当事人如果申请再审，应当向哪个法院提出？这一点不能不说是该条规定的一个重要缺陷。

在此，有必要比较一下域外关于再审申请的管辖法院。对于再审案件的管辖法院，大陆法系国家和地区一般规定由作出生效判决的法院专属管辖，我国《民事诉讼法》这次修订则反其道而行之，删去可以向原审法院申请再审之规定，而仅规定可以向上一级法院申请再审，这样修改有其特定的理由，此点已如前述。

那么，域外对于再审案件为何一般规定由作出生效判决的法院专属管辖呢？据笔者浅见，可能基于以下理由：第一，审理的便利性，即由原审法院管辖再审案件，便于诉讼卷宗的调阅、便于当事人进行诉讼。第二，域外规定的再审事由较为清晰，可操作性强，由原审法院进行再审同样容易把握和认定。第三，其司法具有很高的权威性和公信力，无论是下级法院还是上级法院的判决，其既判力都易于得到当事人的尊重。第四，再审之诉是一种非常的救济程序，而不是正常的审级制度，不是审级制度的制约问题，故其管辖法院不需要提级；而且，由作出生效判决的法院管辖再审案件，也是审判独立原则的要求。第五，法院之间存在事务管辖（类似于我国的级别管辖）和职能管辖（即有的法院的审判职能在于一审，而有的法院的审判职能在于二审或三审）的分工，由原审法院管辖再审案件也是出于维护事务管辖和职能管辖制度的需要。

2. 对再审申请的审查和裁定

（1）法条规定。

关于对再审申请的审查和处理，原《民事诉讼法》第 179 条第 2 款规定："人民法院对不符合前款规定的申请，予以驳回。"其缺陷在于：其一，没有规定审查的期限；其二，没有规定须用裁定方式处理。

修改之后，第 181 条第 1 款规定："人民法院应当自收到再审申请书之日

① 参见《全国各省、自治区、直辖市高级人民法院和中级人民法院管辖第一审民商事案件标准》，2008 年 3 月 30 日发布，2008 年 4 月 1 日实施。

起3个月内审查，符合本法第179条规定情形之一的，裁定再审；不符合本法第179条规定的，裁定驳回申请。有特殊情况需要延长的，由本院院长批准。”这一规定有利于促使法院及时对当事人的再审申请进行审查，并明确了必须采用“裁定”进行处理，必将使再审的审查和处理方式更为规范化。

（2）存在的问题。

第一，“3个月内审查”的理解？没有规定清楚，应理解为“3个月内完成审查（审查完毕）”。

第二，关于审查期限的延长问题。该条款规定了3个月的审查期限，但考虑到有些案件可能较为复杂，故又作了“有特殊情况需要延长的，由本院院长批准”的规定，那么，院长批准延长审查期限的次数有没有限制？每次可以批准延长多长期限？对于这些问题，显然有必要进一步予以明确。否则，审查期限有可能被无限期延长而根本违背该条的立法宗旨。我们认为，可以考虑规定院长批准延长的次数不得超过2次，每次不得超过1个半月。

（3）审查的具体程序和方式。

第181条虽然对审查的期限作了规定，但对具体的审查程序和方式仍然没有规定。《解释》结合《民事诉讼法》相关规定以及各地审判实践经验，明确了径行裁定、调卷审查以及询问当事人等三种审查程序和方式，由合议庭根据案情，分别采用。

第一，径行裁定。主要是针对再审事由明显成立或不成立情形下，采取的审查方式。《解释》第19条规定：“人民法院经审查再审申请书等材料，认为申请再审事由成立的，应当径行裁定再审。当事人申请再审超过民事诉讼法第184条规定的期限，或者超出民事诉讼法第179条所列明的再审事由范围的，人民法院应当裁定驳回再审申请。”

第二，调卷审查。人民法院认为仅审查再审申请书等材料难以作出裁定的，应当调阅原审卷宗予以审查。

第三，询问当事人。主要是指当事人申请再审的事由很可能存在，或者为了进一步了解案情、做好息讼工作，召集一方或双方当事人了解情况。《解释》第21条规定，人民法院可以根据案情需要决定是否询问当事人。以有新的证据足以推翻原判决、裁定为由申请再审的，人民法院应当询问当事人。

另外，根据《解释》第24、25条的规定，人民法院经审查认为申请再审事由不成立的，应当裁定驳回再审申请。驳回再审申请的裁定一经送达，即发生法律效力。有下列情形之一的，人民法院可以裁定终结审查：（1）申请再审人死亡或者终止，无权利义务承受人或者权利义务承受人声明放弃再审申请的；（2）在给付之诉中，负有给付义务的被申请人死亡或者终止，无可供执行的财产，也没有应当承担义务的人的；（3）当事人达成执行和解协议且已履行完毕的，但当事人在执行和解协议中声明不放弃申请再审权利的除外；（4）当事人之间的争议可以另案解决的。

3. 关于具体进行再审的法院

《民事诉讼法》第 181 条第 2 款规定："因当事人申请裁定再审的案件由中级人民法院以上的人民法院审理。最高人民法院、高级人民法院裁定再审的案件，由本院再审或者交其他人民法院再审，也可以交原审人民法院再审。"

这一规定表明：（1）具体进行再审的法院与对再审申请予以审查、处理的法院不一定是同一法院。也就是说，第 178 条规定"可以向上一级人民法院申请再审"，并不意味着"上一级人民法院"在此后所有情况下都是再审案件的承办法院。（2）受理再审申请的中级法院，对于具体进行再审的法院没有自由裁量的权力。

需要注意的问题是，从该款和第 178 条等条款的立法意图来看，由受理再审申请的法院自己进行再审应当是一般原则，而最高法院、高级法院将案件交其他法院或原审法院进行再审应当是例外情形①。但由于该款并没有界定何种情形下可以将案件交其他法院或原审法院再审，故在实践中这种可以将案件交其他法院或原审法院再审的规定极有可能出现扩大化适用的结果，从而违背立法的本意。

《解释》第 28、29 条试图进行界定。第 28 条规定："上一级人民法院可以根据案件的影响程度以及案件参与人等情况，决定是否指定再审。需要指定再审的，应当考虑便利当事人行使诉讼权利以及便利人民法院审理等因素。"第 29 条规定："有下列情形之一的，不得指令原审人民法院再审：（1）原审人民法院对该案无管辖权的；（2）审判人员在审理该案件时有贪污受贿，徇私舞弊，枉法裁判行为的；（3）原判决、裁定系经原审人民法院审判委员会讨论作出的；（4）其他不宜指令原审人民法院再审的。"

应指出的问题是，最高法院、高级法院裁定再审的案件，交原审法院再审时，在程序上不存在障碍，但如果其将案件交其他法院再审，则程序上的处理

① 《解释》第 27 条规定："上一级人民法院经审查认为申请再审事由成立的，一般由本院提审。最高人民法院、高级人民法院也可以指定与原审人民法院同级的其他人民法院再审，或者指令原审人民法院再审。"

就会存在一定的障碍。①

（三）关于申请再审的期限

1. 修改后的规定

第184条规定："当事人申请再审，应当在判决、裁定发生法律效力后2年内提出；2年后据以作出原判决、裁定的法律文书被撤销或者变更，以及发现审判人员在审理该案件时有贪污受贿，徇私舞弊，枉法裁判行为的，自知道或者应当知道之日起3个月内提出。"而修改之前的第182条规定："当事人申请再审，应当在判决、裁定发生法律效力后2年内提出。"可见，修改之后的条款对因部分事由的申请再审的期限做了特殊延长，应当说有一定的合理性。

2. 值得探讨的问题

（1）仍然没有规定对调解书申请再审的期限。

（2）申请再审的期限，不区分当事人知悉再审事由的时间，普遍规定为裁判生效后的2年内，不具有合理性。

对于当事人较早时期就知悉再审事由之情形，该期限有点过长、过宽，可能使裁判的权威性、稳定性、终局性受到影响；而对于当事人较晚时期才知悉再审事由之情形，2年的期限又显得过短，可能不利于其合法权益的保护。

其实，对于申请再审的期限，大陆法系国家和地区的相关立法例已经为我们提供了可资借鉴的经验。其重要特点在于，对申请再审的期限设立了短期期间（一般期间）和长期期间（特别期间），并区别不同情况规定了不同的起算

---

① 因为，在后一种情况下，立法上并没有规定应如何协调和处理再审法院的判决与原审法院的判决的关系。换句话说，按照审判监督程序决定再审的案件，原生效裁判只是被裁定中止执行（《民事诉讼法》第185条、《民事诉讼法意见》第200条），在再审裁判作出之前，其法律效力仍然存在，而从诉讼理论上讲，对于原生效裁判的撤销、变更或者维持，只能由上级法院或者原审法院进行，同级的法院之间无法享有此种权限，否则会与审判独立等基本诉讼法理相违背。但依照上述条款的规定，如果最高法院、高级法院将其裁定再审的案件交其他法院再审，该法院应当是作出生效裁判的原审法院的同级法院，这样一来，再审法院的裁判与原审法院的裁判之间就会出现难以协调的困境，即一方面再审法院的裁判必须对如何处理原审法院的裁判作出判断，另一方面现行法律没有任何条款赋予同级的法院可以改变、撤销其他法院的生效裁判，且诉讼理论上也不允许这样处理。由此观之，上述条款中关于最高法院、高级法院可以将其裁定再审的案件交其他法院再审的规定，根本上就是一种欠深思熟虑的立法败笔。

点，以便在尽量维护判决的既判力和权威性之同时，对于知悉再审事由较晚的当事人亦能为其提供再审程序的救济。例如，德国规定，再审之诉应在 1 个月的不变期间内提起；日本和我国台湾地区规定，应在 30 日的不变期间提起。该期间自判决确定时起算；其再审的理由在判决确定后发生或知悉的，自知悉时起算。自判决确定之日其已过 5 年的，则不得提起再审之诉。①

由此可见，我国《民事诉讼法》关于申请再审的期限之规定，确有进一步斟酌的必要。

四、关于检察院的抗诉问题

围绕《民事诉讼法》的修订问题，民事诉讼中的检察监督一直是各界探讨的热点问题之一，存在扩大（强化）论、维持论、弱化论、取消论等各种观点。法、检两家的态度也比较明确。这次修改，基本上是维持，主要是在某些规则上进行了细化。

（一）抗诉理由的修改

与申请再审的理由相同，比未修改前更具体，便于操作。

问题：抗诉的事由与当事人申请再审的事由完全一样，是否合适？一些程序性的事由，是否应作为抗诉的理由。

---

① 德国《民事诉讼法》第 586 条规定：“（1）再审之诉应在 1 个月的不变期间内提起。（2）此期间自当事人知悉不服理由之日开始，但在判决确定前，不得起算。自判决确定之日起已满 5 年的，不得提起再审之诉。（3）前款的规定，不适用于因代理的欠缺而提起的取消之诉。此时，起诉的期间，自判决送达给当事人之日开始，或者在当事人无诉讼能力时，自送达给他的法定代理人之日开始。”

日本《民事诉讼法》第 342 条规定：“再审之诉，当事人应当在判决被确定之后，得知再审的事由之日起 30 日不变期间内提起。判决被确定之日（再审的事由在判决被确定之后发生时，为该事由发生之日）起经过 5 年时，不得提起再审之诉。本条前两款规定，对于本法第 338 条第 1 款第 3 项所列的事由中欠缺代理权和同款第 10 项所列的事由为理由的再审之诉，不适用。”

我国台湾地区“民事诉讼法”第 500 条规定：“再审之诉，应于 30 日之不变期间内提起。前项期间，自判决确定时起算，判决于送达前确定者，自送达时起算；其再审之理由发生或知悉在后者，均自知悉时起算。但自判决确定后已逾 5 年者，不得提起。以第 496 条第 1 项第 5 款、第 6 款或第 12 款情形为再审之理由者，不适用前项但书之规定。”

（二）明确了法院对抗诉作出再审裁定的期限

原第186条仅仅作了“人民检察院提出抗诉的案件，人民法院应当再审”的概括规定，并没有明确人民法院应当在多长期限内启动再审的程序，造成实践中某些法院审查抗诉时的拖延现象。修改后的第188条则规定：“人民检察院提出抗诉的案件，接受抗诉的人民法院应当自收到抗诉书之日起30日内作出再审的裁定。”

（三）明确了接受抗诉的法院可以将案件交下一级法院再审的情形

对于抗诉案件，具体应当由哪个法院进行再审，修改前的《民事诉讼法》未作规定，实践中接受抗诉的法院往往将案件交下一级法院再审，最高法院在有关司法解释中也规定，一般是交下一级法院再审，而人民检察院对于此种处理方式颇有微辞。

修改后第188条规定：“有本法第179条第1款第1项至第5项规定情形之一的，可以交下一级人民法院再审。”据此，对于抗诉案件，原则上应由接受抗诉的法院进行再审，只是在上述几种情形下，才可以交下一级法院再审。也就是说，对于抗诉案件，法院如果下放管辖，只限于证据和事实问题，而违反程序、适用法律错误问题导致的抗诉，则不能下放。

究其原因，似乎是因为前述法定情形均涉及证据事项，再审程序中分别需要进行较为繁重的证据收集、调查和法庭质证等活动，故从工作负担的均衡性考虑，作出了此项调节性的安排。另者，作出上述明确规定，也是为了借此化解人民检察院和人民法院长期以来在此问题上的争议。

（四）关于检察监督的几个争议问题

1. 民事抗诉的必要性问题

有观点主张，应当取消民事抗诉制度，认为民事诉讼解决的是“私权”纠纷，民事抗诉是对私权的不必要的干预，也会影响法院裁判的既判力，还可能妨碍法院的独立审判。就中国的实际情况来看，这种观点值得进一步思考。

（1）抗诉的必要性问题，应当围绕抗诉与当事人权利救济的关系为中心进行考察。如果现有的诉讼制度，特别是当事人申请再审的程序能够为当事人提供充分的程序保障，提供充分的救济，则抗诉是没有必要的。但中国的实际情况如何，需要深入地考证。到底有多少案件当事人不能通过申请再审的程序得到救济？这需要准确的、权威的统计数字。抗诉的案件，到底有多少被改判？改判之前的处理结果，其“错误”（或被认为是“错误”的）的程度到底如何？如果不予以改判，是否会动摇人们（当事人和社会公众）对司法公正性的怀疑？是否会动摇对法律的权威性和对法治的信仰？

（2）抗诉的必要性问题，还与权利救济的程序化、法治化有关。目前，申诉、上访现象成平常现象、家常便饭，申诉状、上访材料满天飞，处理申诉、上访是一个极为令人头痛的问题，如其这样，对于向法院以外其他机关寻求救济的方式，还不如只规定“民事抗诉”这一种寻求法院以外机关予以救济的途径，杜绝其他非程序性的途径（方式）的申诉、上访（纪委交办、人大交办、政府“交办”、政协“督办”、甚至于妇联“督办”等），使申诉行为、救济程序规范化、程序化、法治化。

（3）检察院抗诉的起因，几乎都来自于当事人的申诉，故不存在违背当事人处分原则的问题。

（4）检察院抗诉是否会妨碍法院的独立审判？最终的判断权仍然在法院，故并不存在妨碍、干涉独立审判问题。从我国现实权力结构、权力运行的实践来看，检察院对独立审判的影响远没有其他机关或其领导人的影响大。民事抗诉是程序内的、具有规范性的对法院裁判表达不同意见的方式，是具有可操作性、可预见性的方式，因而也是公开的、可摆在“台面”上评价的程序方式。

2. 检察监督的方式问题

检察监督的方式，仅限于对生效裁判抗诉，还是可以对民事审判的全过程进行检察监督？

主张对审判全过程进行检察监督的观点。认为《民事诉讼法》第 14 条“检察监督原则”，即“人民检察院有权对民事审判活动实行法律监督”，没有限定为仅仅是对生效裁判的抗诉。反对者主张，《民事诉讼法》第 16 章“审判监督程序”中规定的民事抗诉，是对第 14 条的具体化、明确化，应限定为抗诉方式；并认为对审判过程的检察监督，在操作上不具有可行性。

3. 民事抗诉的对象问题

故关于可抗诉的民事判决、裁定的范围，《民事诉讼法》并没有作出限制性规定，因而法院自然也无权通过司法解释自行作出某种限制。但是，最高人民法院为了“抵御”和“抗衡”来自检察机关的民事检察监督，自 1995 年起，左一个解释，右一个批复，对可以抗诉的生效裁判的范围不断加以蚕食。似乎只有对不予受理的裁定、驳回起诉的裁定的抗诉，人民法院才会认可。

对调解书能否提起抗诉？1999 年 2 月 9 日最高法院的司法解释规定，对民事调解书的抗诉，法院不予受理。①

4. 检察院提起民事诉讼问题

检察机关为维护社会公共利益或者国家利益，是否有权提起民事诉讼的问题，争议比较大。有主张者，有反对的。对于这一问题，实践中法院的具体做法不统一。例如，关于是否允许检察机关为保护国家利益而提起民事诉讼的问题，各地法院的做法即迥然不同。②

由于存在很多问题，又没有明确的法律依据，近几年，检察院直接提起民事诉讼的较少。

5. 执行中的检察监督问题

主张者认为，执行中存在违法行为，有检察监督的必要。反对者认为，一是无法操作；二是影响执行效率；三是法律规定监督的对象是“民事审判”，不包括执行。

另外还存在其他一些争议问题，例如，民事抗诉，为何规定必须是上级检察院针对下级法院的裁判？检察院对同级法院的裁判为什么不能提出抗诉（最高人民检察院对最高人民法院的裁判抗诉的除外）？又例如，对于民事抗诉，检察院能否调查取证？检察院能否调卷，以便审查是否提出抗诉？

五、案外人申请再审问题

实践中，对于发生法律效力的判决、裁定、调解书，案外人认为侵害其合法权益提出异议的情形不断增多，要求对案件进行再审的情形不断出现，而修改前《民事诉讼法》没有为案外人提供明确的救济程序和途径，案外人只能向法院、检察院或其他有关部门反映问题、申诉。

修改后第204条就执行过程中案外人的救济程序规定：“执行过程中，案外人对执行标的提出书面异议的，人民法院应当自收到书面异议之日起15日内审查，理由成立的，裁定中止对该标的的执行；理由不成立的，裁定驳回。案外人、当事人对裁定不服，认为原判决、裁定错误的，依照审判监督程序办

① 但1993年3月8日的一个司法解释专门规定，对于已经发生法律效力的调解书，法院如果发现确有错误，可以按照审判监督程序程序再审。

② 例如，浙江省浦江县法院对此类诉讼予以受理（参见李建平等：《民事公诉：保护国有资产的新尝试》，载《法制日报》，2002年8月14日），福建省霞浦县法院对此类诉讼则不予受理（参见孙瑞灼等：《合同侵犯国家权益，检察机关提起诉讼，福建霞浦县法院裁定不予受理》，载《法制日报》，2002年10月1日）。

理；与原判决、裁定无关的，可以自裁定送达之日起15日内向人民法院提起诉讼。”这一修改，为案外人申请再审提供了法律依据。

（一）案外人申请再审的方式

为了进一步增强司法实践的可操作性，《解释》第5条明确了两种案外人申请再审的方式。

（1）案外人对原判决、裁定、调解书所确定的执行标的物主张权利，且无法提起新的诉讼解决争议的，可以向作出原判决、裁定、调解书的人民法院的上一级法院申请再审。这种方式并没有强调案件已经进入强制执行程序，但是案外人仅能对原判决、裁定、调解书所确定的执行标的物主张权利，且无法另诉解决的，才能申请再审。

案外人申请再审的期限：可以在判决、裁定、调解书发生法律效力后2年内，或者自知道或应当知道利益被损害之日起3个月内。这一规定不同于第184条关于当事人申请再审的期限之规定；体现在“自知道或应当知道利益被损害之日起3个月内”。

（2）在执行过程中，案外人对执行标的提出书面异议的，应当按照《民事诉讼法》第204条的规定处理。

（二）案外人申请再审案件的处理

因案外人申请再审，法院审查认为与案件有不可分的利益存在的，应当裁定再审。裁定再审后，《解释》第42条分别针对两种情形规定了其处理方式：

（1）案外人应作为必要共同诉讼人时的处理。因案外人申请人民法院裁定再审的，人民法院经审理认为案外人应为必要的共同诉讼当事人，在按第一审程序再审时，应追加其为当事人，作出新的判决；在按第二审程序再审时，经调解不能达成协议的，应撤销原判，发回重审，重审时应追加案外人为当事人。

（2）案外人不属于必要共同诉讼人时的处理。案外人不是必要的共同诉讼当事人的，仅审理其对原判决提出异议部分的合法性，并应根据审理情况作出撤销原判决相关判项或者驳回再审请求的判决；撤销原判决相关判项的，应当告知案外人以及原审当事人可以提起新的诉讼解决相关争议。

这样规定，主要是总结了各地审判经验，对再审程序中可以解决的以及无法解决的问题，分别予以明确，为案外人寻求保护其合法权益清除法律上的障碍。

六、审判监督程序有待完善的其他问题

(1) 未经过二审的案件，申请再审是否应予以限制？应当在二审中提出而没有提出的事由，申请再审应否予以限制？

(2) 对当事人申请再审的次数仍没有限制。尽管有关司法解释有一定限制①，但当事人仍然可多次申请再审。

即使对当事人申请再审的次数有所限制，也不能解决“终审不终、再审无限”的困境。法院认为“确有错误”的，可以反复提起；检察院也可以反复抗诉。

(3) 再审案件的审结期限分别适用一、二审关于审结期限的规定，是否合理？是否应适当缩短？

(4) 对于生效的二审判决、裁定，二审法院依照审判监督程序或者其上一级法院依照审判监督程序决定再审后，经常裁定撤销原一审、二审判决、裁定，发回原一审法院重审，又重新开始一次漫长的“两审终审”程序，是否合理？

尽管《解释》第37～39条对再审案件如何进行裁判作出了规定，但仍难以改变“马拉松”式审理程序的怪圈。

(5) 抗诉程序的启动是否应当设定一定限制条件？有必要考虑如下条件：①只有在法院裁定驳回当事人的再审申请后，检察院才能予以立案审查并决定是否提出抗诉？②检察院的抗诉，是否应以当事人提出申请为前提？是否应当区分纯粹“私益”案件和涉及“公益”的案件分别予以设计？③抗诉应否在一定期限内提出？

(6) 抗诉的次数有没有限制？

(7) 检察院抗诉后，当事人的诉讼行为与抗诉案件的审理存在冲突时应如何处理？例如，抗诉后，当事人撤回抗诉申请？当事人申请撤回起诉或撤回上诉？应当尊重当事人的诉讼行为的效力（除非当事人的行为违反法律禁止性规定）。

---

① 《关于人民法院对民事案件发回重审和指令再审有关问题的规定》(2002年7月31日发布，2002年8月15日施行）第3条规定，同一人民法院根据《民事诉讼法》第178条的规定（依当事人申请），对同一案件只能依照审判监督程序审理一次。另外，2003年11月13日发布的《关于正确适用〈关于人民法院对民事案件发回重审和指令再审有关问题的规定〉的通知》第1条规定：“各级人民法院对本院已经发生法律效力的民事判决、裁定，不论以何种方式启动审判监督程序的，一般只能再审一次。”

国际经济法学专题

晚近国际投资条约的新发展

主讲人：张庆麟教授

一、新一代国际投资条约的特点

国际投资条约（以下称 IIA）是两国或多国为了保护和促进相互间的投资而签订的国际协定。起始于 20 世纪 50 年代初的友好通商航海条约，并经过半个多世纪的发展演变成为现今极具影响的美国 BIT 投资范本。IIA 逐渐从双边发展到区域多边，从仅仅包含投资实体性规范发展到全面规定有关投资的实体性问题和程序性问题。从整个 IIA 内容来看，其关注的重心逐渐从保护投资者安全转向促进投资自由化。尤其是晚近十年，发达国家 BIT 范本中体现了这一现象。另外，TRIMS 的达成也反映了发达国家推动投资自由化的目的。

一项 IIA 的签订背后有其复杂的成因，各个主权国家根据本国经济发展状况平衡各种因素再加上各自的谈判议价能力也不相同，导致了国际投资条约形式和内容上的种种差异，但其最终目的都是为了促进本国经济发展。在 IIA 的谈判中，作为主要资本输出国的发达国家和作为主要资本输入国的发展中国家在很多问题上都是对立的，但随着某些国家国内经济形势的变化，其所处的国际投资角色也相应转变，其在国际投资协定中所持立场也发生了变化，在各方博弈的过程中，新一代的 IIA 应运而生。

（一）数量大幅增加

自 20 世纪 90 年代以来，IIA 的数量大幅增加。截至 2007 年底，双边投资条约的数量已达到2608个。① 新一代的BITs较之前的BIT在形式上和内容上都有很大变化，趋向于复杂和精确。② 在新增加的这部分IIA中，有一部分是原先签订BIT的国家对BIT进行重新谈判（或对旧的条约进行全面修订或签订新的条约），因为很多BIT是20世纪90年代签订的至今已用了近30年，条约的有效期将近届满，必须签订新的BIT以符合本国经济发展状况并能够和该国对外签订的其他区域性投资条款相一致。2007年44个新签订的BIT中有10个是对旧的BIT的重新谈判，其中德国重新谈判的BIT最多，紧接其后的是中国。③ 发达国家在缔结双边投资条约方面起主导作用，它们缔结了全部双边投资条约中的60%。然而近年来，由于发展中国家和转型经济体积极参与双边投资条约的缔结，因而占据了优势，发达国家缔结的双边投资条约的比重不断下降。发展中国家和转型经济体目前在双边投资条约体系中所占比重分别为76%和26%。④

除了BIT以外，IIA数量增加的另一来源是区域协定中的投资条款（尤其自2000年以后），包括在自由贸易协定中的投资条款（如NAFTA中的投资制度），区域经济合作框架中的投资协定以及区域和国家间的投资条约（如欧洲自由贸易联盟——埃及 自由贸易协定）。这类投资协定（以下简称优惠贸易与投资协定）并非是专门的多边投资协定，而是区域或复边贸易协定的一部分，优惠贸易与投资协定中的保护承诺范畴类似于双边投资条约中规定的保护义务范围。据UNCTAD统计，截至2008年上半年，该类投资协定达259条之多，而在1989年时该类条款还不到25条。⑤ 究其原因，要追溯到OECD意图制定MAI的流产和WTO多哈回合谈判遇挫。在众多国家的意志越来越难协调的情况下，发达国家间和发展中国家便转战于区域性安排来寻求投资自由化，因为在经济发展水平相当的国家间更容易达成符合各方利益的投资协定，在贸易协定中加入投资条款是因为优惠的贸易安排使得投资制度更易接受。

① IIA MONITOR No. 2（2008），UNCTAD.

② International Investment Agreement: Trends and Emerging Issues，UNCTAD Series on International Investment Policies for Development，UNCTAD/ITE/IIT/2005/11.

③ IIA MONITOR No. 2（2008），UNCTAD.

④ 国际投资规则的制定：评估、挑战与前景展望，UNCTAD Series on International Investment Policies for Development，UNCTAD/ITE/IIT/2007/3.

⑤ IIA MONITOR No. 1（2009），UNCTAD.

（二）内容不断扩充

传统的BITs注重对投资者的保护，这一点尤其体现在发展中国家间签订的投资条约中。总体上内容比较简单，主要包括外国投资者的待遇、征收及补偿标准、资本自由转移等实体问题，争端解决机制条款也较为简单。在新一代的BIT中不仅加强了对投资者的保护还加入了投资自由化的有关内容，比如对投资和投资者定义的扩大，将国民待遇和最惠国待遇适用于投资准入阶段等。晚近包含货物贸易、服务贸易的自由贸易协定中也包括了相关投资条款。在IIA中BIT虽然仍然占有绝对数量，但自由贸易协定中的投资条款正变得越来越重要。现今一些国家更倾向于将传统的投资保护条款和投资自由化问题加入到经济合作框架中，而不是签订BIT。

与传统的BITs相比，晚近IIA在范围、方式和内容方面也有很大变化，其倾向于包含越来越多的投资以外的问题，比如促进缔约方经济合作透明度，强调保护人类健康安全，环境和全球劳工权利，加强跨国公司的社会责任以及重新确认缔约方对民主权利的承诺、法律制度、人权以及基本的迁徙自由权利。各国越来越愿意在这种涉及面更广的协议背景下解决传统投资保护和较新的投资自由化问题。在这种涉及面更广的协议背景下，投资条款只是规模更大的经济一体化框架的一部分。中国和加拿大重新缔结的促进和保护投资条约中加入了有关环境保护的条款。在新签订的很多投资条约中逐渐重视对外国投资者利益和东道国合理公共政策考量的平衡。

（三）条款更加细致

晚近IIA尤其是BIT无论是在结构上还是具体的条款上都更为复杂和细致。早期的BIT只有几个条款，比如美国1994年BIT范本只有16条。而现今的IIA从逻辑结构上来说更为严谨，一般说来分为三个部分，即定义、实体规则和程序规则，比如美国2004年BIT范本包括三部分：A部分是关于实体性规范（包括定义、投资保护与促进投资自由化等实体方面的问题，共有22条），B部分是关于投资者诉东道国争端解决机制（共有13条），C部分是关于国家间争端解决机制（1条），此外还包括4个附件，分别涉及习惯国际法和征收的定义，缔约方法律文件服务中心以及双边仲裁上诉机构。

对具体条款的重新表述澄清了相关概念的范围和适用，阐明条款的结果可能是缩小了这个条款原本可能适用的范围，也可能是缔约国试图制定更加严格的义务。① 对具体条款修改的推动力来自于NAFTA成员国对其投资条约的修改，这些国家（尤其是美国）也是全球范围内主要的资本输出国，其对投资条约范本的修改无疑影响着与之签订条约的国家，因此其他很多国家在重新签订投资条约时顺势也修改了具体条款。以美国为例，根据十年的条约解释和仲裁实践做了大量修改，它一方面将国际投资法领域的原有概念进行明确化，另一方面则将美国所提倡的国际投资法领域的新概念进行推广，比如对“公平公正待遇”的澄清和对间接征收的定义。另一个重要的修订是对具体的程序条款。晚近IIA对投资者与东道国争端解决程序有很重要的创新，比如公开仲裁、公开相关法律文件以及接纳“法庭之友”以增加仲裁的透明度，再比如早期评阅机制和对相同诉求的合并审理以减少仲裁成本。

（四）投资争端增加

提交仲裁解决的投资者与东道国争端数量逐年增加，在1994年以前提交到ICSID的仲裁案件只有3起，到了2008年年底ICSID共收到仲裁案件202起，通过其他途径仲裁的案件有116起。② 所有案件中，80%以上是2000年以后提出的。至少78个东道国政府被诉，其中48个是发展中国家（阿根廷政府被诉数量高居榜首为48起），17个是发达国家，另外13个是经济转型国家，大多数提出仲裁的投资者来自发达国（91%）。截至2008年年底109个ICSID已决案件中，51个判决有利于东道国政府，48个判决有利于投资者。在国际投资仲裁案件中，大多数外国投资者都以东道国政府违反BITs为由向仲裁庭提出诉请的，其中援引美国——阿根廷BIT的案件至少为18起。在区域和多边投资协定中，以违反NAFTA为由提出仲裁的案件有46起，以ECT为由提出的仲裁案至少21起。③ 仲裁请求数量的增加可以归因于若干因素。首先，国际投资流量的增加导致发生争端的机会增多，而发生争端的机会增多，加上国际投资协议的数量更多，这种局面很有可能引发更多的案件。其次，由于已经缔结的国际投资协议的数量更加庞大，有可能发生更多指控违反

① 国际投资规则的制定：评估、挑战与前景展望，UNCTAD Series on International Investment Policies for Development，UNCTAD/ITE/IIT/2007/3.

② International Investment Agreement: Trends and Emerging Issues, UNCTAD Series on International Investment Policies for Development, UNCTAD/ITE/IIT/2005/11. IIA MONITOR No. 1 (2009), UNCTAD.

③ IIA MONITOR No. 1 (2009), UNCTAD.

条约条文的投资者与国家之间的争端。仲裁的透明度提高（例如在《北美自由贸易协定》范围内）也可能促使更多国家知晓这种解决争端的法律途径。

晚近的投资争端涉及 IIA 中的许多实体问题。比如投资和投资者的范围、东道国金融危机时采取的“紧急安全措施”对外国投资者的影响，东道国对危害环境的投资的管制措施。涉及的具体条款有“公平公正待遇”条款、征收及补偿条款、“安全例外”条款等。这些争端的仲裁往往对 IIA 的内容有深远的影响，导致各国在签订条约时重新考虑某些条款的措辞。

二、国际投资条约中主要条款的新发展

（一）投资的定义

投资定义的宽严直接影响了 BITs 的适用范围。一般而言，宽泛的投资定义涵盖各种资产形式，符合资本输出国及其跨国投资者的利益。发达国家传统上倾向于采用宽泛的定义，以求最大限度地保护其跨国投资者的利益，而发展中国家则力图采用较严格的投资定义，以求限定其保护外资的责任。

典型的 BITs 的投资定义是，以经东道国政府批准为限定条件的“基于资产”（asset-based）的投资定义方式，并附有所包括资产类型的列举性清单。多数 BITs 规定了尽可能广泛的投资定义。宽泛的“基于资产”的定义已成为当前 BITs 的普遍规范。新的趋向是更为准确地作出基于资产的“投资”定义。在美国 2004 年 BIT 范本中，采取了循环的投资定义，进一步扩大了“基于资产”的定义。根据美式“循环”定义，“投资”是指“投资者直接或间接拥有或控制的具有投资特征的任何财产，包括如同资本或其他资源的承诺、收益或利润的预期，或风险的承担等特征”。投资可采取的形式包括：（1）企业；（2）企业的股份和其他股权参与形式；（3）债券和其他债权文件及贷款；（4）期货、选择权和其他衍生物；（5）交钥匙、建设、管理、生产、特许、收益分享及其他类似合同；（6）知识产权；（7）根据可适用的内国法授予的许可证、授权、允许及类似的权利；（8）其他有形或无形财产、动产或不动产以及相关财产权利，包括出租权、抵押权、质押权及保证。①

IIA“投资”定义的另一新发展表现在，发展中国家采取“基于企业”

① OECD Secretariat, Novel Features in OECD Countries' Recent Investment Agreements: An Overview, Document for Symposium Co-organized by ICSID, OECD and UNCTAD on Making the Most of International Invest, p. 5.

（enterprise-based）的投资定义方式，力图将“投资”的范围限于同投资企业相关者。例如，墨西哥BIT范本规定：“‘投资’一词指：（a）企业；（b）企业股票；（c）企业债券，其条件是该企业是投资者的附属机构或该债券最初到期日为3年以上，但不包括缔约方或国家企业（state enterprise）的债券，无论其最初到期日如何；（d）对企业的贷款，其条件是该企业是投资者的附属机构或该债券最初到期日为3年以上，但不包括对缔约方或国家企业的贷款，无论其最初到期日如何；（e）使所有人能分享企业收益的企业股权；（f）使所有人能分享企业终止时不属第（c）或（d）项的债务担保或贷款的资产；（g）用于经济利益或其他商业目的的或为此预期而取得的不动产或其他财产，有形或无形的资产；（h）在缔约一方领土的资本承诺或其他资源对该领土经济活动产生的利益，如根据（i）涉及在该缔约方领土的投资者资产投入的合同，或（ii）酬金实质上取决于企业的生产、收入或利润的合同。”此种严格的投资定义方式未能为多数发达国家所接受。

ICSID公约并没有就什么是“投资”作出规定，而是留给各国在投资条约中作出说明。为确认是否符合IIA中的“投资定义”，通常要审查是否符合所谓的Salini标准。在Biwater Gauff Ltd v. Tanzania案①中，仲裁庭指出：投资是否持续一定期间、投资是否含有风险、是否盈利、是否有投入或承诺投入财务资源、是否对东道国有贡献，这五个标准是衡量成为BITs中“投资”的基本要求。仲裁庭还指出，“如果采用更加灵活和实际的方式来确定是否属于‘投资’是被允许的，但要将Salini标准考虑在内，同时结合具体案例附加其他条件，包括ICSID公约中对‘同意’的相关规定”。

（二）投资者的定义

投资者分为两类：自然人和法人。一般来说，自然人和法人要和某一国家有一定联系，才能受到该国法律的保护。作为自然人来说，投资协定一般以国籍作为其与某一国家的联系，来确定该自然人是否属于缔约国的公民，一些投资协定还适用了其他的联系方式（如永久居住、住所和居所）来确定。若是涉及法人，确定其所属国家就更加复杂，因为现在法人复杂的运营方式使得确定其国籍的难度更大了。IIA中一般采用公司“成立地标准”、“住所地标准”、“资本控制标准”来确定某一法人是否属于投资协定中被保护的某一缔约国公民。当依以上标准确定的法人不属于投资协定缔约国想要根据协定保护的投资

① IIA MONITOR No. 1（2009），UNCTAD.

者时，缔约国可以在协定中加入“拒绝授利条款”来排除这些投资者。

在晚近十年 IIA 实践中，确定法律实体的国籍仍然采用不同的方式。在近年签订的 BITs 中，出现了结合设立地标准和“控制利益”（controlling interest）标准的趋向。如：瑞典—印度 BIT：作为投资者的法人可以是公司、合伙、社团依某一缔约国法律成立或注册，或在第三国成立的公司但 51% 的资产由缔约国（或国民）享有，或由缔约国（或国民）控制该公司 51% 以上的表决权。MIGA 公约在定义投资者时用结合使用注册地和住所地标准，但也将“资本控制”标准作为可选择项。第 13 章 A 款阐述了法人实体作为合格投资者的要求：该法人需在缔约国注册，并且在缔约国是主要商业活动地，或该法人的大多数资本由缔约国或缔约国国民所有，但上述情况下，该缔约国不是东道国。仲裁庭对某项投资中投资者的“控制”作了解释，在 Thunderbird 诉墨西哥案中，NAFTA 仲裁庭对“资本控制”做了如下定义：“控制”是一种在某一企业的商业活动中能有效地决定和执行商业决策的权力，在某些情况下，“控制”还包含多种要素，如技术、市场准入、资本进入、商业秘密和商业等。

ICSID 公约第 25 条第 2 款第 2 项（2）中规定提交投资争端解决的“另一缔约国国民”除了是具有作为争议一方的国家以外的某一缔约国国籍的任何法人，还可以是“虽然具有作为争议一方的缔约国国籍的任何法人，但该法人因受到外来控制，当事人双方同意为了 ICSID 公约的目的视作是另一缔约国国民”。但公约并未对何为“外来控制”作出解释，在 ICSID 仲裁实践中，各个仲裁庭所作的解释也大相径庭。比如，在 Rompetrol v. Romania 案中①，东道国政府提出管辖权异议，指出在荷兰注册的 Rompetrol 公司其资本实际上是由罗马尼亚公民控制的，然而仲裁庭指出“资本控制地、有效管理地、资本来源地都不能作为确认法人国籍的标准，因为在荷兰—罗马尼亚 BIT 中是以公司注册地来确定投资者国籍的”，因此仲裁庭确认了其对该案的管辖权；在阿姆科公司诉印度尼西亚案中，印度尼西亚政府主张，PT 阿姆科公司并非由在美国设立的阿姆科亚洲公司真正控制，因为阿姆科亚洲公司的真正控制者是居住在中国香港的荷兰国民，该人通过在香港设立的泛美公司对阿姆科亚洲公司实施控制，仲裁庭驳回了印尼政府的主张，理由是在判断东道国当地公司的控制者时，只需考虑对该公司的直接控制者。从以上案件的裁决结果表明，在具体案件中究竟对“外来控制”作何解释，是按照最有利于肯定 ICSID 的管辖

① IIA MONITOR No. 1（2009），UNCTAD.

权方向决定。

（三）投资准入

IIA 中所谓投资准入，指缔约双方有关允许对方投资进入本国境内的一般规定，通常表明了东道国政府对外来投资的态度或立场。对资本输入国投资准入权的限制或取消，直接给予投资者“设立权”，进而实现投资自由化，符合资本输出国的利益，也是经济全球化的一种表现方式。

在晚近 BITs 实践中，外资准入条款必须合理平衡缔约国经济、政治、社会和国家安全等重要因素，由缔约双方决定外国投资者的“准入和设立”（admission and establishment），仍居主流地位。此类 IIA 规定，缔约对方投资者的投资只有在符合东道国立法的情况下，才能被批准。这就是所谓的“准入条款”（admission clause）。它允许东道国实施对外国投资的准入和审查机制，由此确定外国投资准入的条件。“准入条款”的另一种表现方式是，除非 IIA 另有规定，无论东道国是否建立外国投资的准入和审查机制，对东道国而言，不存在“禁止有关影响外国投资设立的歧视性立法”的义务。

与此同时，IIA 中含有“设立权”（right of establishment）的规定越来越多。所谓“设立权”是通过在外国投资设立阶段和设立之后给予其国民待遇和最惠国待遇，或者通过给予其最惠国待遇而确立，并附有例外和保留。这意味着，缔约一方投资者在缔约对方境内将享有不低于缔约对方本国投资者和其他任何第三国投资者的待遇。此类条约旨在促进投资自由化。传统上，采用此类条款的限于美国。20 世纪 90 年代中期《北美自由贸易协定》（NAFTA）生效后，加拿大也采用，随后日本等国亦步亦趋。其结果是，一些发展中国家取决于缔约对方，接受了两种不同的 BIT 模式：一是主要与欧洲国家之间 BITs 的“准入条款”模式；二是主要与美国、加拿大之间 BITs 的“设立权”模式。① 实际上，“设立权”的确立，意味着资本输入国已丧失了其投资准入权。

（四）外资待遇

在 IIA 中，外国投资的待遇标准一般可分为两大类：一是相对待遇

① United Nations Conference on Trade and Development, Bilateral Investment Treaties 1995-2006: Trends in Investment Rulemaking, United Nations, New York and Geneva, 2007, pp. xi, 21-26.

(relative treatment) 标准，即国民待遇和最惠国待遇标准；二是绝对待遇(absolute treatment) 标准，指缔约方根据国际法公平与公正地对待来自缔约对方的投资，无论其对来自本国国民和第三国国民的投资待遇如何，即公平与公正待遇 (fair and equitable treatment) 标准。①

当前，IIA 有关外资待遇的新发展主要表现在“公平与公正待遇”条款的推广应用，为外国投资者提供更充分的绝对待遇标准保护。但是各条约对这一待遇所作的具体规定并不相同。其中最重要的区别在于，公平与公正待遇是否以国际法为依据，或是否不得低于国际法的要求。发达国家在实践上，从《北美自由贸易协定》到《多边投资协议》都将公平与公正待遇同国际法的要求联系起来，而许多发展中国家则不愿将此两者相联系②。因此对于公平与公正待遇的内容，南北国家之间的理解存在巨大分歧。

理论上，一些学者主张，给予外国投资“公平与公正待遇”的义务与给予外国投资“国际最低标准”待遇的义务并无区别。他们认为，“国际最低标准”是习惯国际法的组成部分，包含“公平与公正待遇”等许多国际法律原则。经过众多判例的发展，公平公正待遇的内涵逐渐丰富起来。在 Rumeli Telekom AS and Telsim Mobil Telekomikasyon Hizmetleri AS v. Kazakhstan 案中，仲裁庭指出判断东道国政府是否违反公平公正待遇，应考虑以下几条原则：政府必须以透明的方式履行合同；有善意履行的义务；不能武断、严重不公平、不公正、多变、其实以及缺乏合理程序的进行操作；须遵循程序正义以及政府要尊重投资者合理合法的期待。③ 另一些学者主张，“公平与公正待遇”蕴含不同于“国际最低标准”的含义，应该从动态的角度考虑其含义。此观点在 ICSID 仲裁庭中有所体现，在 Biwater v Tanzania 案中，仲裁庭指出：“东道国一系列的公开声明诋毁投资者业绩不佳并且宣布将有一个新的公共实体将接管原本由投资者提供的服务，这样的做法违反了公平公正待遇。”仲裁庭接着指出“尽管投资者有不良记录，但是其仍然有权利适当的、不受阻碍的继续履行合同，东道国政府这一系列的做法构成了对投资者此项权利的无理干涉”。④

---

① Paul E. Comeaux, N. Stephan Kinsella, Protecting Foreign Investment under International Law, Legal Aspects of Political Risk, Oceana Publications Inc., 1997, pp. 105-106.

② 我国缔结的绝对多数双边投资条约中都拒绝将公平与公正待遇和国际法联系，但这种情况在 2008 年《中国和新西兰自由贸易协定》中有改变，提出“按照普遍接受的国际法规则，始终给予各方投资者在另一方境内投资公平和公正待遇”。

③ IIA MONITOR No. 1 (2009), UNCTAD.

④ IIA MONITOR No. 1 (2009), UNCTAD.

从美国2004年BIT范本来看，其立场非常清楚，范本第5条第1、2款明确指出，公平与公正待遇以及充分保护和安全就是国际最低标准待遇。① 2004年范本第2款的起草参考了美墨求偿委员会的判例，特别是Neer案。由于最低标准的国际法自1920年代以来就停止了发展，美国通过第2款的表述将公平与公正待遇的内容固定在1920年代的判例范围内。美国这样做是为了避免把公平与公正待遇的定义留给仲裁庭裁量，从北美自由贸易区发生的投资仲裁案件来看，仲裁庭倾向于援引当代的投资法实践，较宽泛地定义公平与公正待遇，这使得东道国包括美国在内很容易被判定违反了对投资者的义务。为进一步限制仲裁庭解释的权利，第5条第2款还明确了公平与公正待遇以及充分的保护和安全的含义。根据定义我们可以了解，美国试图将公平与公正待遇的理解侧重于投资者的程序权利方面，而范本中的其他待遇标准如国民待遇和最惠国待遇则侧重实体权利方面。这种理解和安排，不仅使待遇标准之间形成协调关系，而且可以防止仲裁庭随意扩大公平与公正待遇的内容，避免出现东道国被滥诉的情况。

（五）征收

“征收及补偿标准”是IIA中东道国和母国最主要的谈判条款之一。资本输出国为了保护本国海外投资者，要求东道国只有在公共利益需要、非歧视、正当程序以及给予被征收者足够补偿的基础上才能进行征收。其中补偿标标准是谈判者所要考虑的最重要的问题。现今各国都在搞私有化，直接征收的可能性非常小，但是东道国的管制行为造成的间接征收却时有发生，因此有必要对此类征收做出概念上的澄清。

传统上，在BITs的征收条款中，一般都采用“相当于国有化或征收效果的措施”（measures tantamount to nationalization or expropriation）的用语，指东道国政府在未从法律上取得外国投资者所有权的情况下，采取阻碍或影响外国投资者对其资产行使有效控制权、使用权或处分权的行为，诸如强制国产化、强制股权转让、强制转让经营权、不适当地大幅度提高税率等。此类措施亦称为事实上征收（de facto expropriation）、逐渐征收（creeping expropriation）、间接征收（indirect expropriation）或本地化（indigenization or localization）。在实践中，间接征收和合理的东道国管制措施的界限是很难认定的。在Continental Casualty v. Argentina案中，仲裁庭将二者进行了比较认为：“一方面，特定类

① IIA MONITOR No. 1（2009），UNCTAD.

型的措施或者政府行为被认为属于间接征收的形式，因为这类措施和行为对投资者的资产产生了实质性的影响，并且还涉及到补偿的问题；另一方面，为了确保他人和公众的权利而无可避免的对投资者资产的使用施加限制确实是东道国政府为了公共利益采取的管制措施，并且不涉及补偿问题，因为东道国政府这类措施并未以不能容忍、歧视和不合适的方式来实行。”仲裁庭还承认：“因为各国不同的历史和社会文化对BIT中间接征收定义的不同以及不同国际仲裁庭的裁判，导致认定间接征收和合理的东道国管制措施有不同的标准和不同的利益考量（公共利益和私人利益间的平衡）。”①

美国2004年BIT范本第6条重申了征收的条件：“缔约方不得征收或国有化投资，不论是以直接方式还是通过与征收和国有化同等的间接措施，除非（1）为公共利益；（2）通过非歧视方式；（3）给予及时、充分、有效的补偿；（4）按照法律和第5条第1～3款所规定的程序进行。”这与美国的以往立场以及NAFTA的规定没有区别，但范本又通过附件B进一步对征收进行了定义。② 根据这一定义，间接征收应当是在效果上使投资者无法行使权利的政府行为。但征收不能完全根据效果来判断，这会使之太宽泛，从而扩大索赔的可能性。附件B第4（a）条也列举了其他条件，包括（1）政府行为的经济影响，但仅仅投资价值的减少这一个条件并不足以确定存在间接征收；（2）政府行为对投资的干预范围和程度；（3）政府行为的性质。这些条件将为仲裁庭做判断提供参考，从而在一定程度上限制仲裁庭的解释，防止判定间接征收的门槛过低。但由于这种列举是未穷尽的，并且附件B特别强调要根据事实分析个案情况来确定是否构成征收。因此，在判断征收问题上，仲裁庭仍然拥有最终的决定权。

但这种权力不能用来限制国家为公共利益立法和制定规则的权利，2004年范本附件B第4（b）条规定：“除非极少数情况，旨在保护合法公共利益，如保护公共健康、安全及环境的非歧视的管制措施不构成间接征收。”这一规定来自于美国与智利和新加坡的自由贸易协定，在文字表述上完全一样。而在此前的NAFTA中，虽然也有类似条文，但表述不够全面清晰。NAFTA第1114

① IIA MONITOR No.1（2009），UNCTAD.

② “3. 第6条包括两种情况，一种是直接征收，指对投资进行国有化或以其他直接形式通过形式上的权利转移或直接夺取进行征收。4. 第二种情况是间接征收，指缔约方采取一个或一系列行动，其效果等同于直接征收，尽管没有通过形式上的权利转移或直接夺取。”

条只是一般性的表示，其第 11 章有关投资的规定不排除缔约国采取保护环境的措施，缔约国不得以放松保护公共健康、安全及环境措施的方式吸引投资。这种对以往片面强调保护投资者利益的条约实践的逆动，反映出在双边投资条约中出现了平衡公共利益和私人利益的趋势。

（六）例外

例外条款是 IIA 中的重要条款之一，例外条款包含各种不同的“例外”，都是基于对本国国家安全公共利益以及经济发展的考量而加入的，签订这些条款的目的是为了给东道国政府留下政策空间使其在采取管制措施的同时不致违反国际义务。IIA 的最新趋势是：这种例外条款越来越多地订入投资条约中，而且内容上比以往更加具体和丰富。这种趋势反映了晚近 IIA 在平衡外国投资者私人利益和东道国国家利益所做的努力。

IIA 中最常见的例外是对关税联盟和自由贸易区中 MFN 义务的豁免，这是为了防止非关税联盟和自由贸易区非成员国享受成员国的谈判成果，特别是在某些国家间作出了特殊减让的时候。另外一种较为常见的例外是为了保证国家基本安全利益和公共秩序而豁免该国在 IIA 下的义务。目前，ICSID 公布的有关阿根廷的仲裁案件，有 4 件涉及重大安全例外条款，其中 CMS 诉阿根廷案和 LG&E 诉阿根廷案最为引人注目。这两个案件的案情相似，所依据的条约也相同，但是仲裁庭对重大安全例外条款却作出了不同的解释，得出了截然相反的结论。LG&E 案仲裁庭首先根据美国—阿根廷双边投资条约第 11 条的规定判断阿根廷经济危机构成紧急状态，然后依据国际习惯法《关于国际违法行为国家责任的条文草案》第 25 条的规定对之进行进一步的论述，最终裁决经济危机期间阿根廷临时管理行为不具有违法性。CMS 案仲裁庭作出了相反的选择，首先依据《关于国际违法行为国家责任的条文草案》判断阿根廷的行为具有违法性，其次援引美国—阿根廷 BIT 的规定进行进一步的说明。① 还有一类例外在晚近 IIA 中也变得越来越普遍，即东道国政府是为了保护公共健康安全、环境、文化多样性等而采取的措施的例外。除此以外，例外条款中常常包含的还有对发展中国家履行承诺的特殊和区别待遇和针对临时状况所设定的例外，最典型的是东道国国际收支不平衡的时候可以限制外国投资者的资本自由转移。

① IIA MONITOR No. 1（2009），UNCTAD.

（七）投资争端的解决

在IIA的投资争端解决条款中，一般区分缔约国双方关于IIA的解释和适用问题的争端和缔约国一方与缔约国另一方国民之间的投资争端，分别规定适用不同的解决方式。

许多IIA规定在中立的仲裁机构仲裁，作为解决缔约国一方与缔约国另一方投资者之间投资争端的方式，这方面有显著的进展。关于此类争端的仲裁解决条款，有多种类型，产生了不同的责任。在最低层面上，有关条款只是指示缔约各方将仲裁作为此类争端的解决方式，此类规定仅仅表述仲裁作为此类争端的解决方式，对缔约各方未产生强制性的提交仲裁的责任。在最高层面上，一些IIA规定，外国投资者可向ICSID提交仲裁申请。此类条款赋予外国投资者直接诉诸中立的国际仲裁庭以解决其与东道国之间的投资争端。可以认为，让外国投资者自己处理与东道国之间的投资争端，有助于此类争端的"非政治化"，因为此类争端未演变为投资者母国与东道国之间的争端。①

值得注意的是，当前，越来越多的IIA通过允许外国投资者单方面诉诸国际仲裁机制而给予外国投资高水平的具有强制力的保护标准。一些拉丁美洲国家放弃了长期坚持的卡尔沃主义，允许此类新标准规定于其参与的IIA。一种观点认为，它们以前坚持的新国际秩序原则已是"昨日黄花"。自AAPL v. Sri Lanka案开始，不断积累的许多案例表明，IIA的有关规定创设了外国投资者单方面诉诸国际仲裁的权利。因此，尽管在外国投资者签订的合同中实际上没有仲裁条款，IIA的有关规定可被援引解释为东道国政府对外国投资者诉诸国际仲裁的事先同意。在依此方式确立管辖权的仲裁庭的裁决中，对这种"推定同意"（construction of consent）的理论难题未作阐述。此类问题包括"未用尽当地救济原则"（non-exhaustion of local remedies rule）是否可成为此种管辖权的障碍，在签订IIA时不在缔约方考虑之列的投资者可否援引东道国政府的"事先同意"等。②

① M. Sornarajah, The International Law on Foreign Investment, Cambridge University Press, 1996, pp. 265-266.

② M. Sornarajah, A Developing Country Perspectives of International Economic Law in the Context of Dispute Settlement, at Asif H. Qureshi (ed.), Perspectives in International Economic Law, Kluwer Law International, 2002, pp. 90-91, 106-107.

在晚近十年的IIA实践中，一些IIA详细规定了缔约国一方与缔约国另一方投资者之间投资争端的程序，为争端双方提供了有关仲裁活动的更多规则，增强了审理机制的规则取向。然而，多数IIA继续采用传统的方式，即规定解决外国投资者与东道国争端的主要方面，细节问题由具体的仲裁公约予以规范。此外，一些新的IIA纳入了不同的创新性规定，旨在促进一些目标的实现，此类目标诸如提供更明显的可预见性，促进司法经济，确保裁决的一致性以及促进仲裁程序在市民社会中的合法性等。①

① United Nations Conference on Trade and Development, Bilateral Investment Treaties 1995-2006: Trends in Investment Rulemaking, United Nations, New York and Geneva, 2007, p. xii.

国际公法学专题

国际能源法与中国能源安全的法律保障

主讲人：杨泽伟教授

随着国际关系的发展变化，国际法的调整范围不断扩大，国际法的新分支也不断涌现。① 国际能源法（International Energy Law）就是晚近出现的一个新的、特殊的国际法部门。国际能源法的兴起，是国际法发展的新突破。

一、国际能源法的产生

国际能源法是指调整跨国间关于能源勘探、开发、生产、运输、贸易、储备以及利用等方面关系的原则、规则和制度的总和。②

（一）国际能源法的形成

国际能源法是国际关系发展到一定阶段的产物。虽然人类利用能源的历史十分悠久，早在远古时代，人们就利用柴薪取暖、加工食物；但是在工业革命前，由于科技水平的限制、地理条件的制约，跨国的能源开发活动十分罕见，

① See Malcolm N. Shaw, *International Law*, 5th ed., Cambridge University Press 2003, pp. 42-47.

② 有学者认为，国际能源法有狭义和广义之分：狭义的国际能源法是指调整国际法主体间有关能源活动的法律制度；而广义的国际能源法是指调整所有跨国间有关能源活动的法律制度，它由国际公法、国际经济法、比较能源法等部门法的一些内容所组成。See Thomas W. Wälde, *International Energy Law: Concepts, Context and Players*, available at http://www.dundee.ac.uk/ cepmlp/journal/htm/vol9/vol9-21.html, last visit on July 29, 2007; Thomas W. Wälde, *International Energy Law and Policy*, in Cutler J. Cleveland Editor - in Chief, *Encyclopedia of Energy*, Vol. 3, Elsevier Inc. 2004, pp. 557-582.

因而谈不上有国际能源法。进入工业革命以后，1859 年德雷克（Colonel Edwin Drake）在美国宾夕法尼亚州的泰特斯维尔（Titusville）钻出了世界上第一口油井。① 此后，很多国家开始出现了规范石油勘探开发活动的法律制度。

到了 20 世纪，跨国能源开发活动日益增多。1901 年，英国人威廉姆·诺克斯·达西（William Knox D'Arcy）与波斯（今伊朗）政府签订了著名的《达西特许协议》(*D'Arcy Concession Agreement*)。该协议规定，达西只要把主要的意外收益和公司年利润的 16% 支付给波斯政府，就可以获得波斯境内 60 年的石油勘探开发活动的专属权。② 此后，这种特许协议越来越多。1948 年，沙特阿拉伯还率先以特许协议的形式将阿拉伯湾近海石油的勘探开发权租让给了阿姆科（Aramco）石油公司。

第二次世界大战后，在联合国非殖民化运动的推动下，殖民地、半殖民地纷纷取得了独立，并成为联合国会员国。在这些新独立国家的强烈要求下，联大通过了一系列关于国家对自然资源永久主权的决议，如 1952 年《自由开采自然财富和资源的权利》、1962 年《关于自然资源之永久主权宣言》、1974 年《各国经济权利和义务宪章》等。1960 年，伊朗、伊拉克、科威特、沙特阿拉伯和委内瑞拉五国宣告成立石油输出国组织（Organization of Petroleum Exporting Countries，OPEC，简称"欧佩克"），旨在协调和统一各成员国的石油政策，并确定以最适宜的手段来维护它们各自和共同的利益。1968 年，科威特、利比亚和沙特阿拉伯三国又创建了阿拉伯石油输出国组织（Organization of Arab Petroleum Exporting Countries，OAPEC）；其宗旨是协调成员国间的石油政策，维护成员国的利益。1973 年 10 月，第四次中东战争爆发后，经济合作与发展组织国家（the Organization for Economic Co-operation and Development，OECD，简称经合组织）一方面开始协调它们之间的能源政策，并成立了国际能源机构（the International Energy Agency，IEA）；另一方面又加强各国的能源立法。此后，国际能源法开始呈现并逐渐发展起来。

---

① See The Royal Dutch / Shell Group of Companies, *The Petroleum Handbook*, Elsevier Science Publishers B. V. 1983, p. 21; Zhiguo Gao, *International Petroleum Contracts: Current Trends and New Directions*, Graham & Trotman Limited 1994, pp. 9-11.

② See Nwosu E. Ikenna, "International Petroleum Law": Has It Emerged as a Distinct Legal Discipline? African Journal of International and Comparative Law, Vol. 8, No. 2, 1996, p. 434.

(二) 国际能源法产生的原因

为什么在20世纪70年代下半期国际能源法会逐渐兴起呢？笔者认为，其原因主要有以下几个方面：

1. 第四次中东战争导致了第一次全球能源危机

1973年10月，埃及和叙利亚等国反对以色列的第四次中东战争爆发，阿拉伯产油国按照战前的约定在外交领域发动了震动全球的石油斗争。阿拉伯石油输出国组织部长级会议决定，每月递减石油产量5%，日产原油也由原来的2080万桶减少到1580万桶，石油价格则从每桶2.59美元上涨到每桶11.65美元，① 并按对阿以问题的态度将石油消费国分为“友好”(friendly)、“中立”(neutral) 和“不友好”(hostile) 等三类国家②，确定不同的石油供应量。第四次中东战争所导致的第一次全球能源危机，一方面促使各国反思以前的能源法律与政策，同时对能源安全也更加关切③；另一方面也有力地推动了各国在国际能源法律与政策方面的协调与合作，从而有利于国际能源法的勃兴。因此，从某种意义上说，第一次全球能源危机催生了国际能源法。

2. 能源领域的私有化和国际化浪潮

20世纪70年代以来，私有化与国际化这两股潮流席卷各国能源领域，推动了国际能源法的产生和发展。就私有化而言，其实从世界范围来看，“国家对能源领域商业活动的控制在20世纪70年代达到了顶峰”④。然而，为了促进国内能源市场的竞争，各国纷纷将国有能源企业私有化，原来法律所赋予的垄断权利被废除。这股私有化浪潮最先是从电力部门开始的。智利、英国和西

---

① See Helga Steeg, *The International Energy Agency (IEA) —Description and Practical Experiences: a Case Study*, in Martha M. Roggenkamp etc. ed., *Energy Law in Europe: National, EU and International Law and Institutions*, 2nd ed., Oxford University Press 2007, p. 156.

② 比利时、法国、西班牙和英国为友好国家，联邦德国和大多数西欧国家为中立国家，荷兰和美国为不友好国家。See Herbert Miehsler, *International Energy Agency*, in R. Bernhardt ed., *Encyclopedia of Public International Law*, Vol. II, Amsterdam 1995, p. 1137.

③ See Adrian J. Bradbrook, Energy Law as an Academic Discipline, *Journal of Energy & Natural Resources Law*, Vol. 14, No. 2, 1996, pp. 207-208.

④ Dennis C. Stickley, New Forces in International Energy Law: A Discussion of Political, Economic, and Environmental Forces Within the Current International Energy Market, *Tulsa Journal of Comparative & International Law*, Vol. 1, 1993-1994, p. 96.

班牙是第一批将其电力部门进行重组和私有化改革的国家。① 欧盟委员会也一直要求其成员国承认，在统一的欧洲市场无论是国家垄断还是私人垄断，都是不能接受的。例如，1989 年 6 月，欧洲经济委员会根据《欧洲经济共同体条约》第 90 条通过了一项指令规定，各成员国的电信服务业必须开放竞争。② 私有化为世界各国和地区的能源市场在投资、贸易和竞争等方面的开放奠定了基础，为接受国际能源法律制度的规制创造了条件。

从国际化来说，能源问题超越国家边界。例如，在能源利用过程中出现的酸雨现象、温室效应、石油污染、核泄漏事故等，不但得到有关国家的重视，而且引起世界各国的关切。“这种跨国界的影响必然要求采取超国家的行动。”③ 因此，在相关国际机构的倡导和推动下，《里约环境与发展宣言》、《联合国气候变化框架公约》等纷纷出笼。这些法律文件都强调，能源效率是可持续发展的关键因素之一，各国应把能源效率放在本国可持续发展能源政策的核心位置。④ 与此同时，各国的能源法律制度也日益国际化。一方面，众多的国际能源条约对各国能源立法产生影响；另一方面，一些国家还对其他国家（如英国、美国）的能源法进行直接的法律移植。

3. 国际组织的推动作用

“国际组织在国际能源法的形成过程中发挥了重要的作用。”⑤ 首先，国际组织的立法活动丰富了国际能源法的内容。各类国际能源组织以多边条约的形式进行的立法活动，涉及能源领域的方方面面，如勘探、开发、生产、运输、贸易、储备、节约、信息交换、技术合作以及争端解决等。其次，国际组

---

① See NERA, *Privatization and Restructuring of Public Utilities*, Washington, 1992, p. 8.

② See OECD, *Competition Policy in OECD Countries*, Brussels 1991, p. 39.

③ Thomas W. Wälde, *International Energy Law: Concepts, Context and Players*, available at http://www.dundee.ac.uk/cepmlp/journal/htm/vol9/vol9-21.html, last visit on July 29, 2007.

④ See Adrian J. Bradbrook, Energy Law: The Neglected Aspect of Environmental Law, *Melbourne University Law Review*, Vol. 19, No. 1, 1993, pp. 6-7; Adrian J. Bradbrook etc., International Law and Global Sustainable Energy Production and Consumption, in Adrian J. Bradbrook etc. ed., *The Law of Energy for Sustainable Development*, Cambridge University Press 2005, pp. 181-201.

⑤ Thomas W. Wälde, *International Energy Law and Policy*, in Cutler J. Cleveland Editor-in Chief, *Encyclopedia of Energy*, Vol. 3, Elsevier Inc., 2004, p. 558.

织为各国的能源活动提供了行动指南，有利于“国际”能源法的统一。例如，国际能源机构要求各成员国保持不低于其90天石油进口量的石油存量；又如，“欧盟还是当今国际能源制度最为先进的实验室”①，它不但为其成员国、而且为世界上其他国家的能源立法提供了某种样板。最后，国际组织还为各国提供了一个交流、对话的场所，有利于解决各国在能源活动中产生的分歧和争端。例如，阿拉伯石油输出国组织的宗旨之一就是协调成员国间的石油政策、协助交流技术情报；该组织还设有由正副庭长和5名法官组成的仲裁法庭，以解决成员国间的争端。

4. 国内能源法的勃兴

在20世纪70年代，各国能源法之所以勃兴主要有两个原因：一是所谓“危机生法、法解危机”，正是1973年第四次中东战争所导致的第一次全球能源危机，加快了各国的能源立法进程；二是荷兰、挪威、英国和丹麦等国相继在本国的近海海域发现了石油和天然气，因而都需要在国内进行相关立法以便对石油和天然气的开发活动进行规范。在上述背景下，1974年法国制定了《省能法》、1976年英国颁布了《能源法》、1978年美国出台了《能源政策与保护法》、1979年日本颁布实施了《节约能源法》等。各国能源法的制定和实施，为国际能源法的重要组成部分——比较能源法（Comparative Energy Law）② 提供了丰富的素材。

二、国际法分支：国际能源法的“性质定位”

就国际能源法的性质而言，它不是国内法，而是国际法的一个新分支。对此，我们可以从国际能源法的法律渊源、基本原则和主体等方面做些分析。

（一）国际能源法的渊源

一般认为，《国际法院规约》第38条是国际法渊源的权威列举和说明。③

① Thomas W. Wälde, *International Energy Law: Concepts, Context and Players*, available at http://www.dundee.ac.uk/cepmlp/journal/htm/vol9/vol9-21.html, last visit on July 29, 2007.

② See Thomas W. Wälde, *International Energy Law: Concepts, Context and Players*, available at http://www.dundee.ac.uk/cepmlp/journal/htm/vol9/vol9-21.html, last visit on July 29, 2007.

③ See J. L. Brierly, *Law of Nations*, Waldock 1963, p. 56; Ian Brownlie, *Principles of Public International Law*, sixth edition, Oxford University Press 2003, p. 5.

然而，国际能源法的渊源不限于此，它包括国际条约、国际习惯、国际石油合同、国家立法、一般法律原则、司法判例和权威法学家学说以及国际组织的决议等。

1. 国际条约

国际条约是国际能源法的主要渊源。它可以分为两类：一是造法性条约，如《国际能源纲领协议》、《国际原子能机构规约》、《能源宪章条约》等；二是契约性条约，如2004年中哈两国政府签署的《关于在油气领域开展全面合作的框架协议》、2007年巴西与塞内加尔签署的《生物能源合作协议》等。

2. 国际习惯

国际习惯主要是指在长期的能源活动中逐渐形成的国际商业惯例。它由于得到了国际社会的承认，因而具有法律约束力。就国际能源法而言，这种惯例主要来自以下五个方面：国家和石油公司之间的实践所产生的惯例；由石油公司之间的经营活动逐渐发展起来的惯例；石油生产国之间在争议地区进行共同的石油开发而形成的惯例；石油生产国、石油公司与石油消费国在石油和天然气贸易活动中所产生的惯例；法官、仲裁员或律师在石油活动的争端解决中、或在对共同开发协议的解释中所形成的惯例等。①

3. 国际石油合同

国际石油合同（International Petroleum Contracts）主要是指东道国政府与外国石油公司签订的有关石油开发、生产等方面活动的协定，它可以分为"泰国式的现代特许合同"（Thailand's Modern Concession Contract）、"印度尼西亚式的产品分成合同"（Indonesia's Production-sharing Contract）、"巴西式的风险服务合同"（Brazil's Risk Service Contract）和"中国式的混合合同"（China's Hybrid Contract）等。② 值得注意的是，按照《维也纳条约法公约》的规定，国际石油合同无疑不是国际条约。国际法院在"英伊石油公司案"（The Anglo-Iranian Oil Co. Case）的裁决中也明确指出，伊朗政府和英伊石油公司签订的合同，仅仅是一国政府和外国公司签订的特许协定，而不是条约。③

---

① See Nwosu E. Ikenna, "International Petroleum Law": Has It Emerged as a Distinct Legal Discipline? *African Journal of International and Comparative Law*, Vol. 8, No. 2, 1996, p. 432.

② See Zhiguo Gao, *International Petroleum Contracts: Current Trends and New Directions*, Graham & Trotman Limited 1994, pp. 123-200.

③ "The Anglo-Iranian Oil Co. Case", in *International Court of Justice: Reports of Judgements, Advisory Opinions and Orders*, Leydon 1952, p. 112.

4. 国家立法

国家立法可以分为两类：一是综合性的能源立法，如1976年英国《能源法》、2005年《美国能源政策法》以及中国目前正在起草的《中华人民共和国能源法》等；另一类是专门性的能源立法，如1979年《美国能源税法》、1982年《中华人民共和国对外合作开发石油资源条例》、1997年《中华人民共和国节约能源法》、2004年《德国可再生能源法》以及2005年《中华人民共和国可再生能源法》等。

5. 一般法律原则

《国际法院规约》第38条规定，国际法院在裁判案件时，应适用为文明各国所承认的"一般法律原则"(General Principles of Law)。就国际能源法来说，一般法律原则主要是指适用于石油、天然气、电、煤等能源贸易活动的、且被大多数国家承认的一般法律原则。不言而喻，一般法律原则在国际能源法的法律渊源中处于次要地位。

6. 司法判例和权威法学家学说

(1) 司法判例。"司法判例"主要是指司法机构和仲裁法庭所做的裁决。它包括国际司法判例和国内司法判例。与国际能源法有关的国际司法判例，主要有1952年"英伊石油公司案"、1981年"利埃姆科诉利比亚阿拉伯共和国政府仲裁案"(The Liamco v. The Government of the Libyan Arab Republic)、1994年"欧盟诉美国对汽车征税案"(The European Union v. United States Taxes on Automobiles)以及1996年"巴西、委内瑞拉诉美国精炼汽油案"(Venezucla and Brazil v. United States—Standards for Reformulated and Conventional Gasoline)等。而国内司法判例对"依循先例"(Stare Decisis)原则的英美法系国家来说，尤为重要。总之，"司法判例"对国际能源法规则的认证和解释，发挥了重要作用，推动了国际能源法的发展。(2) 权威法学家学说。虽然"权威法学家学说"只是国际能源法的辅助渊源之一，但它在确定国际能源法的规则、甚至在国际能源法的发展方面，产生了重大影响，目前仍有相当大的作用。

7. 国际组织的决议

国际组织的决议包括国际组织的机关通过的宣言、决定、决议和行动指南等，如联大通过的关于自然资源之永久主权宣言、欧佩克关于石油生产或石油价格的决议、世界银行关于外国直接投资指南、国际海事组织关于去除大陆架和专属经济区上近海装置和结构的指南与标准等。重要的国际组织的决议，就其广泛代表性和舆论价值来说，应是确立法律原则的一种非常有价值的补助资料，因而它们对国际能源法渊源有很大的影响。①

由上可见，国际能源法的渊源虽然与国际法的渊源不完全一样，但其具体内容与国际法有很多相同之处，脱胎于国际法的痕迹非常明显。

（二）国际能源法的基本原则

所谓国际能源法基本原则（Basic Principles of International Energy Law）是指在国际能源法体系中那些被国际社会公认的、具有普遍约束力的、适用于国际能源法各个领域并构成国际能源法基础的法律原则。国际能源法的基本原则主要包括以下几个方面：

1. 自然资源永久主权原则（Principle of Permanent Sovereignty Over Natural Resource）

国家对自然资源的永久主权是国家主权的不可分割的组成部分，是一国固有的、不可剥夺的权利。由自然资源永久主权派生的主权权利的内容十分丰富，它包括自由处置自然资源的权利、自由勘探和开发自然资源的权利、恢复对自然资源的有效控制权和损害赔偿的权利、为民族发展而利用自然资源的权利、按照国家环境政策来管理自然资源的权利、平等地分享跨境自然资源惠益的权利、管理外国投资的权利、对外国投资实行征收或国有化的权利等。② 20世纪50年代以来，联大通过一系列的决议，正式确立了国家对自然资源永久主权原则。目前，由自然资源永久主权派生的主权权利已得到国际社会的普遍认可。

2. 可持续发展原则（Principle of Sustainable Development）

可持续发展原则是指国际能源法对能源利用的规范，既要满足人民生活的能源需求，有效保障国家的能源安全；又要最大限度地减少能源生产转换利用对环境和健康的影响，形成能源可持续发展机制，为今后更长远的发展奠定基础。早在1987年，由挪威首相布伦特兰夫人（Gro Harlem Brundtland）领导的世界环境与发展委员会（The World Commission on Environment and

---

① 参见［英］詹宁斯、瓦茨修订：《奥本海国际法》（第一卷第一分册），王铁崖等译，中国大百科全书出版社 1995 年版，第 27 页。

② 参见杨泽伟：《论自然资源永久主权及其发展趋势》，载《法商研究》2003 年第 4 期；Nico Schrijver, *Sovereignty Over Natural Resources: Balancing Rights and Duties*, Cambridge University Press 1997, pp. 260-299.

Development）就提出了可持续发展原则。① 可持续发展原则在许多国际环境条约、国际组织的决议中都得到了反映，如《联合国气候变化框架公约》、《生物多样性公约》等。而1992年《里约环境与发展宣言》宣布的27项原则中有多项直接提到可持续发展。《21世纪议程》则为各国实现可持续发展提供了具体的计划。②

3. 和平利用原则（Principle of Peaceful Use）

和平利用原则主要是指能源的利用特别是原子能的开发利用应以和平为目的、以谋求人类的福祉为依归，而不能用于军事或战争目的。例如，《国际原子能机构规约》第2条明确规定，国际原子能机构的宗旨为：加速并扩大原子能对全世界和平、健康和繁荣的贡献；确保由其本身或经其请求，或在其监督或管制下提供的协助，不致用于推进任何军事目的。

从上述国际能源法的基本原则可以看出，国际能源法基本原则是国际法基本原则的引申和具体化。例如，自然资源永久主权原则就是在国家主权原则基础上发展起来的。

（三）国际能源法的主体

国际能源法的主体（Subjects of International Energy Law）是指被赋予国际法律人格而有能力承担国际法上的权利与义务的实体。③ 它包括以下三类：

1. 国家

国家是国际能源法的基本主体。在国际能源法律关系中，国家具有完全的权利能力和行为能力；它既是国际能源法的制定者，也是国际能源法的实施者。就能源生产国而言，其权利义务更多的是利用外国的投资进行能源开发，促进本国的社会经济发展。从能源消费国来说，它的权利义务主要集中在以合理、能支付的价格获取稳定的能源供应。

2. 国际组织

国际组织是国际能源法的重要主体。它在一定范围内能独立参与国际能源

① See Adrian J. Bradbrook, Energy Law as an Academic Discipline, *Journal of Energy & Natural Resources Law*, Vol. 14, No. 2, 1996, pp. 206-207.

② See Adrian J. Bradbrook etc., International Law and Global Sustainable Energy Production and Consumption, in Adrian J. Bradbrook etc. ed., *The Law of Energy for Sustainable Development*, Cambridge University Press 2005, pp. 182-185.

③ See Bin Cheng, "*Introduction to Subjects of International Law*", in Mohammed Bedjaoui general editor, *International Law: Achievements and Prospects*, UNESCO 1991, p. 23.

法律关系、并能承受国际能源法上的权利和义务。事实上，许多国际组织，如“欧佩克”、国际原子能机构、国际能源机构、能源宪章会议和秘书处（The Energy Charter Conference and Secretariat）、经合组织的核能机构（the Organization for Economic Co-operation and Development's Nuclear Energy Agency）、欧盟、世界银行等，都把能源法律和政策作为其重要职责或主要议题之一。①

3. 非国家实体

非国家实体主要包括能源公司和非政府组织。它们是国际能源活动的积极参加者，在国际能源法的形成过程中发挥了重要的作用②，因而都是国际能源法的主体。例如，能源公司不仅以商业惯例的形式来促进能源法的产生，而且通过制定公司内部有关环境、人权、公司治理等方面的行动指南来推动能源法的形成。③

可见，国际能源法的主体与国际法的主体类似，国家和国际组织都是二者的主体。

总之，无论是从国际能源法的法律渊源来看，还是就国际能源法的基本原则和主体分析，国际能源法不是国内法，而应属国际法，是国际法的一个分支。

三、新兴的国际法分支：国际能源法之“新”

（一）国际能源法产生的年代新、内容新

与国际公法上的海洋法、外交与领事关系法有几百年的发展历史不一样，国际能源法的历史还很短暂。它是在20世纪70年代以后才逐渐发展起来的。进入80年代后，国际能源法的研究才慢慢地引起学界的关注。④ 然而，国际

---

① See Thomas W. Wälde, *International Energy Law and Policy*, in Cutler J. Cleveland Editor-in Chief, *Encyclopedia of Energy*, Vol. 3, Elsevier Inc. 2004, p. 557.

② See Lillian Nyagaki Maina, *The Role of Non-governmental Organizations In the Oil and Gas Industry*, Dundee University Thesis 2001, pp. 1-49.

③ See Thomas W. Wälde, *International Energy Law*: *Concepts*, *Context and Players*, available at http: //www. dundee. ac. uk/cepmlp/journal/htm/vol9/vol9-21. html, last visit on July 29, 2007.

④ 1984年，国际律师协会能源与自然资源法分会（International Bar Association Section on Energy and Natural Resources Law）主编了一本名为《国际能源法》的论文集。这可能是第一次使用“国际能源法”这个词。See International Bar Association Section on Energy and Natural Resources Law, *International Energy Law*, Houston 1984, pp. 1142-1428.

能源法又是一个仍在发展的法律部门。由于能源的开发利用受科学技术的影响和制约，因此国际能源法也将伴随着科技的进步而不断发展。可以预言，随着石油、天然气储量的减少，人类环保意识的增强，可再生能源利用的增多，国家管辖范围以外资源开发的扩大，国际能源法的领域还会不断增多，国际能源法的调整范围也将不断扩大，国际能源法的内容也将更加丰富。

（二）国际能源法的客体新

国际能源法的客体，即国际能源法的调整对象，主要是指由国际能源法所规范的各种能源活动的法律关系。国际能源法的客体也与传统国际法部门不一样，呈现多样性的特点。

1. 按国际能源法的法律关系主体的分类

它可以分为：（1）国家与国家之间的关系。它包括能源生产国与能源消费国之间的关系、能源生产国之间的关系以及能源消费国之间的关系。（2）国家与国际能源组织之间的关系。它又可分为国际能源组织与其成员国之间的关系、国际能源组织与非成员国之间的关系。（3）国际能源组织之间的关系，如欧佩克与阿拉伯石油输出国组织之间的关系等。（4）国家与能源公司之间的关系。它包括能源生产国与外国能源公司之间的关系、一国与本国能源公司之间的关系。其中，前者是国际能源法中内容最广泛、情况最复杂的一种法律关系。（5）能源公司之间的关系。（6）非政府组织与国家、国际能源组织以及能源公司之间的关系。①

2. 根据国际能源活动涉及的主要环节的分类

它可以分为：（1）能源国际合作。能源活动离不开国际合作。目前各国签订了为数众多的双边和多边条约，内容涉及能源研究与开发、信息与人员交流、科学与技术合作、环境保护等。（2）能源投资。能源是跨国投资最先涉足的领域，现今有许多双边和多边条约规范外国直接投资，如《多边投资协定》、《国家与他国国民间投资争端解决公约》、《多边投资担保机构公约》和《WTO与贸易有关的投资措施协议》等。（3）能源贸易。由于能源的特殊地位，能源贸易问题在各国特别受重视。然而，目前以GATT/WTO体制为主导的国际贸易法律制度，并未涉及国际能源贸易问题。不过，有专家指出，将来

① 在能源生产、利用过程中，非政府组织对人权保障和可持续发展等方面的推动作用，功不可没。See Donald N. Zillman etc. ed., *Human Rights in Natural Resource Development: Public Participation in the Sustainable Development of Mining and Energy Resources*, Oxford University Press 2002, pp. 691-694.

的国际能源法会包含与 WTO 有关的能源规则。① （4） 能源与环境保护②。自20世纪70年代以来，“环境保护运动向能源工业提出了前所未有的挑战”③。各类国际环境条约从不同的角度确立了各国在能源生产、利用等活动中对环境应尽的保护义务。④（5） 能源争议的解决。在跨国能源生产、贸易等活动中，不可避免地会产生争议，因而能源争议的解决当然属于国际能源法的调整范围。例如，《能源宪章条约》就把保障能源投资与贸易、解决能源争端作为其重要内容之一。

3. 按照国际能源开发活动的地域范围的分类

它可以分为：（1）国家管辖范围以内资源的开发活动，如在一国领海、专属经济区、大陆架等进行的开发活动；（2）国家管辖范围以外资源的开发活动，如在公海、国际海底、南极和北极地区等；（3）在外层空间和其他天体进行的资源开发活动。⑤

4. 依照能源构成的分类

它可以分为国际石油法（International Petroleum Law）、国际天然气法（International Gas Law）、国际电法（International Electricity Law）、国际风能法（International Wind Energy Law）、国际核能法（International Nuclear Energy Law）⑥、国际太阳能法（International Solar Energy Law）以及国际地热能法

---

① See Thomas W. Wälde, *International Energy Law: Concepts, Context and Players*, available at http://www.dundee.ac.uk/cepmlp/journal/htm/vol9/vol9-21.html, last visit on July 29, 2007.

② See Energy and International Law: Development, Litigation, and Regulation (Symposium, in Panel Five: Energy & Environmental Litigation), *Texas International Law Journal*, Vol. 36, 2001, pp. 38-46.

③ Zhiguo Gao ed., *Environmental Regulation of Oil and Gas*, Kluwer Law International Ltd 1998, p. 3.

④ See Rex J. Zedalis, *International Energy Law: Rules Governing Future Exploration, Exploitation and Use of Renewable Resources*, Ashgate Publishing Company 2000, pp. 233-333.

⑤ See Rex J. Zedalis, *International Energy Law: Rules Governing Future Exploration, Exploitation and Use of Renewable Resources*, Ashgate Publishing Company 2000, pp. 1-231.

⑥ See G. N. Barrie, International Nuclear Energy Law—Present and Future, *Journal of South African Law*, No. 2, 1988, pp. 210-215; Mohamed Elbaradei etc., International Law and Nuclear Energy: Overview of the Legal Framework, *IAEA Bulletin*, Vol. 37, No. 3, 1995, pp. 16-25; Elena Molodtsova, Nuclear Energy Law and International Environmental Law: an Integrated Approach, *Journal of Energy & Natural Resources Law*, Vol. 13, No. 4, 1995, pp. 275-298.

(International Geothermal Energy Law) 等。国际能源法的这些分支，有的还可以进一步细分。例如，国际石油法又可以分为上游国际石油法 (Upstream International Petroleum Law)、下游国际石油法 (Downstream International Petroleum Law)、石油投资法 (Petroleum Investment Law)、石油融资法 (Petroleum Financing Law)、石油开采法 (Petroleum Operations Law)、石油运输法 (Petroleum Transportation Law)、石油税法 (Petroleum Taxation Law) 等。①

(三) 国际能源法与国际公法、国际经济法、国际环境法、国内能源法等部门法的不同

1. 国际能源法与国际公法

由于国际能源法所调整的是一种跨国能源法律关系，所规范的是一种涉及国家、国际能源组织和非国家实体之间的国际能源活动，与国际公法一样同属于国际法体系，因此，它们之间有着一定的内在联系。例如，狭义的国际能源法其实就是国际公法的一个分支②，国际能源法的很多内容是国际公法的重要组成部分，国际公法的基本原理也能够适用于国际能源法等③。但是，国际能源法与国际公法之间还是有许多不同：(1) 主体范围不同。国际公法的主体包括国家、政府间国际组织和争取独立的民族，而个人（包括自然人和法人）被认为不是国际公法的主体。国际能源法的主体既包括国家、国际能源组织，还包括法人（能源公司）和非政府组织。(2) 法律渊源不同。如前所述，国际能源法的渊源除了包括国际公法中的国际条约、国际习惯、一般法律原则、司法判例和权威法学家学说以及国际组织的决议外，还有国际石油合同、国家立法。(3) 调整范围不同。国际能源法的调整范围除了国际公法的部分内容外，还包括非国家行为体（能源公司、非政府组织）与国家、国际能源组织之间所产生的各种能源法律关系。

---

① See Nwosu E. Ikenna, "International Petroleum Law": Has It Emerged as a Distinct Legal Discipline? African Journal of International and Comparative Law, Vol. 8, No. 2, 1996, pp. 440-442.

② See Thomas W. Wälde, *International Energy Law and Policy*, in Cutler J. Cleveland Editor - in Chief, *Encyclopedia of Energy*, Vol. 3, Elsevier Inc. 2004, pp. 557-582.

③ 有学者指出，就石油开发和贸易而言，国际公法在维持国家利益与投资者利益之间的平衡方面，发挥了重要作用。See Richard W. Bentham, The International Legal Structure of Petroleum Exploitation, *Oil and Gaw Law and Taxation Review*, Vol. 9, 1984-1985, p. 238.

2. 国际能源法与国际经济法

早在20世纪70年代，著名国际法学者斯塔克（Starke）就预言，“未来国际经济法的一个重要分支将由规范和指导分享能源、原材料等自然资源的规则所组成”①。事实上，国际能源法与国际经济法在主体、调整对象等方面，都有很多相似之处。不过，国际能源法与国际经济法的区别也很明显。首先，国际经济法的主体范围大于国际能源法，因为国际能源法的主体不包括个人，而国际经济法的主体则包括个人。其次，国际经济法更侧重调整其主体间的经贸关系，而国际能源法除了调整其主体间有关能源投资、贸易关系外，还包括能源利用所产生的环境问题、能源国际合作等。最后，国际能源法与国际公法的联系更加紧密，比如国际能源法的客体同样包括国家管辖范围以外的区域。

3. 国际能源法与国际环境法

不可否认，国际能源法与国际环境法的联系非常密切。例如，能源问题与环境问题息息相关；国际环境公约包含很多国际能源法的实体规范，而国际能源法中也有很多环境保护方面的规定②；甚至有学者认为，能源法还是环境法的一部分③，能源生产、消费与气候变化、可持续发展密不可分④。然而，国际能源法与国际环境法的区别也很显著。一方面，国际能源法比国际环境法的调整范围更广一些，它不局限于与能源有关的环境问题，而是包含跨国能源活动的各个环节；另一方面，国际能源法的约束力更强一些，而国际环境法更多地带有软法性质。

4. 国际能源法与国内能源法

国际能源法和国内能源法是两个不同的法律体系，但这两个体系存在着许多联系。因此，国际能源法与国内能源法既不能等同，也不能相互替代。相比较而言，国际能源法的调整范围更广，诸如国家管辖范围以外资源的开发与利用，就只能由国际能源法予以规范。

---

① See I. A. Shearer, *Starke's International Law*, Buterworths 1994, p. 345.

② 例如，欧盟能源法律体系中就有专门环境保护的规定。See Peter Duncanson Cameron, *Competition in Energy Markets: Law and Regulation in the European Union*, Seccond Edition, Oxford University Press 2007, pp. 495-516.

③ See Adrian J. Bradbrook, Energy Law: The Neglected Aspect of Environmental Law, *Melbourne University Law Review*, Vol. 19, No. 1, 1993, pp. 1-19.

④ See Rosemary Lyster and Adrian Bradbrook, *Energy Law and the Environment*, Cambridge University Press 2006, pp. 201-207.

四、国际法发展的新突破：新兴的国际能源法之“意义”

国际能源法的兴起，具有十分重要的意义。它是国际法发展历程中的一个新突破。

（一）国际能源法突破了传统部门法的分野

1. 国际能源法体现了当今经济全球化背景下部门法的界限日益模糊的客观事实

国际能源法是一个特殊的国际法分支，它打破了传统部门法中被人为划定的界限，其实体规范包含了国际公法、国际经济法、国际环境法、国内能源法等部门法的一些具体内容①。因此，它不是任何一个传统法律部门所能涵盖的。国际能源法的这一特点也是经济全球化的客观要求。

2. 国际能源法反映了国际法与国内法相互渗透、相互转化和相互影响的发展趋势

例如，国际能源法和国内能源法虽然是两个不同的法律体系，但由于国内能源法的制定者和国际能源法的制定者都是国家，因此这两个体系之间有着密切的联系，彼此不是互相对立而是互相渗透和互相补充的。首先，国际能源法的部分内容来源于国内能源法，如一些国际能源公约的制定就参考了某些国家能源法的规定，国内能源法还是国际能源法的渊源之一。其次，国内能源法的制定一般也参照国际能源公约的有关规定，从而使与该国承担的国际义务相一致。最后，国际能源法有助于各国国内能源法的趋同与完善。

3. 国际能源法印证了“国际法不成体系”或曰“碎片化”（Fragmentation of International Law）② 的时代潮流

---

① 例如，国际石油合同的性质就是双重的，既含有国际公法的成分，也包括国际私法的因素。不过，一般都认为国际石油合同是投资合同或商业合同，不是国际条约，它应受缔约国国内法的调整。See Zhiguo Gao，*International Petroleum Contracts：Current Trends and New Directions*，Graham & Trotman Limited 1994，pp. 209-210.

② 早在2000年第52届会议上，国际法委员会就决定将“国际法不成体系引起的危险”专题列入其长期的工作方案。2006年5—8月，在日内瓦召开的第58届国际法委员会会议上，研究小组提交了“国际法不成体系问题：国际法多样化和扩展引起的困难”（Fragmentation of International Law：Difficulties Arising from the Diversification and Expansion of International Law）的研究报告。See Report of the Study Group of the International Law Commission，Fragmentation of International Law：Difficulties Arising from the Diversification and Expansion of International Law，available at http：//daccessdds. un. org/doc /UNDOC/LTD/G06/634/39/PDF/G0663439. pdf? Open Element，last visit on August 14，2007.

近些年来，国际法发展呈两种态势：一方面，国际法的调整范围不断扩大，国际法的发展日益多样化；另一方面，在国际法的一些领域或一些分支，出现了各种专门的和相对自治的规则和规则复合体。因此，国际法“不成体系成为一种现象”①。国际能源法的产生和发展，就是其中一例。

（二）国际能源法拓展了国际法的研究领域

长期以来，国际法学研究的重点主要集中在以军事安全为核心的“传统安全”（Traditional Security）领域，而对诸如恐怖主义、种族冲突、环境恶化、粮食不足、能源短缺、毒品交易、跨国犯罪、人口增长和非法移民等“非传统安全”（Non-Traditional Security）问题重视不够。然而，能源安全直接关系到国民经济的发展和国家的安全，确保能源安全也是各国维护国家安全的重要的政治与外交政策的目标。② 因此，以“能源安全”而核心的国际能源法，需要法学界特别是国际法学界予以密切关注。可以预言，研究国际能源法，将拓宽国际法学研究的思路，开辟国际法研究的新领域，提供国际法学研究的新视野，丰富国际法的理论，并有可能进一步推动“国际原子能法”、“国际石油法”和“国际天然气法”等国际法新分支学科的产生和发展，进而促进国际能源新秩序的建立。

（三）国际能源法将推动国际法研究方法的革新

国际法研究的新方法不断呈现，是晚近国际法理论发展的重要趋势之一。③ 例如，批判的国际法方法（Critical International Legal Studies）④、女权

① See Report of the Study Group of the International Law Commission, Fragmentation of International Law: Difficulties Arising from the Diversification and Expansion of International Law, available at http://daccessdds.un.org/doc/UNDOC/LTD/ G06/634/39/PDF/G0663439.pdf?OpenElement, last visit on August 14, 2007.

② 参见［英］巴瑞·布赞等：《新安全论》，朱宁译，浙江人民出版社 2003 年版，第 10 页；Jan H. Kalicki and David L. Goldwyn, *Energy and Security: Towards a New Foreign Policy Strategy*, The John Hopkins University Press 2005, p. 52, p. 562.

③ See Malcolm N. Shaw, *International Law*, 5th ed., Cambridge University Press 2003, pp. 53-64.

④ See Anthony Carty, Critical International Law: Recent Trends In the Theory of International Law, *European Journal of International Law*, Vol. 2, No. 1, 1991, p. 66; See Peter Malanczuk, *Akehurst's Modern Introduction to International Law*, London 1997, p. 33.

主义者的国际法方法（Feminist Approach to International Law）①、国际法与国际关系交叉研究的方法②、法律的经济分析方法③等，都是近年来欧美国际法学界产生的一些新的研究方法。然而，中国国际法学界对这些新的研究方法并未充分地吸收、消化，因而在研究方法方面稍显单一。而国际能源法和能源安全问题，需要包括法学在内的多学科的系统研究，甚至需要多学科的交叉研究。但在法学领域，现今中国国内法学界尤其是国际法学界还没有系统研究这些问题。具体而言，研究国际能源法和能源安全问题，至少需要采取以下三种研究方法：

1. 国际法与国内法相结合的研究方法

因为国际能源法和能源安全问题不仅仅是一个国际法问题，它还涉及各国国内能源法律制度的建立与完善，所以必须采用国际法与国内法（如社会法、环境法、民法、能源法等）相结合的方法来研究。

2. 国际法与国际关系、国际政治、国际经济相结合的研究方法

在当今经济全球化的背景下，能源安全问题是一个属于非传统安全领域的全球性问题。它与国际政治、国际关系、国际经济密切相关，如各国对中东石油的争夺、各利益集团在中亚的石油角逐、石油运输的“马六甲困局”等，莫不如此。因此，单靠国际法的方法，是很难把维护能源安全问题分析透彻，必须进行跨学科的研究，把国际能源法分析与国际政治、国际关系和国际经济的考察有机地结合在一起。

3. 国际法理论联系实际的方法

即运用具有代表性的国际法理论来剖析能源安全所涉及的各个重大国际能源法问题，并通过这些重大国际问题的研究力图丰富和发展现有的国际能源法理论，从而推动国际能源法的进一步发展。

可见，研究国际能源法，既能填补国内法学界研究的空白，又将推动国际

---

① See F. R. Teson, Feminism and International Law: A Reply, *Virginia Journal of International Law*, Vol. 33, No. 3, 1993, p. 650; Hilary Charlesworth etc., Feminist Approaches to International Law, *American Journal of International Law*, Vol. 85, 1991, p. 623.

② See Anne-Marie Slaughter etc., International Law and International Relations Theory: A New Generation of Interdisciplinary Scholarship, *American Journal of International Law*, Vol. 92, 1998, p. 367; See Peter Malanczuk, *Akehurst's Modern Introduction to International Law*, London 1997, p. 33.

③ See Steven R. Ratner etc., Appraising the Methods of International Law: A Prospectus for Readers, *American Journal of International Law*, Vol. 93, 1999, p. 294.

法研究方法的更新。

五、中国能源安全观的演变

中华人民共和国成立以来，中国能源安全观经历了一个演变过程：从最初的“自给自足”安全观、“供应”安全观、到“开源节流”安全观、再到目前的“全球能源安全观”。具体而言，它可以分为以下四个阶段。

（一）“自给自足”（the Energy Self-Sufficiency）安全观阶段（1949—1992年）

虽然中国于1939年中国就在甘肃玉门建立了第一个石油工业基地，但是直至1949年新中国成立时，中国原油年产量只有12万吨。① 在20世纪50年代，中国主要油品的自给率仅为40%，50%左右的石油依赖从苏联进口。②

中苏关系破裂后，中国采取了自力更生的方针，逐步实施了“自给自足”的能源安全战略。随着1959年9月和1962年9月大庆油田和胜利油田的发现，中国石油工业的发展历史揭开了新的一页。随后，大港、江汉、辽河、长庆、河南、华北、中原等一大批油田也相继发现并投入开发，中国石油产量迅速攀升。1963年，中国实现了石油产品基本自给。③

从1973年开始，中国逐步向日本、菲律宾、泰国、罗马尼亚和香港等国家和地区出口原油。到1985年，中国原油出口量达到历史最高水平，外贸统计的出口量为3003万吨，实际出口量为3115万吨。④ 此后，由于国内经济发展对石油需求的增加、石油产量的增速趋缓，中国原油出口也开始下降。到1993年，中国从石油净出口国变成了石油净进口国。

（二）“供应”（the Energy Supply-oriented）安全观阶段（1993—2002年）

1993年，中国政府提出了能源安全政策的目标是“保障长期、稳定的石

① 资料来源：中国石油天然气集团公司官方网站 http://www.cnpc.com.cn/CNPC/gsjs/fzlc/，最后访问日期2007年12月7日。

② See Christian Constantin, *China's Conception of Energy Security: Sources and International Impacts*, Working Paper, No. 43, March 2005, p. 8.

③ 参见查道炯：《中国石油安全的国际政治经济学分析》，当代世界出版社2005年版，第16页。

④ 参见王家枢：《石油与国家安全》，地震出版社2001年版，第157页。

油供应"①。这一阶段中国的能源政策都是围绕这一目标来制订的。为此，中国能源企业实施了"走出去"（Going Out）的战略。

1993年3月，中国石油天然气总公司在泰国邦亚区块获得石油开发作业权。这不但是中国石油公司首次在海外获得油田开采权益，而且也拉开了中国石油公司进军海外市场、实施走出去战略的帷幕。1993年7月，中国石油天然气总公司获得加拿大阿尔伯达省北湍宁油田的部分股权，并生产出中国历史上第一桶海外原油。②

不过，从1993年到1996年，中国能源公司在国外投资的是一些小项目，如油田的勘探、提高老油田的复产率、产品分成、服务等石油合作项目。③ 通过这些活动，中国能源企业逐步熟悉了能源国际投资环境、掌握了海外能源项目竞标的技巧、积累了宝贵的经验。

从1997年开始，中国能源企业在海外的业务进入了稳步发展阶段，相继同苏丹、哈萨克斯坦和委内瑞拉等国签订了油气开发协议，并在加拿大、泰国、缅甸、土库曼斯坦、阿塞拜疆、阿曼、伊拉克等国签署了关于产品分成、合资、租让等方面的协议，内容涉及油气勘探开发、地面建设、长输管道、石油炼制、石油化工和油品销售等领域。④ 其中，中国石油天然气总公司在苏丹的石油开采项目和在哈萨克斯坦的石油管道运输项目，都是比较成功的例子。

（三）"开源节流"安全观阶段（2003—2008年）

"9·11"事件后，鉴于中国能源安全形势的变化以及俄罗斯在"安大线"问题上的摇摆不定等因素，从2003年开始，中国政府调整"走出去"的能源

① Felix K. Chang, Chinese Energy and Asian Security, *Orbis*, Vol. 45, No. 2, 2001, p. 233.

② 资料来源，中国石油天然气集团公司官方网站 http：//www. cnpc. com. cn/CNPC/gsjs/fzlc/，最后访问日期2007年12月8日。

③ Xiao Liu, China's Overseas Oil Business: Current Situation, Challenges and Opportunities, *International Oil and Gas Finance Review*, Vol. 6, 2006, p. 41.

④ 参见查道炯：《中国石油安全的国际政治经济学分析》，当代世界出版社2005年版，第19页。

安全战略，并逐步形成新的能源安全观——“开源节流”安全观。① 这主要表现在以下两个方面：

1. 在中国共产党的有关会议上逐步明确了“开源节流”能源安全观

例如，2003 年 10 月，中国共产党第十六届中央委员会第三次全体会议明确提出了“坚持以人为本，树立全面、协调、可持续的发展观，促进经济社会和人的全面发展”，强调“统筹人与自然和谐发展”。这样就完整地提出了科学发展观。科学发展观，是立足社会主义初级阶段基本国情，总结我国发展实践，借鉴国外发展经验，适应新的发展要求提出来的。科学发展观，第一要义是发展，核心是以人为本，基本要求是全面协调可持续，根本方法是统筹兼顾。因此，中国能源安全发展战略的制定及其实施，必须以科学发展观为指导。

2005 年 10 月，中国共产党第十六届中央委员会第五次全体会议审议通过了《中共中央关于制定国民经济和社会发展第十一个五年规划的建议》。会议指出，要“全面落实科学发展观”，“要坚定不移地以科学发展观统领经济社会发展全局，坚持以人为本，转变发展观念、创新发展模式、提高发展质量，把经济社会发展切实转入全面协调可持续发展的轨道”。这次会议，还提出了“十一五”时期经济社会发展的主要目标：“……资源利用效率显著提高，单位国内生产总值能源消耗比‘十五’期末降低 20% 左右；要加快建设资源节约型、环境友好型社会，大力发展循环经济，加大环境保护力度，切实保护好自然生态，认真解决影响经济社会发展特别是严重危害人民健康的突出的环境问题，在全社会形成资源节约的增长方式和健康文明的消费模式。”

2007 年 10 月，中国共产党第十七次全国代表大会提出，“深入贯彻落实科学发展观”；“必须坚持全面协调可持续发展……建设资源节约型、环境友好型社会”；“建设生态文明，基本形成节约能源资源和保护生态环境的产业结构、增长方式、消费模式”；“加强能源资源节约和生态环境保护，增强可持续发展能力”。

2. 在中国政府制订的有关发展规划中也体现了“开源节流”能源安全观

例如，2004 年 6 月，国务院常务会议讨论并原则通过的《中国能源中长

① See Caye Christoffersen, The Dilemmas of China's Energy Governance: Recentralization and Regional Cooperation, *The China and Eurasia Forum Quarterly*, Vol. 3, No. 3, 2005, p. 64; Christian Constantin, *China's Conception of Energy Security: Sources and International Impacts*, Working Paper, No. 43, March 2005, pp. 6-7.

期发展规划纲要（2004—2020）》确立了中国的能源发展的战略和政策目标，提出了以“节能优先、效率为本；煤为基础，多元发展；立足国内①，开拓海外；统筹城乡，合理布局；依靠科技，创新体制；保护环境，保障安全”的方针。

2006 年 3 月，第十届全国人民代表大会第四次会议通过的《中华人民共和国国民经济和社会发展第十一个五年规划纲要》设立了“优化发展能源”的专章，明确了“坚持节约优先、立足国内、煤为基础、多元发展，优化生产和消费结构，构筑稳定、经济、清洁、安全的能源供应体系”的目标。此外，该纲要的第六篇以“建设资源节约型、环境友好型社会”为题，进一步强调了“落实节约资源和保护环境基本国策，建设低投入、高产出，低消耗、少排放，能循环、可持续的国民经济体系和资源节约型、环境友好型社会”。

2007 年 4 月，国家发展改革委员会制订的《能源发展“十一五”规划》，确立了“用科学发展观和构建社会主义和谐社会两大战略思想统领能源工作，贯彻落实节约优先、立足国内、多元发展、保护环境，加强国际互利合作的能源战略，努力构筑稳定、经济、清洁的能源体系，以能源的可持续发展支持我国经济社会可持续发展”的指导方针。

（四）“全球能源安全观”阶段（2008 年到现在）

2008 年 6 月，中国国家副主席习近平在沙特阿拉伯吉达出席国际能源会议上，首次全面阐述了中国新的能源安全观——“全球能源安全观”。习近平指出，能源问题是全球性问题，促进世界能源供求平衡、维护世界能源安全，是世界各国共同面临的紧迫任务；为保障全球能源安全，国际社会应该树立和落实“互利合作、多元发展、协同保障”的新能源安全观。为此，各国应在以下三个方面进行努力：第一，深入开展能源开发领域的协商和合作，加强能源出口国和消费国的对话和沟通，强化能源政策磋商和协调，促进石油天然气资源开发，维护合理的国际能源价格，满足各国发展对能源的正常需求。第二，全面加强先进能源技术的研发推广，促进各国提高能源节约能力、利用水平、使用效率，推动洁净能源、新能源、可再生能源等领域技术合作，建立清洁、经济、安全可靠的世界能源供应体系。第三，共同营造能源发展的良好国际环

① 有学者认为，从总体上看中国一直实行自给自足的内向型能源发展战略。从 1978 年到 2004 年，中国能源需求的 97.4% 是依靠国内来解决的。See Bo Kong, *An Anatomy of China's Energy Insecurity and Its Strategies*, Pacific Northwest National Laboratory 2005, p. 1.

境，携手维护能源生产国的局势稳定，保持国际能源市场正常秩序，抑制市场过度投机，确保国际能源通道安全和畅通，推动形成长期稳定的能源生产、运输、消费格局。① 同年7月，中国国家主席胡锦涛在八国集团与发展中国家领导人对话会上再次重申了中国的“全球能源安全观”。

中国的“全球能源安全观”是根据国际能源形势的巨大变化、并在继承和发展之前的“开源节流”能源安全观的基础上提出来的。它超越了一国能源安全的局限性，着眼于人类的共同利益，强调的是国际能源安全，把国家间的互利合作、先进能源技术的研发推广体系的建立以及创建能源安全的和谐国际政治环境有机地结合起来，为实现全球能源安全和最终解决能源问题指出了方向。

六、中国能源安全的现状

2005年12月，美国约翰·霍普金斯大学高级国际问题研究员孔博（Bo Kong）在西北太平洋国家实验室全球安全研究中心发表了题为《中国能源不安全及其战略剖析》（*An Anatomy of China's Energy Insecurity and Its Strategies*）的报告。他把中国能源安全问题归纳为周期性不安全（cyclical Insecurity）、结构性不安全（structural Insecurity）和体制性不安全（institutional Insecurity）等三个方面。② 他的报告，不但分析了中国能源不安全的原因，而且对中国能源战略的制定具有一定的启示意义。笔者认为，他把“周期性不安全”和“结构性不安全”严格加以区分的意义并不大。笔者在适当借鉴其成果的基础上，认为目前中国能源安全主要面临以下两大挑战：

（一）结构性危机

1. 能源结构不合理，依然是以煤为主

中国是世界上唯一以煤为主的能源消费大国，也是世界上煤使用比例最高的国家，占世界煤消费总量的27%。在中国现有的能源消费结构中，煤占68%、石油占22%、天然气占3%、一次电力占7%，而煤层气、风能和太阳能等清洁能源和可再生能源开发利用则刚刚起步。与世界平均水平（煤

---

① 参见《中国倡新能源安全观：各国携手创建清洁、经济、安全可靠的世界能源供应体系》，载新华网2008年6月23日，最后访问日期2009年7月16日。

② See Bo Kong, *An Anatomy of China's Energy Insecurity and Its Strategies*, Pacific Northwest National Laboratory 2005, pp. 1-57.

17.8%、石油40.1%、天然气22.9%，水电和核电19.2%）相比，差距是十分明显的。① 在未来20年内，煤仍将是中国的主要能源。根据国际能源机构的预测，2030年煤仍占中国能源消费总量的60%。②

2. 能源人均占有量低，能源资源分布不均匀

虽然中国能源总量生产居世界第三位，但人均拥有量远低于世界平均水平。中国人均能源探明储量只有世界平均水平的33%，人均煤炭可采储量90.7吨，人均石油可采储量2.6吨，人均天然气可采储量1408立方米，分别为世界平均水平的57%、7.69%和5%。③

中国能源资源总体分布不均匀。其特点是北多南少，西富东贫；品种分布是北煤、南水和西油气，因而形成了北煤南运、西气东输和西电东送等长距离输送的基本格局。煤炭的保有储量将近有80%集中分布在华北和西北，其中86%分布在干旱缺水的中西部地区；可以利用的水能资源68%集中在西南；塔里木盆地和四川盆地天然气约占全国的1/2。④ 东部地区能源消费占全国的67%，能源储量仅占全国的13%。随着石油勘探开发工作的深入开展，未来中国国内的油气勘探开发对象主要集中在深层、深海和自然地理位置十分恶劣的沙漠、高山和高寒之地，新增储量的75%来自老油区的复杂或隐蔽油藏。⑤ 中国国内能源的勘探程度低，开发利用的难度很大。

3. 能源供需矛盾日益突出

20世纪90年代以来，随着中国经济的快速增长，能源供应不足成为制约中国国民经济发展的瓶颈。从1992年开始，中国能源生产的增长幅度小于能源消费的增长幅度，能源生产与消费总量缺口逐渐拉大，能源消费与供应不足的矛盾日益突出。例如，中国的石油消费量1990年是1.15亿吨，2002年增加到2.393亿吨，年均增长6.7%。而中国原油产量1990年是1.38亿吨，2002年却只增加到1.675亿吨，年均增长1.62%。为弥补缺口，中国石油进口量从1993年的988万吨增加到2002年的7000多万吨，年均增长近25%，

① 参见倪健民主编：《国家能源安全报告》，人民出版社2005年版，第27页。

② See International Energy Agency, *World Energy Outlook* 2002, Paris 2002, p. 249.

③ 资料来源：世界银行2004年7月《世界发展报告》；B. P., 2004 Statistical Review of World Energy, available at http://www.bp.com.

④ 参见郑明：《中国能源发展现状与面临的挑战》，载《领导文萃》2007年第6期。

⑤ 参见陆锦程、黄峥：《中国能源发展面临的挑战及应对措施探讨》，载《建筑节能》2007年第5期。

对外依存度也从6.4%上升到30%。① 有专家估计，2030年中国能源供需缺口量约为2.5亿吨标准煤，到2050年将增至为4.6亿吨标准煤。②

4. 石油对外依存度过大，储备体制不健全

当前石油安全已成为中国能源安全的核心。由于中国原油产量的增长大大低于石油消费量的增长，造成中国石油供应短缺、进口依存度飙升。按照国际能源机构的预测，到2020年中国每天进口石油达690万桶，占中国石油消费总量的70%；2010年中国石油对外依存度是55%、2020年是68%、2030年将达到74%。③ “美国能源信息局”（United States Energy Information Administration）也预言，2010年中国石油对外依存度是44.6%、2020年是62.8%、2025年将达到68.8%。④ 此外，目前中国原油进口的60%以上来自于局势动荡的中东和北非，中国进口石油主要采取海上集中运输，原油运输约4/5通过马六甲海峡，形成了制约中国能源安全的“马六甲困局”（the Malacca Dilemma）。同时，我国的石油战略储备还刚刚起步，石油储备体制很不完善。

5. 能源利用率低，能源环境问题突出。中国的能源利用率长期偏低，单位产值的能耗是发达国家的3～4倍，主要工业产品单耗比国外平均高40%，能源平均利用率只有30%左右。⑤ 另外，中国以煤为主的能源结构也不利于环境保护。况且，中国的煤炭资源又存在着固有的质地差、运输距离长、污染严重、热量不足等问题，更使中国能源消费的不利结构方面雪上加霜。这种长时期内以煤为主的能源结构，将使中国区域性污染日益加重，生态环境持续遭到破坏。因此，能源生产和利用对环境的损害，是中国环境问题的核心，受到国际社会的高度关注。据世界银行的统计报告，全球有20个污染最严重的城市，中国就占了16个。⑥

---

① 参见倪健民主编：《国家能源安全报告》，人民出版社2005年版，第27～28页。

② 参见马维野等：《我国能源安全的若干问题及对策思考》，载《国际经济技术研究》2001年第4期。

③ See International Energy Agency, *World Energy Outlook 2004*, Paris 2004, p. 92, p. 96, p. 117.

④ See United States Energy Information Administration, *International Energy Outlook 2003*, May 2003, p. 184.

⑤ 参见倪健民主编：《国家能源安全报告》，人民出版社2005年版，第29页。

⑥ See Bo Kong, *An Anatomy of China's Energy Insecurity and Its Strategies*, Pacific Northwest National Laboratory 2005, p. 6.

（二）管理性制度困境

从20世纪80年代末开始，中国能源管理机构分分合合、不断调整。第一，1988年第七届全国人民代表大会第一次会议决定撤销煤炭部、石油部、水利电力部和核工业部，成立能源部。第二，1993年第八届全国人民代表大会第一次会议决定撤销能源部，重组煤炭部、电力部。第三，1998年第九届全国人民代表大会第一次会议决定撤销煤炭部、电力部。第四，2004年成立了国家发展和改革委员会能源局。第五，2005年成立了国家能源领导小组。目前，中国缺乏有效的能源安全的政府管理体制，暴露了能源安全的制度性危机。这要体现在以下两个方面：

1. 权限不明、职责不清

当前中国缺少对能源安全的统一管理部门。与能源相关的管理、开发和研究职能，分散在国家发改委、国土资源部、水利部、建设部、农业部、科技部、国防科工委、环境保护部和电监会等部门。此外，国有能源公司、相关的地方机构，也参与能源政策的制定。① 中国在这样的管理体制下，一方面难以出台统一协调的政策措施，另一方面即使出台宏观能源政策，也无专门机构贯彻实施，更无法实现长远的政策目标。例如，目前中国石油管理权分散在数个部委、十余家司局级单位。仅发改委就有七个司局级单位分别管理石油投资、运输、价格、炼油、进出口、成品油和勘探开发。② 其中，勘探开发又分散在两个部委的三个司局级单位管理。而成品油管理则分散在三个部委，分别分管成品油进出口、市场流通和储备问题。在地域上，石油产业又被分割成西北与东南、陆地与海洋。可见，中国能源安全的制度缺陷十分明显：管理混乱、机构重叠、缺乏协调。③

---

① See Erica Strecker Downs, The Chinese Energy Security Debate, *The China Quarterly*, No. 177, 2004, pp. 25-29.

② 然而，作为负责研究提出能源发展战略、拟订能源发展规划和年度指导性计划等的能源局，只是发改委下属的30多个机构之一，其行政级别明显低于三大国有石油公司，况且能源局的人数也比较少。而美国能源部大约有14000人，其中有600人左右专门负责分析研究美国和国际能源市场。See Bo Kong, *An Anatomy of China's Energy Insecurity and Its Strategies*, Pacific Northwest National Laboratory 2005, p. 23.

③ See Bo Kong, *An Anatomy of China's Energy Insecurity and Its Strategies*, Pacific Northwest National Laboratory 2005, p. 21.

2. 能源市场的垄断行为

目前中国能源行业改革与发展的最大障碍是行业内的垄断经营和区域市场分割等违反市场经济规律的行为。例如，虽然成立了国家电网公司、华能集团等电力部门的“七姊妹”，但是电力行业的市场竞争格局并未完全形成。又如，石油领域的垄断行为也非常明显，只有三大国有石油公司才有权从国外进口石油。

总之，现今中国能源安全存在的问题是多方面的，但其根源是能源的结构性危机和管理方面的制度性困境。这二者相互联系、交互影响，其中最根本的是管理和制度方面的危机。

七、中国能源安全的应对措施

为了解决能源安全所面临的重大挑战，中国政府正在采取一系列对策措施，如制定了2004年《中国能源中长期发展规划纲要（2004—2020）》和2007年《能源发展“十一五”规划》等。具体而言，它包括以下几个方面：

（一）从供需入手，充分利用国内外两种资源、两个市场，应对结构性危机

1. 立足于国内（包括陆地和海洋）能源的勘探、开发和建设

例如，随着大庆等老油田产量的下降，近年来新疆已逐渐成为国内第三大石油基地，石油产量占全国的12.7%；新疆的石油和天然气储量分别占全国的30%和40%；预计到2010年新疆每年的石油产量将达到5000万吨。① 又如，2007年5月，中国石油天然气集团公司在河北省唐山市境内（曹妃甸港区）发现了储量规模达10亿吨的大油田——冀东南堡油田，这是40多年来中国石油勘探的最大发现。这一探明储量占到了中国目前已探明原油储量的20%，而预计年产量则超过1000万吨，将占到全国产量的5.45%。南堡油田的发现将极大地增强国内能源安全供应保障能力。②

此外，中国的海底石油资源量有200多亿吨、天然气资源量有10几万亿立方米。从目前来看，海洋石油天然气工业是中国成长最快、发展潜力巨大的

① See Bo Kong, *An Anatomy of China's Energy Insecurity and Its Strategies*, Pacific Northwest National Laboratory 2005, p. 34.

② 参见《中石油发现10亿吨储量大油田》，载《中国经营报》，2007年5月8日。

新兴海洋产业，其年均增长率高达32.3%；国内目前已有25个海上油气田投入开发，年产石油2000多万吨。① 2003年6月，国务院批准实施了《全国海洋经济发展规划纲要》，为海洋能源的开发提供了政策指导。

2. 积极参与能源安全的国际合作，实现能源供应多元化

过分依赖中东和非洲地区的石油供应和单一的海上运输路线，使得中国石油进口的脆弱性比较明显。为此，中国政府采取多种途径实施多元化的能源战略，突破原来的单一的能源外交模式，走多边合作的道路，以联合的力量提高中国在国际能源格局中的地位，全面维护中国的能源安全。中国政府已参与了多个多边能源合作机制，是国际能源论坛、世界能源大会、亚太经合组织、东盟“10+3”等机制的正式成员，是《能源宪章条约》的观察员，与国际能源机构等国际能源组织保持着较为密切的联系。同时，中国与美国、英国、俄罗斯、日本、欧佩克等建立了双边或多边的能源对话机制。此外，中国还参与了东亚地区的清洁排放贸易、亚太清洁发展和气候伙伴计划、“碳收集领导人论坛”、“甲烷市场化伙伴计划”和“氢能经济伙伴计划”等。

3. 加快石油战略储备建设，健全能源安全预警应急机制

目前中国已制定了石油储备规划：逐步建立能够保障国内石油供应安全、应对石油突发事件、稳定石油市场的国家石油储备体系；逐步建立政府储备与企业储备合理分工，储备品种适应市场需要，石油生产、加工、销售、进口和储备密切衔接的运行机制；逐步建立健全石油储备法律制度；逐步建立稳定的石油储备资金来源保障体制。2003年5月，中国正式成立了国家发改委石油储备办，专门负责协调石油储备。2003年，中国开始规划建设首批四个战略石油储备基地，分别位于大连、青岛和浙江省的宁波、舟山。2007年，位于浙江宁波的镇海石油储备基地已经建成注油。② 中国石油战略储备计划正在有

① 参见《海洋经济发展纲要实施 我国全面提升海洋实力》，中国文化社区网 http：//www. sinoct. com /news/view_ content. asp? id=8546，最后访问日期2007年12月13日。

② 2007年12月18日，中国首个国家石油储备基地——镇海国家石油储备基地已满仓储油，并通过国家验收。这标志着中国石油储备工作进入了新的阶段。参见中国石油商务网 http：//www. oilchina. com/syxw/20071220 /news2007122007143415005. htm，最后访问日期2007年12月20日。

序推进中。① 到2010年，中国将建成相当于30天进口量的石油战略储备规模。

4. 落实科学发展观，加强环境保护

树立和落实科学发展观，坚持经济、社会与环境协调的可持续发展道路，以人为本，加强环境保护和生态建设，是中国实现全面小康目标的重要组成部分。为此，中国政府坚持能源生产、消费和环境保护并重的方针，把清洁能源技术的开发应用作为一项重要战略任务，采取多种有效措施，降低能源开发利用对环境的负面影响，减轻能源消费增长对环境保护带来的巨大压力，促进人与自然的和谐发展。

5. 加快可再生能源的开发利用

可再生能源是指风能、太阳能、水能、生物质能、地热能、海洋能等非化石能源。长期以来，由于缺乏政策引导和财政支持，中国可再生能源的利用一直比较低，目前仅占能源消费总量的3%。2005年2月，第十届全国人民代表大会常务委员会第十四次会议通过了《中华人民共和国可再生能源法》，从而为可再生能源的开发利用提供了法律依据。同时，按照中国政府制定的可再生能源长期发展战略的规定，到2010年可再生能源将占能源消费总量的10%，2020年达到18%，2030年达到30%，2100年达到50%。② 为此，中国政府对外资予以积极引导。例如，2005年6月，世界银行执行局批准一项8700万美元的贷款，以支持中国的可再生能源规模扩大项目（the Renewable Energy Scale-Up Program）。③

此外，中国政府采取扩大核电供应的战略。2003年以前，中国官方一直

---

① 经国务院批准，国家石油储备中心于2007年12月18日正式成立。建立石油储备是应对突发事件，防范石油供给风险，保障国家能源安全的重要手段。国家石油储备中心是中国石油储备管理体系中的执行层，宗旨是为维护国家经济安全提供石油储备保障，职责是行使出资人权利，负责国家石油储备基地建设和管理。国家石油储备中心的成立，意味着中国从此有了独立于石油企业的石油储备机构，或许可以将企业利益和国家战略利益分开，通过石油储备中心直接落实战略石油储备的任务。参见《国家石油储备中心的管理面临着挑战》，载《新京报》2007年12月19日，http：//www.chinanews.com.cn/cj/plgd/news/2007/12-19/1108376.shtml，最后访问日期2007年12月20日。

② See Bo Kong, *An Anatomy of China's Energy Insecurity and Its Strategies*, Pacific Northwest National Laboratory 2005, p. 30.

③ See "China: World Bank To Help Scale Up Use Of Renewable Energy", The World Bank, available at http://www.worldbank.org, last visited on December 11, 2007.

强调要“有限”发展核电产业。但自2003年以后，国内关于大力发展核电产业的呼声日益强烈，中国核电发电量逐年增长。2004年，中国核电发电量累计为5 072 321.67万千瓦时，比上年同期增长了14.18%；2005年，中国核电发电量累计为5 303 604.00万千瓦时，比上年同期增长了5.19%；2006年，中国核电发电量累计为5 343 957.38万千瓦时，比上年同期增长了0.66%。中国目前建成和在建的核电站总装机容量约为2000万千瓦，预计到2020年约为4000万千瓦。① 2007年12月，国务院正式批准了《国家核电发展专题规划(2005—2020年)》，这标志着中国核电发展进入了新的阶段。按照该规划规定的发展目标，到2020年，核电运行装机容量争取达到4000万千瓦，并有1800万千瓦在建项目结转到2020年以后续建。核电占全部电力装机容量的比重从现在的不到2%提高到4%，核电年发电量达到2600~2800亿千瓦时。

6. 通过法律政策措施和市场手段，鼓励节能、合理用能、提高能源利用率

2007年10月，第十届全国人大常委会第三十次会议通过了《中华人民共和国节约能源法》修订草案。② 新的节能法在法律层面将节约资源确定为中国的基本国策，明确规定：“国家实行节约资源的基本国策，实施节约与开发并举、把节约放在首位的能源发展战略。”新的节能法更加完善和强化了政府在节能管理方面的职责，同时也明确国家实行财政、税收、价格、信贷和政府采购等政策促进企业节能和产业升级，并明确了一系列强制性措施限制发展高耗能、高污染行业，包括制定强制性能效标识和实行淘汰制度等。另外，《中华人民共和国国民经济和社会发展第十一个五年规划纲要》进一步把“十一五”时期单位GDP能耗降低20%左右作为约束性指标。

(二) 改革和完善能源管理体制，应对制度性危机

1. 组建了国家能源委员会和国家能源局

2008年3月，第十一届全国人民代表大会第一次会议决定设立国家能源委员会和国家能源局。国家能源委员会作为高层次的议事协调机构，负责研究拟订国家能源发展战略，审议能源安全和能源发展中的重大问题；国家能源局主要负责拟订并组织实施能源行业规划、产业政策和标准，发展新能源，促进

---

① 参见《2007年中国核电行业分析及投资咨询报告》，中国投资咨询网 http://www.ocn.com.cn/reports/2006119hedian.htm，最后访问日期2007年12月12日。

② 新的《节约能源法》自2008年4月1日起施行。

能源节约等。国家能源委员会办公室的工作，由国家能源局承担；国家能源局由国家发展和改革委员会管理。同时，为加强能源行业管理，将国家发展和改革委员会的能源行业管理有关职责及机构，与国家能源领导小组办公室的职责、国防科学技术工业委员会的核电管理职责进行整合，划入国家能源局，不再保留国家能源领导小组及其办事机构。

2. 加强能源法制建设，起草了《能源法》

2006 年 1 月，跨部门的《能源法》起草组成立，中国正式启动《能源法》立法起草工作。2007 年 12 月，国家能源办正式对外公布《能源法》(征求意见稿)，向社会各界征集修改、完善的意见和建议。作为中国能源领域的基础性法律，《能源法》(征求意见稿) 包含总则、能源综合管理、能源战略与规划、能源开发与加工转换等 15 章，共 140 条。

3. 制定了《反垄断法》，鼓励市场竞争

2007 年 8 月，第十届全国人民代表大会常务委员会第二十九次会议通过了《中华人民共和国反垄断法》。反垄断法的出台，有助于预防和制止能源领域的垄断行为，保护市场公平竞争，提高经济运行效率，维护消费者利益和社会公共利益，促进社会主义市场经济健康发展。

另外，为了创造市场竞争环境，中国政府一方面对能源工业进行了改革，明确了三大石油公司之间的分工，并在它们之间推行竞争机制；另一方面，开放国内能源市场，允许外国石油公司在中国设立加油站，经营零售业务。例如，荷兰皇家壳牌集团、英国石油公司和埃克森—美孚公司等在中国华南地区，分别建立了 500 个、1000 个和 1100 个加油站。① 此外，中国政府还决定向私人资本开放石油、天然气领域的上游业务。例如，2002 年中国政府首次允许非国有石油公司进口 828 万吨石油和 460 万吨石油产品；又如，2005 年“中国长城联合石油公司” (the Great Wall United Petroleum Company) 正式成立，其主要业务将围绕成品油销售展开。

总之，面对当前的能源挑战，中国应采取综合的、全方位的能源战略，包括能源开发、能源节约、能源环境和能源安全战略，从管理、市场和立法入手，全面改革现有能源体制，制定优惠政策，加强信息收集与调研，建立完整的服务保障体系，全面整合外交、外贸等各方力量，协调一致建立能源保障机制。

---

① See Bo Kong, *An Anatomy of China's Energy Insecurity and Its Strategies*, Pacific Northwest National Laboratory 2005, p. 47.

八、中国能源安全的战略选择

从宏观上看，未来几年中国政府可以着重考虑采取以下战略，来维护中国的能源安全。

（一）以多边合作为依托，重点加入国际能源机构

目前中国政府已参与了多个多边能源合作机制，是国际能源论坛、世界能源大会、亚太经合组织、东盟10+3等机制的正式成员，是能源宪章条约的观察员，与国际能源机构等国际能源组织保持着较为密切的联系。同时，中国与美国、英国、俄罗斯、日本、欧佩克、“八国集团”① 等建立了双边或多边的能源对话机制。此外，中国还参与了东亚地区的清洁排放贸易、亚太清洁发展和气候伙伴计划、“碳收集领导人论坛”、“甲烷市场化伙伴计划”和“氢能经济伙伴计划”等。因此，今后中国政府一方面要在现已参加的多边能源合作机制中争取发挥更大的作用，另一方面还要想方设法加入国际能源机构。

国际能源机构是1974年成立的，并和经济合作与发展组织相联系的石油消费国政府间的国际经济组织。1996年10月，国际能源机构执行主任罗伯特·普里德尔（Robert Priddle）访华，并与中国政府签署了《关于在能源领域里进行合作的政策性谅解备忘录》。该备忘录规定，加强双方在能源节约与效率、能源开发与利用、能源行业的外围投资和贸易、能源供应保障、环境保护等方面的合作。现在中国还不是国际能源机构的成员国。一旦中国加入国际能源机构，国际能源机构将在加强中国与其他能源消费国的合作、应对突发性的能源危机、维护中国的能源安全利益以及逐步化解国际社会对中国的无端猜疑等方面，发挥重要作用。② 然而，目前中国加入国际能源机构仍有一定的困难，主要有：

1. 成员资格问题

国际能源机构的基本文件——《国际能源纲领协议》，对那些不是该协议签署国但符合加入国际能源机构条件的国家作了如下规定：“此协议应对能够并愿意满足本纲领要求的经济合作与发展组织任何成员国开放加入。理事会应

① 近年来“八国集团”逐渐成为世界能源外交的全球中心之一。

② 参见杨泽伟：《国际能源机构法律制度初探——兼论国际能源机构对维护我国能源安全的作用》，载《法学评论》2006年第6期。

依多数决定任何加入申请。"① 可见，加入国际能源机构的一个首要条件是经合组织的成员国。而中国至今还不是经合组织的成员。

2. 紧急石油储备义务

国际能源机构要求各成员国保持不低于其 90 天石油进口量的石油存量。而中国当前的紧急石油储备不到 30 天。这与国际能源机构的规定有很大的差距。

3. 信息通报义务

按照《国际能源纲领协议》的规定，成员国应定期地向秘书处报告该国石油公司的财务、资本投资、原油成本等所有情况，以供国际能源机构理事会决策时作参考。而在供应中断期间，国际能源机构还要求石油公司直接向其提供有关的信息。由于一国的石油情报是构建该国国家发展战略的重要依据之一，它涉及国家的经济安全和国家主权，因此，国际能源机构的"信息通报义务"对中国来说有一定的挑战性和一个适应过程。

尽管如此，随着中国和平发展战略的提出、经济地位和金融实力的不断增强、政治影响的不断扩大，中国与国际组织的接触也一直在不断深化。值得一提的是，2004 年 10 月中国首次派代表出席七国集团财长会议，中国财政部长和人民银行行长以观察员身份应邀与会，被美国财政部高官称之为"历史性"事件②。特别是，近年来国际社会也迫切希望中国政府能够承担更多的国际责任，充分发挥大国的作用。因此，为了加入国际能源机构，中国政府一方面应尽快增加战略石油储备；另一方面可以与国际能源机构及其重要成员国协商，采取特别协定的方式③，建立特定的中国-国际能源机构合作协调机制，并给予中国以特定待遇，如成为"联系国"享受准成员国待遇等。这种做法与国际能源机构的一些成员国希望中国加入该机构的愿望是一致的。

（二）以区域合作为基础，推动建立"东北亚能源共同体"

东北亚是当今与美国、欧洲并列的世界三大能源市场之一。随着东北亚经济的持续高速增长，能源安全成为了东北亚国家共同面临的问题。作为能源消费与进口大国的中、日、韩，在能源问题上存在着尖锐的利益冲突和激烈竞

---

① 《国际能源纲领协议》第 71 条第 1 款。

② 参见法国《回声报》2005 年 12 月 21 日题为《北京在国际机构中的地位问题引发讨论》的文章，转引自《参考消息》2005 年 12 月 23 日第 4 版。

③ 挪威就是以特别协定的方式加入国际能源机构的。

争，但合作领域也十分广泛。中、日、韩三国在能源领域各具优势、并有互补性。例如，日本不仅资金和技术优势明显，并早就建立了石油和天然气储备，而且还在储备煤炭，在能源外交上也积累了丰富经验，在能源使用方面如核电、节能、环保、开发新能源等也有很多可供中国学习的地方；韩国在石油储备上的经验也比较丰富，炼制能力也比较强，在节约能源、市场运作等方面也有诸多可供借鉴之处；而中国在劳动力、地理位置和油气勘探技术等方面拥有自己的优势，同时也是能源生产大国，而且目前依然是日本、韩国重要的煤炭供应国，且对先进的新能源和节能技术需求大。可见，中日韩三国能源合作基础广泛，潜力巨大。具体而言，中、日、韩三国可在能源供应安全、能源运输安全、能源使用安全、可再生能源利用等领域开展合作。

目前“东北亚能源共同体”的构想尚处于探索阶段。在当今国际关系的背景下，要想建立这样一个区域性国际经济组织，还面临不少困难。例如，冷战安全结构的消极影响，历史问题和领土争端区域意识薄弱、缺乏地区认同，美国因素以及领导权问题等。因此，“东北亚能源共同体”的形成可能尚需时日。尽管如此，有关国家应转变观念，本着相互尊重、循序渐进、开放包容的精神，增进相互信任，扩大共同利益，在此基础上，逐步形成体现地区多样性特征、与多层次的区域经济合作相协调、并为各方都能接受的地区能源安全合作的法律框架。为此，东北亚各国可采取以下步骤：

1. 签订《东北亚能源共同体宪章》

中、日、韩三国，在能源共同开发的基础上，可以参考《欧洲煤钢共同体条约》和《欧洲能源宪章条约》，签订类似的《东北亚能源共同体宪章》(Charter of theNortheast Asian Energy Community)，建立“东北亚能源共同体”。《东北亚能源共同体宪章》作为“东北亚能源共同体”的组织法，内容可以包括序文、宗旨与原则、成员的资格及其权利与义务、组织结构、职权范围、活动程序、决议的履行方式及监督机制、贸易条款（包括国际市场、与贸易有关的投资措施、竞争政策、技术转让等）、投资的促进与保护条款、争端解决以及其他杂项条款等。①

2. 树立“合作安全”的观念

“合作安全”是“以国家之间的相互依存而非对抗作为其政策的基点，其

---

① 参见杨泽伟：《“东北亚能源共同体”法律框架初探》，载《法学》2006 年第 4 期。

实质是建立在互信互利基础上的国家间相互合作的安全关系”①。欧盟通过区域合作安全途径解决法德双边难题的成功经验，尤其值得东北亚各国借鉴。东北亚各国应摒弃以实力抗衡谋求安全优势的旧式思维，通过加强各领域合作扩大共同利益，提高应对威胁和挑战的能力与效率。因此，通过合作安全建立“东北亚能源共同体”，是实现东北亚和平与繁荣的有效途径。令人鼓舞的是，中共十六大提出了“与邻为善、以邻为伴”的周边外交方针，这实际上也是对新时期中国周边安全政策的根本指南。

3. 加强“东北亚意识”

韩国庆熙大学前校长赵正源教授在题为《地区认同在东北亚地区合作体制形成中的作用》的讲演中建议：“韩中日三国应以信赖为基础，营造‘东北亚意识’或思想；在东北亚多元文化中寻找共同性，建立东北亚文化圈；树立地区内共同文化价值观，即创造基于共同文化之上的‘东北亚价值观’；加强各国的交流，促进东北亚一体化观念深入人心，进一步推动地区经济合作和安全合作向前发展。同时形成开放性而非排他性的东北亚地区合作特征。”②

4. 坚持循序渐进原则

由于东北亚国际关系的复杂性，东北亚多边能源合作的发展应分阶段进行。从成员来讲，目前应以中、日、韩在能源领域的合作为主，从而推动中、日、韩三国关系的进一步发展；在此基础上，应逐渐向俄罗斯、朝鲜和蒙古开放，建立真正的东北亚能源共同体。就合作领域而言，先由油气合作逐渐扩展到电力、煤炭、核能、可再生能源等“大能源”领域。

总之，如果中、日、韩等东北亚国家能够在能源这个关系到国家发展命脉的战略性问题上加强合作，在建立“东北亚能源共同体”上迈出积极的一步，那么，这将可能为实现东北亚乃至整个东亚地区的全面合作提供一个非常重要的示范。

（三）以建立国际能源新秩序为目标，参与国际能源贸易价格定价机制

众所周知，目前国际原油价格体系主要有两种：一是在欧洲，交易原油基本上都参照英国北海布伦特（Brent）轻质原油定价，其主要交易方式为伦敦国际石油交易所（International Petroleum Exchange）交易；二是在北美，原油

① 赵怀普：《欧洲一体化对东亚合作的若干启示》，载《外交学院学报》2005年第2期。

② 王屏：《东亚合作，寻求共赢》，载《参考消息》，2004年11月4日。

定价主要参照美国西德克萨斯中间基原油 WTI（West Texas Inter-medium）定价，其主要交易方式为 NYMEX 交易所交易。① 然而，作为世界第二大石油消费国和第三大石油进口国的中国，在国际石油定价中的话语权还很弱，一般只能被动地接受国际油价。因此，从长远来看，中国应积极参与国际石油贸易价格定价机制，形成自己的石油报价系统，以增强对国际油价的调控能力，从而影响国际石油市场和国际油价。②

此外，2009 年 4 月，举世瞩目的 20 国集团（G20）伦敦金融峰会的圆满结束，标志着在全球金融危机蔓延之际，由主要发展中国家和发达国家共同组成的 20 国集团取代了 8 国集团。与此同时，国际能源格局也将发生深刻的变化：欧佩克和美国对能源的影响力将逐渐走弱，非欧佩克能源输出国和新兴经济体对能源的影响日益凸显；国际能源格局由两极结构——生产国集团和消费国集团——向多极结构转变。③ 因此，改革国际能源秩序的时机开始显现。中国应该利用这一历史机遇，积极推动国际能源新秩序的早日建立。

九、结论

综上可见，中国能源安全观经历了从最初的“自给自足”安全观、“供应”安全观、到“开源节流”安全观、再到现今的“全球能源安全观”的演变过程。当今中国能源安全主要面临结构性危机和制度性困境等两大挑战，存在能源结构以煤为主、能源供需矛盾日益突出以及能源管理部门权限不明和职责不清等问题。为此，中国政府采取了一系列的应对措施。从微观上讲，中国政府制定了 2004 年《中国能源中长期发展规划纲要（2004—2020）》和 2007 年《能源发展“十一五”规划》等；并从供需入手，充分利用国内外两种资源、两个市场，应对结构性危机；改革和完善能源管理体制，应对制度性危机。而就宏观战略而言，中国政府应克服困难，实施以多边合作为依托重点加入国际能源机构、以区域合作为基础推动建立“东北亚能源共同体”、以国际能源新秩序为目标积极参与国际能源贸易价格定价机制等战略。

---

① 参见查道炯：《中国石油安全的国际政治经济学分析》，当代世界出版社 2005 年版，第 252 ~ 253 页。

② 参见程伟力：《影响国际石油价格因素的定量分析》，载《国际石油经济》2005 年第 8 期。

③ 参见世界风力发电网信息中心：《G20 时代开创国际能源新秩序》(2009 年 6 月 8 日)，载世界风力发电网 http：//www.86wind.com/info/detail/2-9826.html，最后访问日期 2009 年 7 月 17 日。

国际私法学专题

中国国际私法立法的里程碑

主讲人：肖永平教授

作为中国涉外法制的基础性法律和中国特色社会主义法律体系的支架性法律，全国人大常委会在2010年10月28日通过了《中华人民共和国涉外民事关系法律适用法》(以下简称《法律适用法》)，这是中国推进依法治国、促进社会和谐稳定、形成中国特色社会主义法律体系的重要组成部分。下面分别从其立法背景、基本目的、突出特色和未来发展等方面说明《法律适用法》是中国国际私法立法史上的里程碑。

一、立法背景

制定一部单行的《法律适用法》是中国国际私法学界近20年来矢志不移的共同追求，也是中国扩大对外开放、应对经济全球化、顺应国际角色转变、进行国际形象建设、提升文化软实力和法律巧实力、构建和谐世界的必然要求，更是中国司法机关、仲裁机构和其他有关政府部门公平合理地维护中外当事人合法利益的迫切需要。具体说来：

第一，丰富、深入、全面、针对性强的理论研究成果。综观世界各国的国际私法立法，学者的推动和理论贡献起着极为重要的作用，国际私法因此有“学说法”之称，中国也不例外。自1993年开始，中国国际私法学会几乎每年组织全国性的学术讨论会，讨论研究中国国际私法立法涉及的一系列宏观和微观问题，1999年，中国国际私法学会在韩德培教授的领导下，公开出版了《中华人民共和国国际私法示范法》，这是中国国际私法学界集体智慧的结晶。2002年，九届全国人大常委会对《涉外民事关系法律适用法（草案）》进行“初审”以后，中国国际私法学者更是倾注了无比的热情和心血，经过多年的研究和10多次专题研讨会，中国国际私法学会在黄进会长的主持下向全国人大法工委提交了正式的《立法建议案》，另有6位学者提交了个人的《立法建议》，其他学者针对具体问题发表了大量论文，翻译了其他国家21世纪以来的最新立法。所有这些成果，为《法律适用法》的制定打下了坚实的理论基础。

第二，分散式立法模式下的法律适用规范不系统、不一致、多重复、不明确。改革开放以来，我国制定的许多法律法规分别对相关的涉外民事关系的法律适用作了规定，如《中外合资经营企业法实施条例》《继承法》《民法通则》《外资企业法实施细则》《收养法》《海商法》《外国人在中华人民共和国收养子女登记办法》《票据法》《民用航空法》和《合同法》等。特别是《民法通则》第八章对涉外民事关系的法律适用问题作了较系统的规定。此外，最高人民法院在司法审判工作中就一些具体问题所作的司法解释含有不少关于涉外民事关系法律适用的规定。但是，这些规定多有重复、不一致，甚至相互矛盾的地方，还有许多法律适用规范不完整、不周全，留下不少立法上的空白。因此，制定相对系统的法律适用法是完善我国涉外法制、形成中国特色社会主义法律体系的必然要求。

第三，越来越频繁的国际经济合作、商事交易和民事交往。随着经济全球化的不断深化，中国的开放程度不断加深，人员、技术、货物、资金和信息的跨国流动越来越频繁，跨国婚姻、海外务工、国外购房、境外旅游等国际民事活动越来越多地进入到中国人的日常生活。所有这些活动需要一个良好的法制环境来保证其有序进行。而《法律适用法》是我国涉外法制的基础性法律，因为它是我国其他涉外法律制度和规则适用的前提和条件，也是连接中国法与外国法、中国法与国际法的桥梁和媒介。因此，制定《法律适用法》是中国越来越频繁的国际民商事交往的客观需求。

第四，不断增加的国际民商事争议和国际商事仲裁案件。毫无疑问，日渐频繁的国际民商事交往也会导致我国涉外民商事案件的数量呈不断上升趋势，如何有效地解决涉外民商事纠纷，更加公平地对待中国法律和外国法律，更加公平地对待中国人和外国人，不断提升中国司法和仲裁的公信力和吸引力，为进一步对外开放营造公平、有序的法制环境，是我国现阶段必须解决的问题。而通过制定《法律适用法》，不仅是对上述理念和原则的宣示，更是对法官和仲裁员的规范要求和明确指引。可以说，制定《法律适用法》是提高我国涉外司法和国际仲裁水平的内在要求。

第五，中国国际角色的转变。随着中国综合实力的与日俱增，中国在国际政治、经济、文化和体育等领域的地位和角色正在悄然发生变化，国际社会期待中国成为一个负责任的大国，中国也更加注重国际形象建设。所有这些改变，需要中国重新审视以前的国际私法规则。因此，通过制定《法律适用法》，更加关注中国的国家利益，完善现有立法进而形成具有中国特色和风格、体现中国利益和主张的国际私法体系，是时代的要求。

第六，软实力和巧实力的加强。强大的文化软实力和法律巧实力是一个大国和强国在国际上发挥应有影响力的重要保证。国际私法作为联系中国法与外国法、中国法与国际法的基本法，对提升中国法律文化和理论的国际影响力具有重要意义。因此，通过制定内在逻辑统一、体系完备的《法律适用法》，不仅有利于完善我国涉外法律适用的技术、防止法规抵触和法规与司法解释的矛盾，还有利于实践中严格执行冲突规范、促进国际民商事交往。可以说，制定《法律适用法》，是我国增强文化软实力和法律巧实力，进而成为有重要影响力的强国的必要步骤。

第七，和谐世界的理念和追求。在构建国际新秩序的主张中，中国政府提出的和谐世界理念也需要《法律适用法》来集中反映和宣示。因为《法律适用法》的基本价值是调整国际民商事关系，解决不同国家之间的民事法律冲突。和谐世界的理念，要求对国际民商事关系的调整和对民事法律冲突的解决，应该有利于平等保护各方当事人的合法权益，有利于切实保障国际民商事交往的有序进行，有利于最大限度地实现国际社会的整体利益。而建设和谐世界的过程，正是协调各种利益关系、解决各种权利冲突、消除各种不和谐因素的过程，也是谋求各个国家和全人类合作发展、互利共赢的过程。在这个过程中，国际民商事关系的协调和民商事冲突的解决，不仅是最基本的内容，也将是越来越经常和重要的内容。因此，制定《法律适用法》是我国推进和谐世界建设的实际行动。

二、基本目的

要适应上述情况，《法律适用法》的制定应该达到以下 3 个基本目的：

第一，系统化。这就是要把所有相关的法律适用规范按照符合学科思维习惯的逻辑关系集中起来；而不是各种法律适用规范的简单相加，或没有内在逻辑联系的简单堆砌。因此，只有建立合理的体系结构，才能协调各个法律适用规范之间的相互关系，避免条文之间的重复、交叉甚至相互矛盾；也只有这样，才有利于我国司法机关、中外当事人更好地理解我国的国际私法制度，改善我国对外开放的法制环境，最大限度地发挥国际私法的立法效益。要建立相对合理的体系结构，除了可以参考国外一些新的立法体例以外，更应该注意与国际私法理论体系的协调，特别要符合中国国际私法学者的思维习惯，与我国学者编写的教科书中关于法律适用的部分相协调。

第二，明确化。这就是要通过系统化明确相关条文间的关系，通过条文的重新拟订明确其含义和适用条件。因为在我国现行的国际私法立法中，对同一个问题的法律适用规范在不同立法中往往都有规定，但它们之间的关系如何，立法上并没有明确规定。而一般性规定与特殊性规定的关系、原则规定与例外规定的关系，在现行立法中表达得也不清楚。不少条文的措辞也比较模糊。正因为如此，最高人民法院不得不发布更详细、完整的司法解释来应付司法实践的需要。所以，我们在制定单行《法律适用法》时，最好不要指望依赖以后的司法解释，必须尽量明确，实现立法应有的作用。

第三，实用化。这就是要通过合理、科学的条文安排和明确、完整的结构形式使《法律适用法》便于实用。为达到此目的，我建议：（1）条文的设置和取舍除了要考虑理论的系统性、逻辑的合理性以外，更要根据我国司法实践的要求，特别要考虑我国最高人民法院发布的相关司法解释，尽量将现有的行之有效的司法解释纳入《法律适用法》。对于实践中需要解决的问题，立法中一定要有所反映，以增强立法的实用性。（2）保持条文的单一性和完整性。这就是要坚持一个条文规定一个问题的原则，既不能在一个条文中规定多个问题，也不能把一个问题规定在多个条文中。这样可以避免条文内容的重复和分散，便于适用和理解。与此同时，与每一个条文主题相关的内容应尽可能全面地规定，不要遗漏。从条文自身的逻辑结构来说，每一条冲突规范必须把“范围”和“系属”完整的规定出来，保持其内部的和谐一致。（3）每一个条文前面列出标题，明确其要解决的问题，这既便于立法工作的协调和统一，也便于人们理解和适用。（4）条文的措辞必须规范，尽可能使用国际上通用的名词、概念。如果所用概念的含义与国内民法有所不同，最好在条文中或者附则加以说明。

三、突出特色

根据上述基本目的来审视《法律适用法》，可以发现它具有下列突出特色：

第一，基本实现了系统化。《法律适用法》共计52条，分为一般规定、民事主体、婚姻家庭、继承、物权、债权、知识产权和附则8章。既有一般性的总则规定，也有不同民事领域的特殊法律适用规则，在体例安排上具有一定的中国特色，基本总结了改革开放以来我国的涉外民商事审判经验，也顺应了当代国际私法的发展潮流。

第二，最密切联系原则的规定颇具特色。《法律适用法》第 2 条第 2 款规定："本法或者其他法律对涉外民事关系的法律适用没有规定的，适用与该涉外民事关系有最密切联系的法律。"这既不同于《奥地利国际私法法典》将最密切联系原则上升为一般条款，也有别于《瑞士国际私法法典》将它作为例外条款，而是将该最密切联系原则作为一项补漏性规则。这一方面使最密切联系原则有可能适用于所有的民商事领域，同时设定了明确的适用前提：只有在现有法律对特定问题没有规定明确的法律适用规则时，才能适用最密切联系原则选择所适用的法律。

第三，赋予当事人意思自治原则突出的地位。《法律适用法》第 3 条规定："当事人依照法律规定可以明示选择涉外民事关系适用的法律。"这虽然是一条宣示性条款，但将当事人意思自治原则规定在总则中，在国际上还是第一次，体现了中国对当事人私权的充分尊重，使该法具有一定的开放性。

第四，以经常居所作为主要连结点具有一定的创新。在国际上，大陆法系国家一般采取国籍国法主义，英美法系国家倾向利用住所地法主义。尽管海牙国际私法会议制定的条约自 1956 年以后舍弃了其早期采取的国籍国法主义，转而采用经常居所作为连结点，但它主要是为了协调两大法系的不同立场而作的选择。其他国家的国内立法采用经常居所作为主要连结点还不多见。《法律适用法》的这个规定符合全球化背景下国内外自然人、法人民事往来日益频繁的新形势和新情况。

第五，保护弱方当事人的利益原则得到明显伸张。保护社会和经济上的弱方当事人的利益是各国国际私法立法晚近发展趋势之一。《法律适用法》对消费者、劳动者、承租人、残疾人、妇女及未成年人等弱方当事人的利益给予了特别保护。它规定，在没有共同经常居所地的情形下，父母子女关系"适用一方当事人经常居所地法律或者国籍国法律中有利于保护弱者权益的法律"（第 25 条）；扶养"适用一方当事人经常居所地法律、国籍国法律或者主要财产所在地法律中有利于保护被扶养人权益的法律"（第 29 条）；监护"适用一方当事人经常居所地法律或者国籍国法律中有利于保护被监护人权益的法律"（第 30 条）。此外，第 42 条的"消费者经常居所地法律"、第 43 条的"劳动者工作地法律"、第 45 条和第 46 条的"被侵权人经常居所地法律"通常有利于保护较弱方当事人的权益，因为经常居所地法律往往是他们最熟悉、也最便于他们据以主张其权利的法律。

四、未来发展

《法律适用法》的实施标志着中国的国际私法立法进入到一个新的历史阶段。与此相适应，中国的国际私法研究也应该把重心从学习、引进和借鉴外国的国际私法转到研究、总结和提炼中国的国际私法实践和理论上来，就是要实现国际私法的中国化，即解决中国的实际问题，创立中国的系统理论。我以为，中国未来的国际私法研究路径和方式应该注意以下几点：

第一，树立以问题为中心的研究意识。这要求我们改变前期以研究宏观问题和一般性介绍外国国际私法的习惯，结合国内外国际私法理论研究的前沿，以具体问题为研究对象，通过深入比较不同国家和国际条约的做法和制度，采用多种研究方法，从不同角度揭示该问题的本质、特点和发展变化的一般规律，使国际私法的理论研究能够持续深入下去、扩展开来，为形成有国际影响和国际竞争力的国际私法理论打下坚实的基础。

第二，养成渗透型的研究路径。由于国际私法与民商法、诉讼法、法理学的密切联系，国际私法研究不能仅仅局限于国际私法的制度和规则，很有必要深入到民商实体法的比较与综合，渗透到诉讼法、仲裁法等程序法的基本原理和制度，上升到法理学的高度和理性。只有这样，才能增强国际私法的实用性，提高国际私法制度和规则的可操作性。

第三，侧重中国特色的研究内容。随着中国面临的国际私法立法和司法实践问题越来越多，中国的国际私法研究应该以研究中国问题为中心，以研究中国重大现实问题为突破口，增强维护中国利益的意识，通过阐明中国学者的主张，介绍中国的立法及其应用，研究中国的实际案例，达到解决中国现实问题、创立中国特色、中国气派、中国风格的国际私法理论体系的目的。值得注意的是，这将是一个长期的过程，甚至是几代人的不懈努力。因为此目标的实现受制于司法实践的客观需要、对外开放的程度、国际民商事交往的频繁度和国际私法的学术积累水平等因素，而这些因素在短期内难以形成。

第四，注意研究成果的多维度转化。现有研究成果的载体主要是论文和著作，也主要在课堂、会议和学术界传播，这对国际私法的研究、传播和应用都是不利的。未来国际私法的研究成果应该注意向以下层面转化：（1）是向中国的立法转化，尽量让我国立法机关采纳，以推动我国的相关立法不断完善；（2）是向中国的司法实践转化，使理论研究成果成为我国司法实践的指南和重要参考；（3）是向国际条约转化，使更多的国际条约采纳中国的主张和理论，增加中国在国际规则形成过程中的作用；（4）是向国际学术界转化，及时、完整、准确地把中国国际私法的立法、实践和理论观点介绍到国际社会，在国际学术刊物和国际会议上反映中国的经验和智慧。

具体到《法律适用法》制定后我国国际私法制度的完善问题，我认为下列问题值得重点关注：

第一，中国国际私法的法典化问题。由于完整的国际私法立法应该涉及管辖权、法律适用和外国法院判决与仲裁裁决的承认与执行问题，考虑到与《民事诉讼法》《仲裁法》等其他法律的衔接和修订问题，这次《法律适用法》只实现了法律适用规范的系统化，没有涉及管辖权和法院判决与仲裁裁决的执行问题；即使是法律适用问题，也只涉及民事领域，对商事和海事领域的法律适用问题也没有涉及。因此，《法律适用法》的制定离完善的国际私法制度还有很长的距离。如何完善我国涉外民事案件的管辖权制度、法院判决和仲裁裁决的执行制定，以及商事和海事领域的法律适用规则，并尽快实现系统化，应该尽快提到议事日程。

第二，关于《法律适用法》与其他法律中的法律适用规范的关系问题，《法律适用法》第 2 条第 1 款规定："涉外民事关系适用的法律，依照本法确定。其他法律对涉外民事关系法律适用另有特别规定的，依照其规定。"这虽然符合特别规定优于一般规定的原则，但该法对以前的冲突规则是否继续有效没有明确规定，必然造成新旧冲突规则并存甚至相互抵触的局面。尽管第 51 条规定：《民法通则》第 146 条、第 147 条和《继承法》第 36 条"与本法的规定不一致的，适用本法"。但这只是解决了部分问题，对于《民法通则》中的其他条款、《合同法》第 126 条等其他条文与《法律适用法》中的相应条文如何适用，有待法院和理论研究者给出明确的答案。

第三，《法律适用法》尽管总结和提炼了我国改革开放以来涉外民商事审判的经验，但遗憾的是，最高人民法院发布的卓有成效的一些司法解释在《法律适用法》中并没有直接上升为立法规定。加上《法律适用法》过于追求条文简约，这必然导致《法律适用法》的实施仍然要依赖最高人民法院发布司法解释。因此，深入研究《法律适用法》实施过程中的新问题将成为中国国际私法未来研究的重点。

环境法学专题

论生态人的法律人模式

主讲人：蔡守秋教授

法学家在不同情况使用不同的“法律人”的概念：一是指法律上的人，如自然人和法人；二是指法学上使用的“经济人”、“政治人”等概念；三是指法律工作者，如律师、法学研究人员等。本专题的法律人是指法学家对人的本性和基本特征的一种预先假定和抽象，即法学上使用的“经济人”、“政治人”等概念以及这种法律人概念在法学和法律分析上的应用。

法律人的英文为 legal person，其中文翻译较难统一，我国学者有的将它译为“法律人”，有译为“法律上的人”，还有译为“人格体”、“法人”等。例如，龙卫球将 legal person 译为法律主体。①

一、从“经济人”走向“生态人”是当代人与自然关系发展的一个重要趋势

人与自然的关系是由人与自然这两个方面决定、影响和推动的，其中的人具有主导作用、自然具有基础作用，这就是通常所说的“以人为本（或以人为主导）”和“以自然为基（或以自然为根）”。“以人为本”主要体现在人与自然关系中的人性论或人的模式上，迄今为止的人与自然关系的几次重大变化或几个重要发展阶段，都与人性或人的模式有关，即有什么样的人性或人的模式就会出现与之对应的人与自然关系的类型。

法国作家罗曼·加里在《天根》一书中指出，“大自然是人类生存之根，

① 参见［美］约翰·齐普曼·格雷（John Chipman Gray）著：《论法律主体》，龙卫球译，载《清华法学》第 2 期。

是所有生命的根”。① 罗曼·加里是法国著名作家，两届龚古尔奖获得者。在1956年，42岁的罗曼·加里就凭借长篇《天根》首获龚古尔奖。

当代人与自然关系的一个发展趋势，是从“经济人理性（或经济人模式）”向“生态人理性（或生态人模式）”的转变，是从“主体人”走向“生态人”。这种人的模式的转变是一种根本性的转变，它对当代人与自然关系的发展和变化产生了巨大、全面而深远的影响。

早在20世纪80年代初，美国学者海伦·M. 英格拉姆和迪安·E. 曼在总结美国环境政策的《环境保护政策》一文中指出，当代环境保护运动是一种范式变迁过程，是一种新的社会思潮。他们指出，“环境保护主义所采取的是生态观点；对生态系统和人类在其中的地位，采取了统一的或‘总体的’观点……他们所希望的平衡，不是指资源使用上的平衡，而是从生态学的意义上谋求保护食物链和物种（包括人类）的生存。他们更精确地运用科学知识，来维护他们那些往往与自然保护主义者相同的价值观”。②

他们已经注意到，“环境保护主义才分为行动主义/改良主义集团及个人，和从事‘深层的’生态运动的集团和个人。后者强调‘新形而上学、认识论、宇宙论和环境道德观’，以此激烈抨击占优势的社会范式。这些人大多是思想家，而不是改革者。他们侧重批评有关增长和集权的流行的社会范式，宣传那种在生态学上令人满意的未来观，并用人身例证来证明生态学意义上的正常生活”。

他们已经意识到，“如果说，环境保护主义本身就预示了未来将要盛行的环境保护主义范式，那么，这种范式并不意味着社会的急剧变化……环境保护运动内部的分裂可能恰恰发生在这样一个问题上，即这个处于交替之中的制度是否应当用一个明显具有生态意义的社会制度来代替”。

他们已经意识到，“许多作者发现，环境运动是一个范式变迁过程；也就是说，它否定了工业革命两三百年来的那种盛行的范式。该范式是‘人类解放论’的，它是以人类自由、而不是以‘与自然共存’为中心。据说，那个时代的占绝对优势的社会、政治思想是，不顾自然环境，一味强调人类的优越，视之为一种‘天赐’，并把社会条件看成是对人类行为的主要约束。用政

① ［法］罗曼·加里（Gary Romain）著：《天根》，漓江出版社1992年版。

② 以下引自［美］海伦·M. 英格拉姆（Helen M. Ingram）、迪安·E. 曼（Dean E. Mann）：《环境保护政策》，载［美］斯图亚特·S. 那格尔编著：《政策研究百科全书》，科学技术文献出版社1990年版。

治学术语来说，这种流行范式摆脱了以前那种传统的强调善德，以及强调实现这种善德的内在限制的做法；并把自由压倒自然，作为首要的价值观。由于破坏了资源限制这一约束，因此，无论是在才智上还是在精神上，对权力和福利的追求也就肆无忌惮了”。

他们指出，“与环境运动相联系的新范式，把人类又重新放到自然环境当中去思考了；它认识到了人类行为的生态学限度，特别是反对那种认为能够无限增长和凭借社会组织或技术力量克服自然束缚的观点……米尔布拉期考察了美国、英国和德国的社会名流和公众舆论，他发现，从盛行的社会范式向他所谓的新的环境范式的转变，得到了强有力的支持。新的环境范式的价值观是，强调热爱大自然，爱护公共产品，保护下一代，强调合作、最低生活水准及计划经济，强调环境保护优先于就业和增长。这些观念同实利主义观念形成了鲜明对照”。

中国现代环境保护的领导者和见证人，原国家环境保护局局长、全国人大环境与资源保护委员会主任、联合国可持续发展高级咨询委员会委员曲格平在香港城市大学发表演讲时强调，当代环境保护和可持续发展是一场绿色革命，“是一种从物质生产方式到政治、法律及社会文化观念的整体转变，是一种‘大转变’，需要采取涉及经济、社会、政治和文化各个方面的‘大战略’”；“从政治、法律和道德上看，要把对生命的尊重和对自然的生态系统的爱护纳入到政治、法律和道德体系中，把生命和自然生态系统作为与‘人’一样公正、公平对待的‘主体’，同自然平等相处，崇尚简朴的生活和有节制的物质消费，人类的需求不能超越地球生态系统的承载能力”。①

《国务院关于落实科学发展观加强环境保护的决定》(2005 年 12 月 3 日)强调：“倡导生态文明，强化环境法治，完善监管体制，建立长效机制，建设资源节约型和环境友好型社会”；“弘扬环境文化，倡导生态文明”，“以环境文化丰富精神文明”。

胡锦涛在十七大报告中强调，“建设生态文明，基本形成节约能源资源和保护生态环境的产业结构、增长方式、消费模式。循环经济形成较大规模，可再生能源比重显著上升。主要污染物排放得到有效控制，生态环境质量明显改善。生态文明观念在全社会牢固树立”。十七大报告中提出的“建设生态文明”和“生态文明观念在全社会牢固树立”的目标，表明中国共产党的领导

① 曲格平：《从斯德哥尔摩到约翰内斯堡的发展道路》，载《中国环境报》，2002 年 11 月 15 日。

人已经将环境保护从行为实践提高到文化、理论和伦理的高度。

十七大报告发表后，在中国环保领域和理论界对生态文明进行了广泛而热烈的讨论。

国家环保总局副局长潘岳认为："生态文明，是指人类遵循人与自然、社会和谐发展这一客观规律而取得的物质与精神成果的总和；是指人与自然、人与人、人与社会和谐共生、良性循环、全面发展、持续繁荣为基本宗旨的文化伦理形态。"

他还认为，生态文明"首先是伦理价值观的转变。西方传统哲学认为，只有人是主体，生命和自然界是人的对象；因而只有人有价值，其他生命和自然界没有价值；因此只能对人讲道德，无须对其他生命和自然界讲道德。这是工业文明人统治自然的哲学基础。生态文明认为，不仅人是主体，自然也是主体；不仅人有价值，自然也有价值；不仅人有主动性，自然也有主动性；不仅人依靠自然，所有生命都依靠自然。因而人类要尊重生命和自然界，人与其他生命共享一个地球"。①

二、人的模式的意义

人性和人的模式，又称人的形象或人类形象，是包括哲学、人类学、社会学、民族学、政治学、心理学、伦理学在内的所有人文社会科学研究的一个中心问题，也是法理学或法哲学探索的主题之一。

德国哲学人类学创始人 M. 舍勒在《论人的观点》一文中指出："在某种意义上，所有哲学的中心问题应追溯到人是什么这个问题。"现实生活中的人，即具体的人、个体的人，是千姿百态、千差万别的。从这个意义上讲，世界上既没有完全相同的两个人，也不存在统一的、相同的人的形象或人的模式。人文社会科学中的人的模式，是指整个人类、人的群体或个体在社会生活中所呈现出来的总体印像，是对现实生活中具体的人的形象的抽象，实质上是某些学者心目中的人的理想形象。从这个意义上讲，不同的学者、不同的学派，有其不同的人的模式。

查士丁尼指出："我们所适用的全部法律，或是关于人的法律，或是关于物的法律，或是关于诉讼的法律。首先要考察人，因为如果不了解作为法律对象的人，就不可能很好地了解法律。"法学是一门人学，是研究人的问题的学科。

---

① 潘岳：《社会主义与生态文明》，载《中国环境报》，2007 年 10 月 19 日。

法学主要研究法律和法律现象即人根据法律所从事的各种活动或法律规制的各种人的活动，是以人为起点，通过“人的模式”建构，提炼出“法律人”这一核心假定，从而就人的行为所引发的法律问题为研究对象的科学，它关注的是人的实际法律生活以及人在社会生活中所面临的法律问题。

1927年，德国学者G. 拉德布鲁赫发表的《法律上的人》一文，对法律人的模式作了全面而初步的考察。“二战”以后，其他法学家分别对“刑法中的人类形象”、“当代的人类形象与刑法改革”、“民法中的人类形象”等问题展开讨论，相继出版了一系列相关的学术著作。1964年，汉堡大学法学教授H. 亨克尔在其《法哲学导论》中，将“人类形象与法”作为法的本体论——人类学前提予以专章评述。在国外法学界，曾多次召开“法律中的人类形象”等学术研讨会。

总之，法学研究是以人为起点，通过“人的模式”建构，提炼出“法律人”这一核心假定，从而就人的行为所引发的法律问题为研究对象的科学，它关注的是人的行为的法律规范性以及人根据法律所从事的各种活动或法律规制的各种人的活动所引起的问题。

学者们为了解决某类社会问题，服务于相应的目标，为自己的主张提供根据，已经先后提出了道德人、理性人、阶级人、经济人、主体人、社会人、生态人等“法律人”的模式。

笔者在《调整论——对主流法理学的反思与补充》一书中，曾对各种法律人的概念、特点和作用作过初步介绍。北京大学周旺生教授在2005年5月18日晚在人民大学法学院的演讲《中国法理学的若干谜点》中也指出，我想大家是知道人类通过法律调节利益关系，解决社会问题，已经有了三种形态，这就是对经济人、社会人、生态人三种人的调整形态。

无论哪种模式都可能既有其优点也存在某种弊病和时代局限性，特别是当它被用于指导现实生活时更是如此。如果我们不能正确认识、评价和对待不同类型的法律人模式的优缺点或利弊，而是将它绝对化、神圣化，就可能在将它运用于现实生活时，产生一系列矛盾和问题。另外，适应社会发展的新情况，适时设计或推广新的法律人模式，也是社会发展的需要。

按照传统微观经济学的理论，人是“完全理性”的“经济人”，人类经济行为的目的无非是为了追求最大的利益。

“经济人”是由英国古典经济学家约翰· 斯图亚特·穆勒首先提出来的概念，是指会计算、有创造性、寻求自身利益最大化的人。

哈耶克（他于1974年获得诺贝尔经济学奖）认为，在一切自由中，经济自由是最重要的，经济自由是高效配置资源的有效保证；他反对一切形式的国家干预，倡导实行竞争性私人货币制度下的自由市场经济，认为这一切都是由经济人的特性决定的。

"经济人"概念的提出在历史上具有重要的进步意义和积极作用。经济人的特点是：以个体主义、利己原则作为其哲学基础；单纯强调经济利益，认为政治利益等其他利益都是经济利益的体现；以最大经济利益为第一目标或其行为的出发点。

长期以来，学术界一直认为"经济人"是对人类社会选择行为的一种概括，在市场经济条件下，这种以追求经济利益为出发点的"经济人"不仅有现实基础、是一种现实存在，而且对研究经济活动特别是对掌握、控制市场机制具有重要的意义和作用。

美国经济学家詹姆斯·M. 布坎南把经济人概念引入公共选择理论，认为政治制度就像市场制度一样，政治人（政治家、政府官员等）同经济人一样是有理性的、自私的人，他们就像在经济市场上一样在政治市场中追求着他们自己的最大利益——政治利益，而不管这些利益是否符合公共利益。

一些学者认为，传统民商法中的法律关系主体或行为主体是"经济人"或"商业人"，民商法就是以经济人的行为关系为调整对象的法律，所以人们把传统民商法称为私法。

但是，经济人假设是有弊病、有缺隐的。经济学家赫伯特·西蒙于1985年提出了"有限理性"的假定，认为经济人具有"完全理性"或"绝对理性"并且能够使利益最大化的观念是无法证明的。

在中国经济学界，一些经济学家曾反复宣读的经济学理论是：在经济学和市场经济中只有不加掩饰的权力金钱和经济人理性，而没有合乎人性的伦理道德；经济学以无情的经济有其自身规律为立论基础，要求将客观分析与情感流露划分开来；有的经济学家甚至公然为污染破坏环境的企业行为辩护。但是，只有阿马蒂亚·森（Amartya Sen）出来说话，我们才知道，事情原非如此。

阿马蒂亚·森1933年出生于印度。1998年，由于他对福利经济学几个重大问题做出了贡献，荣获诺贝尔经济奖。以自由看待发展是阿马蒂亚·森获得诺贝尔经济学奖第二年，即1999年出版的一本里程碑式的著作。诺贝尔经济学奖获得者索罗（Solow）把森称做是"经济学的良心"。

阿马蒂亚·森所研究的福利经济学致力于把道德评价标准应用于经济制度，主张经济学与伦理学相结合，发挥经世济民的作用。在他那里，经济学并不是冷冰冰的"铁则"，而是可以有人文关怀的。他认为，恰恰是现代经济学狭隘地理解了亚当·斯密关于人类行为由“一只看不见的手”主宰的话，致使伦理学的重要性被大大淡化，导致了自身理论上的缺陷。因此，“经济学的贫困化主要是由于经济学与伦理学互相脱离造成的”。

他强调，自由市场机制经常被理解为一种建立在纯粹个人私利之上的安排，事实上，市场机制的有效运作取决于一个强有力的价值规范体系。它需要坚实的法治基础来支持交易涉及的各种权利，还要求普遍遵守的行为准则来保证契约协议的履行。

阿马蒂亚·森指出，关于环境保护问题，近来有很多的关于需要超越市场规则的讨论，包括采取制定法规和采取税收等经济激励措施，但是仍然存在一个伦理行为的议题，它与善待环境的规范有关，“环境方面的挑战是一个涉及‘公共物品‘的资源配置的更一般问题的一部分。为了高效地提供公共物品，我们不仅不得不考虑国家行动和社会提供的可能性，我们还必须考虑培育社会价值观和责任感可以发挥的作用，它们会减少对强力的国家行动的需要。例如，环境伦理的发展能够起到人们通常建议由强制性法规来起的作用。”

美国著名的生态女权主义理论家和生态后现代主义的代表人物查伦·斯普瑞特奈克认为，在现代物质主义、工业主义、客观主义、非理性主义、科学主义、人类中心主义、父权制等一系列现代性中，“经济人”假定被认为是现代性最核心的假定之一。正是基于此，自然被视为是毫无价值的，仅仅是为了国民生产总值而对其进行开发的“资源”。不少学者指出，基于经济人理性的商业道德是导致环境污染和生态破坏的重要思想根源。

在市场经济条件下，以追求经济利益为出发点的“经济人”和“政治人”虽然是一种现实存在，但显然难以考虑公共利益、环境利益。由于经济人、政治人以个人的经济获利为唯一目的，他的全部努力是使自己获益最大，因而不关心公共利益、道德和环境，从而产生不公正；从一定意义上可以认为，当代环境资源问题是经济人和政治人造成的。

所谓社会人是指负有社会责任的人，他们负有不可推卸的追求社会安全、社会公益、社会公平的责任。社会人的基本内容是：作为一种社会存在，除了物质经济利益之外，人还追求安全、自尊、情感、社会地位等的需要；人所作出的选择，必须建立在他个人的社会经验、不断的学习过程以及构成其日常生活组成部分的个人之间相互作用的基础之上，人的行为直接依赖于他生活在其中的社会-文化环境；因此要从每个人的现实存在和他与环境的关系去理解人，去解释人的经济行为。

社会人的出现，是19世纪中后期社会生活发展的综合合力的结果。为了调整社会人的行为关系，出现了法律社会化的现象。新兴的社会福利保障法等社会法就是以社会人的行为关系为调整对象的法律。

三、主体人的法律人模式

如果说经济人主要是经济学家提出且主要运用于经济活动的模式，社会人主要是社会学家提出且主要是运用于社会活动的模式，主体人则主要是法学家提出且主要运用于法律和法学研究领域的模式。

在某些法学理论看来，无论是经济人还是社会人，在法学中都是主体人，也就是说法律中的经济人和社会人仅仅是主体人的两种表现形式；或者说，法学中法律人的典型模式、影响最大的模式是主体人。

所谓主体人是指人在法律中始终是主体，人不可能是客体，一个人既不能成为另一个人的作用对象即人的行为的客体，也不可能成为动物或自然的作用对象即成为动物或自然的行为的客体。主体人模式既是“主、客二分法”的产物，又是“主、客二分法”的主要内容。

设计主体人模式的研究范式（Paradigm）是“主、客二分法”（Subject-object Dichotomy），即将物定义为人类能够控制和将整个世界截然划分为人与物，支配的东西，人等于主体，物等于客体。一些法学家用这种“主体人法律人模式”去观察、理解社会和世界，同样认为，所有的人在一切情况下永远是主体，人不可能成为客体，所有的动物或自然在一切情况下都是客体，动物或自然不可能成为主体。

这种主体人模式是人类社会发展和法学发展的产物，它将人的地位和作用提高到空前的高度，对于张扬人性、解放人的思想、发挥人的主观能动性和创造性曾经起过并且今后还会起重要作用。但是，主体人模式在其发展到一定程度后也逐渐暴露出其缺陷和弊病，特别是在用主体人模式指导法律实施和法学分析、将各种具体的法律案件和法律关系中的人都规定为或理解为主体人时，则产生了如下几个方面的问题：

（一）主体人模式使主体和客体成为无法逻辑定义、准确定义的多余概念

按照人们的常识，一般将主体理解为所指行为的发动者（如法学上的立法主体、执法主体和守法主体，实际上是指立法行为、执法行为、守法行为的发动者），所指东西（如财产、物品等）的所有者和使用者，所指利益（包括积极利益和消极利益、权利和义务）的享有者（如法律关系主体是指在法律

关系中依法享受权利、承担义务的人和组织)，所指资格的拥有者；客体是所指行为的作用对象，所指东西、利益和资格的本身或载体。

在不同条件和情况下，人或物可能成为主体或客体，主体与客体是相对的、分层次的、甚至是相互转化的；主体人和客体人、主体物和客体物、主体人和客体物、客体人和主体物，都仅仅表示人与物、人与人的关系。

但根据主体人或“主、客二分法”的认识，主体就是人、客体就是物，主体等于人、客体等于物。这种解释，既不同于当代哲学、社会学、行为科学上对主体的理解，也不同于人们日常生活中对主体的理解，即将主体视为行为的发动者、东西的所有者、利益的享有者、资格的拥有者。

由于将主体等同于人，在法学上、法律上的主体除了人这个唯一的条件外已经丧失任何标准和特性，主体已经失去其原有的、日常理解的含义。

“主体人”或“主、客二分法”将主体定为人或将人定为主体，表面上是突出了人的优点、优势、优越性和优越感，其本意或初衷是想通过将人定为主体以表示和促进人的主动性、创造性和意思自治；但却忽视了人有各种不同类型的人这一基本事实，人包括好人和坏人，朋友和敌人，卖国者和爱国者，犯罪分子和守法公民，强奸犯和被强奸人，不愿与猪狗为伍的人和猪狗不如的人，具有主动性、创造性、革命性的人和具有被动性、保守性、反动性的人，有思想有意识的人和无思想无意识的人，将这些人都一律视为主体的结果，是使主体人失去了任何特点和进步的、积极的意义，主体从一个关系词蜕变为人的一种外衣和标签。

也就是说，法律中的客体是由“人”做参照决定的，即先定义人是主体(主体人)，然后定义除人之外的物是客体，这样定义的结果是使主体与客体完全丧失了原来的本意和特点，而成了人与物的代名词。

被称为“法国最伟大的现象学家”、“无可争议的一代哲学宗教”的梅洛—庞蒂（Maurice Merleau-Ponty，1908—1961 年）最为关心的问题之一是，如何克服作为法国哲学的根深蒂固的传统的笛卡儿的二元论。他认为，要彻底消除二元论，必须找到这样一个中介，它既是存在和认识活动的主体，又是被作用的客体和被认识的对象。为此，他创立了“身体—主体”（body-subject）的概念作为克服笛卡尔二元论的关键，他首先把心灵的根源放在身体之中即放在世界之中，认为身体和主体是同一个实在；“身体—主体”既是显现的主体，又是被显现的对象；“身体—主体”与世界彼此开放，没有主体与客体、内在与外在、心灵与形体之间的二元对立。

梅洛-庞蒂的哲学被称之为“模糊哲学”，这不是贬义，而是因为他模糊了传统的二元论的区分，“模糊哲学”是一种一元论。这种一元论哲学认为世界只有一个基质，他称之为“身体—主体”或“肉体”（即有生命的身体），“身体—主体”向外延伸就是知觉，知觉是“身体—主体”与世界之间的对话，不但身体与主体之间存在可逆性，而且“身体—主体”与世界之间也存在可逆性。应该承认他的哲学正是现代哲学克服唯理论的、二元论的一个成果①。

米歇尔·福柯（Michel Foucault，1926—1984 年），法国著名的思想家、哲学家，也被称为结构主义的大师，后现代主义的主将。福柯在西方思想界拥有广泛的影响，被认为是“20 世纪法兰西的尼采”，“萨特之后法国最重要的思想家”。德国法兰克福学派代表人物哈贝马斯曾说：在他们这一代人中，福柯是对时代精神影响最大的思想家。在现代历史上，没有任何一个思想家像他那样对历史学、哲学、文学和文学理论、社会科学乃至医学产生如此之大的影响。美国著名学者克利兹曼说，在现代历史上，没有任何一个思想家能像福柯一样对历史学、哲学、文学和文学理论、社会科学乃至医学产生如此之大的影响。“对于一些人而言，福柯是后现代社会理论的先驱，但是对其他人而言，他是后现代社会理论最早的实践者之一。不管如何，福柯创造出很重要的大理论，是社会学每个认真的学生都必须要研读的。”②

福柯在《主体解释学》中指出，“还没有人这样提出问题：究竟什么是主体和真理呢？以及：什么是主体与真理的关系？什么是说出真相的主体”？福柯所研究、所强调的主体是指历史性的主体、行动的主体、具体的人；而笛卡儿所研究、所强调的主体是先天性的、认识的主体、抽象的灵魂。③

福柯认为，人本主义者过度强调人的主体地位，科学主义者过度强调语言的结构规则和外界事物的逻辑规律，二者实质是在主观同客观的二元对立下思考问题和回答问题，这种传统的思维方式不仅不能真实地解释现实生活，而且作为千年不变的思维模式禁锢着人们的社会行动，引起社会生活各种层面的普遍异化。

福柯认为现代哲学给人们二元分裂的思维方式，在这种两极对立思维方式

① 赵敦华著：《现代西方哲学新编》，北京大学出版社 2001 年版，第 132～135 页。

② ［美］乔治·瑞泽尔著：《当代社会学理论及其古典根源》，杨淑娇译，北京大学出版社 2005 年版，第 205 页。

③ ［法］米歇尔·福柯著：《主体解释学》，佘碧平译，上海人民出版社 2005 年版，第 204 页“译者的话”。

中思考与生活的现代人由此也变成了分裂的二元人。不仅人的思想意识是分裂的，而且人的历史过程和经验过程也是分裂的。所以，现代人的诞生，或者说现代人自我意识的生成并不是理性主义所认为的那样是一幕令人兴奋的喜剧，而是如同尼采所言，是悲剧的诞生。

福柯认为，现代知识型中呈现的人，既是一个主体的人，又是一个客体的人；既是一个认识世界的人，又是一个等待认识的人；既是一个无限之中的理想的人，又是一个在有限中被限定的具体的人。总之，是一个在二元分立的思维方式被理解的人，所以，也是一个在人类自我意识被分裂的人。

福柯认为，在“主客二分法”思维方式指导下进一步发展起来的第四种知识型是一种话语同现实分裂的知识型。

在这种知识型中，语言符号和话语实践形成了一个自我运行的领域，有自己的运行规则和运行秩序，它不仅不像文艺复兴时期那样，语言或话语同事物直接统一，而且语言符号作为一种新的自存领域，同现实世界产生对立、分离、异化。语言难以表达现实世界，生活在现实世界中的人也无法理解无限繁杂则又不断分崩离析的语言符号。即便掌握了某种语言，也因为那是一些专业化或主题化的语言，在布满鸿沟的语言世界中寸步难行，分裂的语言，分裂的世界，这就是福柯的结论。这种状况在法学领域表现得尤为明显。

（二）主体人的法律模式使人及人的认识陷入到一个巨大的空洞

法国当代著名哲学家、社会学家、法国教育部顾问艾德加·莫兰指出，“科学认识中确实有个莫测高深的黑洞，那就是主体的位置，它变成了无法认识自我的科学的盲区”；“在社会科学中，观察一设计者是处于其他主体当中的主体”，“总起来说，主体是将自身置身于世界中心的能以自我和外部为参照的存在。作为主体，就意味着将自我置于世界中心。作为主体，就意味着‘为己’和根据自己的需要来行动。包括细菌在内的一切有生命的物体莫不如此”。

主体是科学研究中神乎其神、神秘莫测的巨大的“空洞”，是科学研究中常用不厌、经久不息的“杜撰”。主体既是法学理论的根基、所有法学概念的源头、又是法学理论的陷阱、所有法学概念的软肋。“主体人”既使法学高尚、自豪，又使法学卑劣、渺小。法学大厦在神圣的“主体人”的基础上高高矗起，又在虚幻的“主体人”的阴影下摇摇欲坠。法学常以法律规范、法学概念的明确和逻辑严谨而自信自足，但法学中“主体人”的不明确性和逻辑矛盾却使法学以“幼稚的法学”之称而被其他科学排除在“科学殿堂”

之外。

（三）主体人模式使主体人成为抽象的人和看不见的精神，使客体物成为任人控制、支配的“人造钟表”

按照主体人的思维方式，人作为主体不可能成为他人或自然物的作用对象即客体，所有人在一切情况下永远都是主体。这样的主体人必然使自己人失去了人的自然性、生态性、社会性、具体性和多样性，必然使自己成为抽象的人和看不见的精神，也必然使自然（包括动物、植物、各种环境要素、各种自然资源及江河湖泊等生态系统）失去其内在价值，成为任人宰割的对象或任意利用的工具，必然将世界万物都变成人能够控制、支配的“人造钟表”。

虽然主体人和“主、客二分法”的本意是想突出人作为万物之灵的至高无上的地位、至强无敌的能力和无处不在的影响，但逻辑推理的结果是使人异化成为抽象的意志和精神。

（四）主体人模式将人变为比上帝还上帝的主宰，形成极端的人类中心主义，成为人类任意污染破坏环境生态、导致人与自然关系失衡的主要理论根源

根据主体人模式，世界上所有的人（包括不同国家、不同地域、不同阶级、不同阶层、不同民族、不同身份、不同性别、不同能力、不同品德的人、不同身体状况的人）都是不可能成为作用对象（包括统治对象、剥削对象、管理对象、利用对象、欺骗对象、侮辱对象、侵犯对象、伤害对象、保护对象）即客体的主体人；这样，法学家通过主体人的设置，实现了人的唯一、统一和唯上，实现了人的绝对自由和意志。

由于主体人模式将人变为比上帝还上帝的主宰，结果导致了极端的人类中心主义，成为人类任意污染破坏环境生态、造成人与自然关系失衡的主要理论根源。这正如美国建设性后现代主义的代表人物大卫·雷·格里芬教授所指出的，“现代精神开始于一种二元论的、超自然的精神”，现代性的“第一阶段的现代范式的另一个特征是二元论，这种现代世界观产生了一种激进的人类中心主义伦理学：在决定对待自然的方式时，人类的欲望及其满足是唯一值得考虑的东西。这就意味着一种掠夺性的伦理学：人们不必去顾及自然的生命及其内在价值”。

P. M. 罗斯诺教授不仅指明了后现代思潮反对现代主体的理由，即“首先，主体是现代性的一个发明（杜撰）。其次，对于主体的任何关注都假设了

后现代主义者不予赞成的某种人类中心论哲学。再次，主体自发地需要一个客体，而后现代主义者反对主客二分”。更重要的是他认为，后现代思潮尖锐批判了现代性所带来的一切问题、缺陷、危机和罪过，深刻揭示了它所造成的“奴役、压迫和压抑的根源”。

四、生态人模式的要点

随着可持续发展战略的实施和环境保护事业的发展，随着建设生态文明、环境友好社会资源节约型社会与和谐社会的实践的发展，人们对经济人、社会人和主体人的法律人模式进行了反思，并在吸收上述三种法律人模式的有益成分的基础上提出了“生态人”或“理性生态人”、“科学生态人”的法律人模式。

当代生态文明和环境资源法的根本出发点是将法律人定位为“生态人”。所谓生态人，是指处于人类生态系统中的人，其要点如下：

(1) 每一个具体的人、个体的人，既生活在人类社会之中，也生活在自然界中，既与其他人发生联系，也与自然（包括动物、植物、各种环境要素、各种自然资源及江河湖泊等生态系统）发生联系，人的本质是人与人的关系和人与自然的关系即人的社会性和自然性的统一。生态人是在人类生态系统中占有一定位置的具体的人、实在的人，既是存在于人类社会中的人，也是存在于自然界中的人。

(2) 人与人的关系和人与自然的关系是每一个生态人都不能摆脱的基本关系，适当的人与人的关系和人与自然的关系是实现生态人的全面发展和可持续发展的条件和基础。

(3) 每个生态人都有追求其自身幸福、自由和利益或追求利益最大化的倾向（这里的利益包括经济利益和生态利益），但每个生态人只能通过自身与其他人的关系和自身与自然（环境资源）的关系求生存、求发展、求幸福、求最大的利益；只有和谐的人与人的关系、和谐的人与自然的关系才能提供最大的利益；人生的目的就在于人与人和谐相处、人与自然和谐相处，即追求和谐的人与人的关系、和谐的人与自然的关系是生态人的行为的不朽动力；只要每个生态人都追求和谐的人与人的关系和人与自然的关系，整个社会就会走向人与人和谐共处、人与自然和谐共处的和谐社会。

(4) 生态人在人类生态系统中既可以是主体也可能成为客体。生态人不同于主体人的一个重要特点是：主体人将人拔高或升华为比上帝还要高的、不可能成为作用对象或客体的“虚幻人”；而生态人将人从不可能成为作用对象或客体的“虚幻人”转变为存在于人类生态系统中的、既可以成为主客也可能成为客体的“真实人”。

一方面，生态人是具有生态文明观和生态文化的进步人士，是从各种现实人中抽象出来的一种法律人理想模式；另一方面，生态人是可以观察、评价的具体人，是受自然生态规律和经济社会发展规律制约的、能力有限的人，是既可以成为主体也可以成为客体的普通人。生态人既要认识和作用自然，也要认识和作用其他人，还要认识和作用自己。

生态人模式与常人方法学中的人模式十分相似，生态人就是日常人，日常人就是生态人。“主观同客观二元对立的思维方式是当代社会学家们共同批判的问题之一。”但真正开始社会学思维方式革命的是加芬克尔（Harold Garfinkel）等社会学家而提出的常人方法（ethnomethodology）。

“常人方法学的主要价值是在方法论上的贡献，并且是在方法论中最根本的问题——思维方式上实现了转变……当代社会学的许多理论观点是在常人方法学实现的思维方式转变基础上建立的。常人方法学掀开了社会学理论的新篇章，它在社会学视野里实现了孔德希求的精神革命。因此，可以把常人方法学看做社会学史上的一个新里程碑，它是传统的现代社会学转向反传统的后现代社会学的重要标志。”

“常人方法学开始的社会学思维方式变革，在当今已经演化成波澜壮阔的社会学理论革命，各种反传统的社会学理论风起云涌，在短短的几十年内谱写了无数令人震撼的学术篇章。一部部别有洞天的振聋之作接踵而来，一篇篇另辟蹊径的发聩之说呼应而至。社会学进入了万紫千红、繁花似锦的春天，似乎到处都是新风景、新境界。

常人方法学明确主张要用日常人或普通人处理日常生活的方法来研究社会现象，不仅社会学最基本的研究对象是日常生活，而且社会学本身也是一种日常活动，这个观点使社会学放弃了作为客体对立面的主体地位，社会学家及其社会学研究活动不再具有二元对立论思维方式中的那种主体性；他不仅仅是个在社会生活之中的观察者、反映者、辨析者和评判者，一个构造者、整理者和实践者，而且更为重要的他还是一个在日常交往中的受动者，在其开展研究的过程中不断接受着来自对象主动作用的被作用者，是一个被研究对象能动地指向、理解和评价的对象。

在常人方法学中，社会学（家）不再是绝对的主体，而是日常生活中的常人。常人总是在具体条件中存在的，常人既是能动者又是受动者，既能思又被思，既他思又我思。社会学（家）若是真把自己看成常人，那就应当在常人的环境、常人的地位和常人的心态中反思自己，应当认识到到社会学面临着自然科学不具有的许多限制，应当在反思自身的限制中展开社会现象的认识或理解。社会学创建后一个多世纪，一直缺乏对自身的批判性反思，这既是二元论、实证论思维方式的结果，也是这种思维方式在社会学中长期占统治地位的原因。”

“常人方法学把社会学看成常人的活动，迈开了社会学从神化转向人化的一步。”常人或生态人生活的世界是一个被传统的“科学”、政法、宗教、经济、哲学和法学遗忘的世界，因为这些文化形式或专业形式都是主题化的活动，都信奉“主、客二分法”的范式。而“日常生活世界或常人世界是真实的人的世界，这里没有科学世界、生产世界和其他主题化世界里的主体和客体二元对立关系，甚至也没有主体与主体的关系。主体与客体一样，都是在相互对立中才能界定、才能成立，不论哪一方，只要有一方的界定发生变化，另一方也必须随之变化。在常人方法学里，主体与客体都变成了人”。

这种常人方法论与马克思主义的哲学观是一致的。人民出版社原总编辑在《“以人为本”的理论价值与实践意义》一文中科学地阐明了人既是主体又是客体的道理，他在进行“以人为本”的马克思主义的理论证明时从如下三个方面作出了明确的回答：

第一，作为主体的证明。马克思在创立唯物史观时，开宗明义地指出，人类历史的第一个前提无疑是有生命的个人的存在。马克思、恩格斯的这些论述说明什么呢？那就是有生命的个人的存在是人类历史的第一个前提，人是社会历史的主体，因而，在唯物史观中，人也应该以主体的身份出现。马克思在批判旧哲学、创立自己的新哲学的标志性著作《关于费尔巴哈的提纲》第一条，就明确地指出，对人类社会历史，要从作为社会历史主体的人的感性活动和实践去理解和把握，并把这一点视作自己的新哲学同旧唯物主义的一个根本区别。

在《詹姆斯·穆勒〈政治经济学原理〉一书摘要》中马克思又明确提出：人是“社会联系的主体”。在《剩余价值学说史》中，马克思再次肯定，人是“生产主体”。正因为人是社会历史发展的主体，所以人们在思维中就应把人放在本位来把握，这样，“以人为本”就成为唯物史观的题中应有之义。如果不把人放在本位，那么，“社会”就变成了无主体的、失去了活生生的人的空壳。正因为马克思的唯物史观如实地把握了人是主体，要以人为本，所以它不仅是科学，而且是具有崇高意义的价值观。

第二，作为客体的证明。人是主体，但当人们去研究人是怎样在社会历史中活动时，人就成了客体，是客观的现实存在。而且，人与人在交往时，也都是把对方当作客体来对待的，“我”、“你”、“他”就是人们把自己当作主体、把他人当作客体的称谓。

唯物史观中一系列概念、范畴，以及这些概念、范畴所反映的矛盾运动及其逻辑体系，都不是先验地存在于马克思、恩格斯的大脑之中的，而是马克思、恩格斯把现实的人、在社会历史中实践的人作为客体进行研究所得到的科学抽象和概括。唯物史观不是不面对人，只是不面对虚幻的、孤立的人，而面对真实的、社会的、实践的人，因而是真正地面对人——一个科学规定了的客体。人作为科学客体的确立，人的客观必然性之揭示，很自然地就导致了对人们的活动规律的揭示，即对人类历史发展规律的揭示。

第三，作为主体和客体统一的证明。在唯物史观中，人是既作为主体又作为客体而存在的，是既包含着人的自觉能动性、又体现着客观规律性的。在唯物史观中，作为主体的同作为客体的人的统一，或者说，人的主体性和客体性的统一，充分体现了人的完整性。

完整的人，在唯物史观中有如下两个方面的含义。一方面，人是一个客体化了的主体，也就是说，当人作为社会历史的主体创造着社会历史的进程时，他们是受着客观制约的，因为他们是一个具有自然的和社会的客观规定性的主体，他们创造历史的活动是在这种客观规定性的范围内或前提下进行的，并不是随心所欲的，因而他们的活动才是有规律可循的。

从另一方面来看，人又是一个主体性的客体。马克思主义在把人作为一个科学规定的客体来考察时，认为他是这样的一个客体，他处处以主体的姿态出现，按照自己的需要追求自己的目的，追求自由和幸福，他们并不能意识到自己的追求不是属于他们自己的，而是属于自然和社会的产物，因而他们并不因为自己的任何追求都必然受到客观条件的限制，而放弃追求，他们的需要、意识和追求虽然具有受动性，但并不以受动性表现出来，而总是表现为某种主动姿态。人们是在对自己的受动性毫无顾忌中，以各自的方式参与着历史的创造，同时造就着自己。

从客体化了的主体和主体性的客体两方面来看，人的完整性就真正被确立了起来，因而历史就是一个有规律的人的创造性实践过程。马克思在《哲学的贫困》中认为，“研究每个世纪中人们的现实的、世俗的历史”，就要“把这些人既当成他们本身的历史剧的剧作者又当成剧中人物”，“把人们当成他们本身的历史的剧中的人物和剧作者”。这表明，马克思并不是只注意了一个方面，而是全面地将人作为能动的主体和受动的客体的统一来把握的，这样就得出了历史规律性与人的能动性的统一。正因为马克思、恩格斯把现实的人既当作价值主体，又当作科学客体，而且是主客体的统一来加以把握，所以唯物史观是科学性与价值观的统一。①

五、"生态人"模式构建的途径

"生态人"模式的形成，是对传统"法律人"的类型的扩充，如果说"个人"是法律的基点，"恶人"是法律的忧虑，"善人"是法律的乐观，"理性人"是法律的理想，"社会人"是法律的期望，那么"生态人"则是法律的必然，也是对"法律人"模式的完善。

在对"生态人"或"环境人"的模式的构建上，环境资源法学基本上采用的是个人主义方法论和整体主义方法论相结合的方法论，其基本思路如下：

①从个人主义方法论出发，以个人本位为基础进行人的抽象。首先分析具体的个人的特性，即每个人都是具有自然性的生命体，都有生物性、个人兴趣、爱好，都有追求幸福、自由和个人利益（自利性）的倾向。个人主义方法论不同于个人主义，它是以个人作为学科分析的基点或基本研究单位的一种研究方法论。

古典自然法学派以个人主义为其哲学基础，强调个人作为社会基本元素的独立性以及对于社会而言的优先性，从而将其理论奠基于对个人地位、个人价值的肯定与弘扬上。

关于个人主义方法论，路易·迪蒙曾将吉尔克关于自然法学所奉行的个人主义方法论的要点简述如下："与成文法相反，自然法并不包含社会的人，而只包含个人，每个人都是自给自足的，是上帝的代表，理性的沃土……关于国家（和社会）构成的首要原则，是从没有任何社会政治依附的自主性的人的固有特性或品质中抽引或推导出来的。自然状态在逻辑上先于社会政治生活，它所考虑的唯有个人，而且逻辑的先在与历史的先在交织在一起，因此，自然状态是这样一种状态，在这之中，人被设想成在社会或国家创立之前就已经存在了。"②

个人主义方法论的要点是，首先将个人与社会、国家区分开来，个人是不依赖于任何政治社会而存在的自主性的生物，个人先于社会和国家而存在，社

① 薛德震：《"以人为本"的理论价值与实践意义》，载《当代思潮》2004年第6期。

② ［法］路易·迪蒙：《印度社会学文集》，转引自［英］史蒂文·卢克斯：《个人主义》，阎克文译，江苏人民出版社2001年版，第69页。

会与国家不过是人的创造物而不是人本身，“所有行为都是人的行为，在个体成员的行为被排除在外后，就不会有社会团体的存在和现实性”① 关于个人主义方法论②，法律制度的建构及运作必须以个人的目的、需要和兴趣为依归。个人主义方法论强调以个人为前提，但并不否认个人与其他人或社会的联系，只是反对在强调社会（集体）时否定个人的独立性。

杜尔哥在狄德罗主编的《百科全书》中的相关条目中强调：“公民独立于社会而存在；他们构成了社会的必要因素；他们只是为了确定自己的价值才带着他们的所有权利，在他们用牺牲其他自由换来的那些法律的保护下进入社会。”“人的集体化这些事实对于我们的时代具有决定性的意义，但是集体化愈演愈烈，它把人还原成一件物体，一件同其他物体（人们）处于功能性相互作用状态的物体，在一定意义上使人回到它作为一个被利用的自然体的原始地位。”

②从整体主义方法论出发，确认每个人都必然生活在人类社会和自然界中，都必然与其他人和自然（环境资源等）发生联系即必然有人与人的关系和人与自然的关系；确定每个人要求得其自身的生存发展（包括要追求自己的快乐、幸福和最大利益）的条件，即每个人都必须处理好与其他人的人与人的关系和与自然的人与自然的关系，充分利用和发挥主体本身及其外部社会环境（即人类社会）和自然环境（即自然环境资源）的优势。

整体主义方法论包括集体主义、社群主义和共同体主义方法，是对个人主义方法论的一种挑战和补充。它强调人是社会系统中的一种已被社会化了的元素，人只能作为社会人而存在。

③将个人主义方法论与整体主义方法结合起来，将主体与客体、主观与客观联系起来，充分利用和发挥个人的主观能动性和周围环境的客观条件，在个人与社会、个人与自然的和谐共处中求得个人的最大利益、全面发展和可持续发展。

④个人主要通过其行为影响、作用（包括建立、改变和改进）人与人的关系和人与自然的关系，而法律是最有效力、效益和权威的行为规范。法律通过规制（规范和控制）人的行为，能够可以调整好人与人的关系和人与自然

① 汪和建著：《迈向中国的新经济社会学——交易秩序的结构研究》，中央编译出版社 1999 年版，第 58 页。

② 胡玉鸿著：《法律方法导论》，载《法学方法与法律人》（第一卷），山东人民出版社 2002 年版。

的关系。“法律和政治……这两个领域都以关注真实的行为和实际的活动而著称……法律和政治无疑是行动的场所”①，“权利的概念仅仅属于行动——特别是自由的行动”。②

传统法理学从人的模式出发研究法律现象，这是对的，但仅仅研究人与人的关系却存在片面性。诚如台湾学者杨奕华所指出的，“法理学乃是一门以人为本位的法学研究科目。法理之学的研究，必得归结于人理之学的研究，法律的道理终究离不开人类自身，离不开人际之间之互动关系，离不开人之求生存的社会场景”。③ 需要补充的是，法律的道理除了“离不开人际之间之互动关系，离不开人之求生存的社会场景”之外，还“离不开人与自然之间的关系，离不开人之求生存的自然环境”。

如果说“经济人”模式的前提或假定是，追求自身利益（主要指经济利益）是人身上最强大的动力，只有遵循这一动力，个人才会为社会的共同繁荣作出最大的贡献。那么“生态人”模式的前提或假定是，人既有自然性又有社会性，从自身与其他人的关系和自身与自然（环境资源）的关系中求发展求利益（包括经济、社会和生态利益）求幸福是人的不朽动力，只有和谐的人与人的关系和人与自然的关系才是人类生态系统即人类社会可持续发展的基本保障，只有充分认识这一根本动力，个人才会为社会、经济和环境的共同繁荣和可持续发展作出最大的贡献。

“如果想获得幸福，一个人与他的环境之间就需要一种和谐的调整。”④

最后必须强调的是，“我们需要实然状态（seinshaft）和过程状态（rozesshaft）同时并存的现象。这样的寻求者只能是人，但不是纯粹经验主义的人，当然，也不是纯本体的人（Noumentale），而是作为人格人（Person）的人，也就是说，作为‘关系总和’（Ensemble der Beriehungen）的人。在这

① ［美］尼尔逊等：《学问寻绎的措辞学》，载［美］麦克洛斯基等：《社会科学的措辞》，许宝强等编译，三联书店 2000 年版，第 22 页。

② ［美］爱因兰德：《新个体主义伦理学——爱因兰德文集》，秦裕译，三联书店 1993 年版，第 88 页。

③ 杨奕华：《法律人本主义——法理学研究论》，台湾汉兴书局有限公司 1997 年版，第 3 页。

④ ［美］艾温·辛格著：《我们的迷惘》，郜元宝译，广西师范大学出版社 2002 年版，第 108 页。

些关系中，人相对于其他人和物而存在。所有的秩序都有关系特征（verhaltniseharakter）”。①

“确实要说明的是：人不是实体，人是关系。更明确地说：他是关系和关系者的结构统一（Struktureinheit von Relatic und Relata）。在此意义上，人是‘如何’和‘何物’是规范论辩‘主体’和‘客体’的合二为一（in einem）。”②

“法律人是作为关系总和的人。在这些关系中，人相对于其他人和物而存在。所有的秩序都有关系特征。法律人不是实体，人是关系。法律人是关系和关系者的结构统一。”③

六、生态人模式的意义

确立生态人的法律人模式对当代法律的发展具有重要的意义，它影响到中国法律和中国法学理论的许多方面，关系到当代法律生态化的进程和理论支撑。下面重点介绍五个方面的影响：

（一）生态人模式能够为建设“五型社会”的法律夯实法理基础

近几年来，中国社会发生的一个重要变化，是党和国家确立了建设和谐社会、生态文明社会、环境友好型社会、资源节约型社会和循环经济型社会（简称“五型社会”）的国家建设目标。

中共十七大报告进一步强调“建设生态文明”，“循环经济形成较大规模”，“生态文明观念在全社会牢固树立”，“必须把建设资源节约型、环境友好型社会放在工业化、现代化发展战略的突出位置，落实到每个单位、每个家庭”。

建设“五型社会”的崇高目标和艰巨任务，不仅表明党和政府已经将环境保护等人对自然的行为，从行为实践提高到文化、理论和伦理的高度；而且表明对包括法律体系建设、法学理论研究和法律制度在内的法律文化建设特别

① ［德］阿图尔·考夫曼著：《后现代法哲学——告别演说》，米健译，法律出版社2000年版，第50~51页。

② ［德］阿图尔·考夫曼著：《后现代法哲学——告别演说》，米健译，法律出版社2000年版，第51页。

③ ［德］阿图尔·考夫曼著：《后现代法哲学——告别演说》，米健译，法律出版社2000年版，第51页。

是环境法治文明建设提出了新要求。

"五型社会"的共同特点是人与人的和谐相处和人与自然的和谐相处。而确立生态人的法律人模式，树立生态人的文明观念，必然对"五型社会"的法治建设产生全面而深远的影响。

理性生态人较典型的思维方式是：在处理人与人的关系时，强调法治即强调依法治国、依法待人，以实现人与人和谐相处；在处理人与自然的关系时，同样强调法治即强调依法治国、依法待物，以实现人与自然和谐相处，包括人与自然建立伙伴关系、合作关系和生态治理关系（这里的治理关系包括治理和善治即英语中的 governance 和 good governance）。生态人不仅考虑人的利益和人与人的关系，而且综合考虑人的利益与生态利益、人与人的关系和人与自然的关系。

显然，相对于经济人、社会人和主体人的思维方式而言，生态人思维方式的角度更高、视野更远、心胸更广，因而更具有先进性；相对于基于经济人、社会人和主体人的法律而言，基于生态人的法律对"五型社会"建设更具有法律保障作用。

（二）生态人模式与生态伦理接轨，有利于增强环境资源法的正当性和有效性

如何看待人、人性以及设置什么样的法律人模式，对于立法者如何制定具有正当性（或合法性）的法律、执法者如何正确地适用法律、法学家如何理性地阐释法律，具有重要的意义。

目前中国已经制定了一大批环境资源法律，从某种意义上可以认为，中国已经形成环境法体系。但是，中国的环境质量并没因环境保护法数量的增多而成正比相应改善。统计结果表明，随着环境法规数量的增加，环境污染恶化状况没有得到有效遏制，有些地区环境污染程度不降反增。甚至连国家环保总局副局长潘岳等环保官员也发出了"环保部门立法虽多，管用的不多"的感叹？当然，造成这种状况的原因是多方面的，但其中一个重要原因，是某些环境资源法规缺乏正当性（legitimacy）和有效性。

迄今广为应用的是从伦理学角度为法律的正当性提供依据，或者说伦理道德是为法律提供正当性的基本方式。在西方国家，法律、道德与宗教并非同一种社会规范，但三者之间却有着天然的联系。"惯常的公式是，法律最终以道德为基础，道德最后建立于宗教之上"。道德是法律与宗教之间的桥梁，法律精神来自于宗教精神和道德精神，宗教和道德精神给予了法律的灵魂，伦理道

德往往成为评价法律正当性的标准。

在中华传统文化中，伦理道德也往往成为国家法律的基础或渊源。目前我国环境资源法所面临的正当性、有效性不足的问题，是“公地经济人”和“地球村生态人”的冲突，是工业文明与生态文明的冲突，是“主体人”与“客体物”的冲突。

而在这些冲突中，缺乏生态伦理和环境道德则是使环境资源法律制度低效、无效和失效的一个内在原因；而生态人理念又与生态伦理、环境道德具有十分密切的关系，在某种意义上可以认为，当代生态伦理或环境道德就是生态人的伦理道德观，只要确认了生态人的法律人模式，也就为从生态伦理角度为环境资源法提供正当性依据奠定了基础。

当代生态伦理学对传统伦理的主要发展是：不仅确认自然界对人的价值，而且确认自然界的内在价值；不仅要求人们相互尊重，而且要求人们热爱自然、尊重生命；不仅要求人与人之间的和谐共处，而且人与自然之间的和谐共处；不仅调整人与人的关系，而且调整人与自然的关系的伦理，其中调整人与自然关系既是当代生态伦理的基本出发点，也是生态伦理区别于其他伦理的一个重要特点。

生态伦理的提出，对仅仅站在经济人、社会人和主体人的角度去认识自然、资源和环境的“人类主宰自然哲学”是一种时代反思，它为推动环境资源保护工作和环境资源法制建设奠定了伦理基础。

生态人是与当代生态伦理、环境道德一致的法律人模式。在生态人心目中，那些旨在保护和改善环境资源（包括动植物、物种和河流湖泊等生态系统）、防治环境污染和生态破坏的法律，不仅理所当然地具有正当性、合理性，而且具有充分的正当性和有效性，因为生态人不仅仅寻求符合人对人的价值、伦理和道德，它还寻求符合人对自然（环境和生态）的价值、伦理和道德。

由于得到了当代生态伦理、环境道德和生态文明观的支持，由于寻求了与生态伦理的接轨与协调，生态人的法律人模式就为环境资源管理、环境资源法律、环境资源执法的正当化，为增强环境资源法的正当性和有效性，为将中国的环境资源保护纳入法治轨道提供了具有说服力的依据。换句话说，只有在法律中体现和采用生态人的法律模式，才能从根本上增强环境资源法的正当性和有效性。

（三）其他意义和作用

第一，确立生态人的法律人模式，有利于促进当代法律和法学的进步和变革。

法律和法学在历史上的几次重大变革，主要是由法律主体的变革和法学研究范式的变革引起的。生态人模式的确立是对主体人的法律人模式和“主、客二分法”的法学研究范式的反思和挑战，不仅涉及和促进法律主体的变革，而且同时涉及和促进法学研究范式的变革。因此，确立生态人的法律人模式，对于促进当代法律的变革具有重要的理论和现实意义。

第二，法律调整对象和范围的扩大是法律和法学进步和变革的一个重要方面，而确立生态人的法律人模式有助于解决法律调整对象拓展的问题，即将法律只调整人与人的关系的法学理论拓展到法律既调整人与人的关系又调整人与自然关系的法学理论。

第三，公民环境权是环境资源法和环境诉讼中的一个基本问题、核心问题，而确立生态人的模式可以为明确公民环境权的性质和内容，为公民环境权的合法化、可实施化提供理论根据。

在理性生态人看来，对其人格利益进行扩展是社会历史发展到一定程度的产物，也是环境问题发展到今天的迫切要求。只有在环境权的保护下，人的自然属性和社会属性才能得到全面发展，人才能真正成为全面发展的人。因此，确认生态人的法律人模式，对于解决公民环境权问题、推动公民提起环境公益诉讼，具有重要的意义和作用。

第四，生态人模式的确立为在环境资源法中引入生态系统方法（the ecosystem approach，简称 EA）和综合生态系统管理（Intergrated Ecosystem Management，简称 IEM）奠定理论基础，有利于促进环境资源法化的生态化。

后 记

为了进一步提高研究生培养质量，规范研究生教学管理、强化研究生培养的过程、提高研究生课程教学水平，武汉大学于2009年12月启动了研究生一级学科通开课建设，《法学专题研究》是全校首批获准立项建设的49门通开课课程之一。

《法学专题研究》通开课是面向我院全体硕士研究生开设的专业必修课。课程的总体设置和计划安排由我院研究生办公室统一负责协调，组织实施。课程内容由14个法学二级学科专题组成，每个专题都力争做到把握社会现实、关注社会热点、追踪学科前沿、回应社会呼唤，充分将基础性理论和前沿性知识科学有机地结合起来，具有很强的学科代表性和前瞻性。各专题负责人及其带领的教学团队（3~5人）皆为教授、博导，教学相长，尤其热爱教学工作、擅长教学工作，是深受学生欢迎和喜爱的教学名师。每个专题在教学内容、方法、手段等方面特色鲜明，重点突出，规划详细，预期成果丰富。

20世纪中叶以来，伴随着世界科学技术的进一步分化，涌现出了一大批新兴交叉学科、边缘学科、横断学科、综合学科，标志着现代科学技术开始走上了一条高度融合的道路。学科之间相互渗透，相互融通，边界越来越模糊，自然科学与社会科学愈来愈密集的联系而形成了复杂的网状结构。在这种背景下，当代经济社会发展面临的诸多亟待解决的重大问题，不仅超越了传统的学科界限，甚至超越了国界，而成为全球性问题。面对这种挑战，我国的研究生教育必须走出单一专业化培养的藩篱，打破学科割据、各自为政的局面，遵循人才成长的规律，培养符合时代需要的跨学科人才。

正是基于此“运”，《法学专题研究》应声而开，该课程的设置拓宽了研究生的培养口径，研究生培养方案不拘泥于法学二级学科的界限，在突出学科特点的同时，优化课程结构。在节约大量教学资源的同时，扩大了研究生的知识面，开拓了研究生的学科视野。《法学专题研究》通开课的开设，打破了硕士研究生教育中的学科专业壁垒，夯实了硕士研究生专业基础知识，拓宽了硕士研究生科学研究领域，锻造了硕士研究生精品优质课程，培养了一流研究生师资团队，推进实践教学改革，完善实践教学体系，提升学生职业精神和职业素养，强化学生创新动手能力的培养，为全力构造研究生教育与培养的核心知识体系探索出了一条有益的路径。

《法学专题研究》通开课经过两年的实施，所获得的成效是显著的，需要改进的地方也是存在的。为了满足广大学生的需求，也为了进一步总结经验，改进完善，经讨论，决定将《法学专题研究》所包含的各个专题分批编辑出版，既飨读者，又供检视。

借此《法学专题研究》（Ⅰ）出版之际，对关心支持通开课建设的武汉大学研究生院的领导、武汉大学法学院的教师、全体研究生表示衷心的感谢！对武汉大学法学院研究生办公室的谭滔女士和武汉大学出版社的张琼女士表示衷心的感谢！

武汉大学法学院副院长

康均心

2011 年 11 月 1 日

图书在版编目(CIP)数据

法学专题研究.(Ⅰ)/康均心主编.—武汉：武汉大学出版社,2012.6
全国法律硕士专业学位教育综合改革试点规划教材
ISBN 978-7-307-09538-0

Ⅰ.法…　Ⅱ.康…　Ⅲ.法学—专题研究—研究生—教材　Ⅳ.D90

中国版本图书馆 CIP 数据核字(2012)第 026396 号

责任编辑:田红恩　　　责任校对:刘　欣　　　版式设计:马　佳

出版发行：武汉大学出版社　(430072　武昌　珞珈山)
(电子邮件：cbs22@whu.edu.cn　网址：www.wdp.com.cn)
印刷:湖北民政印刷厂
开本：720×1000　1/16　　印张:15.75　字数:278 千字　插页:1
版次:2012 年 6 月第 1 版　　　2012 年 6 月第 1 次印刷
ISBN 978-7-307-09538-0/D·1143　　　定价:32.00 元